中华文脉
SINIC
CONTEXT

从 中 原 到 中 国

王战营／主编

中华文脉
SINIC CONTEXT

从 中 原 到 中 国

王战营 / 主编

坐看云起

王维的三十二相

王志清　著

中原出版传媒集团
中原传媒股份公司

河南人民出版社

图书在版编目 （CIP）数据

坐看云起：王维的三十二相／王志清著.—郑州：
河南人民出版社，2023.2
　（中华文脉：从中原到中国）
　ISBN 978-7-215-13307-5

Ⅰ.①坐…　Ⅱ.①王…　Ⅲ.①王维（699-759）—人
物研究　Ⅳ.①K825.6

中国版本图书馆CIP数据核字(2023)第023380号

坐看云起：王维的三十二相
王志清　著

出 版 人：李向午
选题统筹：张存威　杨　光
责任编辑：张　岩
封面设计：张　坦
责任校对：郑晓慧

出版发行：河南人民出版社 (郑州市郑东新区祥盛街27号　邮政编码　450016)
　　　　　发行部　0371-65788036

经　　销：各地新华书店经销
印　　刷：河南瑞之光印刷股份有限公司
开　　本：720mm×1020mm　1/16
印　　张：19.75
字　　数：230千字
版　　次：2023年2月第1版　2023年2月第1次印刷
定　　价：68.00元

目　录

前言

所谓"前言"，就是把最希望让读者最先知道的话，放在最前面来说。那么，我最先要跟读者说点什么呢？

一、何谓"三十二相"

所谓"三十二相"，是指佛陀及转轮圣王，殊胜容与，微妙形相，具足三十二种胜相，而一般的修行人只具某些庄严特征。

姚鼐说王摩诘有"三十二相"。顾随也认同这个说法。顾随先生说："姚鼐谓王摩诘有三十二相。佛有三十二相，乃凡心凡眼所不能看出的。摩诘不使力，老杜使力；王即使力，出之亦为易，杜即不使力，出之亦艰难。"（《驼庵诗话》）顾先生是比较王诗、杜诗来说的，说的是二者之"相"。

说王维的"三十二相"，也只是个比喻的说法。不过，这可是个非常崇高的比喻，以世尊如来多变妙相来比王维诗的变幻莫测。所谓"凡心凡眼所不能看出的"，意谓要真正读懂王维，需要一定的修炼，需要熟参妙悟。

王维，乃旷世奇才，盛唐英灵。大唐的代宗皇帝说他是"位列先朝，名高希代"的"天下文宗"；"诗圣"杜甫说他是"最传秀句寰区满"的"高人"；宋代第一文人苏轼用"诗中有画，画中有诗"极赞王维的作品，说他的画超过了"画圣"吴道子；北宋文化巨人黄庭坚说王维"定有泉石膏肓之疾"，是个爱山水成癖而不可救药的人；大儒朱熹说王维是个他愧"不能及"的人；清代王维研究集大成者赵殿成说"唐之诗家称正宗者，必推王右丞"；著名诗人、文学史论家林庚说"王维就是当时的大师"，是个"发展最全面的人"；著名学者钱锺书说"恰巧南宗画的创始人王维也是神韵诗派的宗师"；新儒学大师钱穆说王维"雨中山果落，灯下草虫鸣"两句诗"可以当得了一部中国哲学史"；海外著名唐诗学者、哈佛大学教授宇文所安说"王维在八世纪四十年代被称许为'诗名冠代'"；著名美学家李泽厚说王维的自然诗极富哲理深意，"在古今中外所有诗作中，恐怕也数一数二"；著名法学家吴经熊说王维是唐朝最伟大的自然诗人，他的"灵魂是天蓝色的"……总之，诚如著名学者胡明先生所言，"王维几乎是唐代诗人中话题最多的一个"。

陈维崧七绝曰："长鸣万马皆暗日，独立六宫无色时。湖海高楼无长物，龙门列传辋川诗。"陈维崧为明末清初文学大家，时有"词坛第一人""骈文第一家"之誉。此诗盛赞王维，可谓赞到极致。首句"万马皆喑"典，出自苏轼《三马图赞并引》之"引"说，西域贡马器宇轩昂，"振鬣长鸣，万马皆喑"。意谓一马但长鸣，众马俱失声。第二句"六宫无色"典，出自白居易《长恨歌》："回眸一笑百媚生，六宫粉黛无颜色。"陈诗的一二句，是将王维与唐代所有诗人比。诗的三四句，再把王维与司马迁比。意思是说能够为他藏书楼所收藏的，除了司马迁的《史记》，就是王维的诗。这是诗，不是文论，更不是文献考古，不好用言过其实来批评。而对王维与李杜的尊崇，本来就各有偏好。不过，王维在盛唐诗坛坐第一把交椅，而有"诗圣""文宗"之誉，这应该也是事实。王维的地位为李白、杜甫所颠覆，那是他们死后五六十年的事情。李白"连天宝时期的大诗人都算不上"，而在"李白卒后的头几十年，几乎没人提及或模仿他的诗……到了九世纪初，围绕于韩愈和白居易周围的作家们，已经认为李白和杜甫是盛唐最伟大、最典范的诗人"。也就是说，"到中唐的大作家重新评价盛唐传统时，李白和杜甫被抬高至他们从未有过的杰出地位。王维被排列于李杜之下"。[①]我们这么翻看王维与李杜的历史，不是说要让他们一比高下，更不是想重新洗牌，让王维与李杜各归原位，而是想要强调，王李杜三家各有千秋，三家同样伟大，三家谁也不能取代谁。这自然也是要为被污名化和边缘化了的王维，说点实事求是的公道话。

应该承认，王维的诗确实不像质言直露的诗那么好读。所谓的"三十二相"，与"一千个人眼中就有一千个哈姆雷特"的意思并不

---

① 宇文所安：《盛唐诗》，三联书店 2004 年版，第 141、43 页。

同，这是强调王维诗难以达诂的"穷幽极玄"。王维学养深厚，而其作诗又恪守儒家诗教的"温柔敦厚"原则，其诗特别婉转含蓄，蕴藉厚朴，有不少诗淡极无诗，朴素得让人觉得无味，且又深邃到无解。海外华人学者余宝琳在其《王维的诗：新译与评论》自序中解释，王维诗相对冷落的原因有三：其一，"王维的诗表面上看起来相当纯朴，准确的视觉意象可与现实境况即相对应，而且诗作中显露对自然的宁静欣赏之情，似乎让读者对它没有太多的诠释空间"；其二，一旦"我们仔细再读其诗作，其中便显露出极难索解的哲学架构，而此一思想结构乃深植于佛教的形上学……因此也就令许多批评家望而却步"；其三，"在中国大陆，载道批评的传统极为强势"，特别看好"写实主义诗人——那些在诗中反映和批评当代社会政治情况的诗人"。三点概括，很有见地，也比较精准，王维诗不易为人接受，不单纯是时代的原因。

许思园先生说："中国诗之最高成就亦即此空灵蕴藉、淡而实绮之风格。"他认为："中国第一流诗最重含蓄，十分婉约，暗示力强，从容不迫，有余不尽，感觉深微，能得空外之音、象外之色，此即所谓蕴藉。"王维诗正具有这个特点，或者说王维诗的主要特征都让他给说了出来。王维《酬张少府》诗写人家向他请教穷通之理，他说，我不告诉你，你自己去悟。王维诗，其中的意思也不肯轻易许人，不肯直接告诉人，而要人自己去悟。而他又似"故弄玄虚"，制造朦胧，让人不易悟。他的辋川五绝，短小到极致，平淡到极致，素简到极致，非要让人"于言外得之"而不行。诚然，也因为他的不少诗太过内敛，太过含蓄，甚至太过模棱，使人阅读起来就感到很不适应，很是吃力。

"元诗四大家"之一的范梈在《木天禁语》里就说："王维诗，典重靓深，学者不察，失于容冶。"所谓"容冶"，就是容貌美艳。意思是，王维诗的漂亮不只是外表，诗中不少语词含典深隐，如不能深察细读，就看不到其内蕴，不能理解其深意。

中国人强调，诗人要有哲学家的修养与底蕴。胡应麟说"禅必深造而后能悟"（《诗薮》），其实，也就有这层意思。王维诗哲味浓郁，意义深永，往往让人往幽邃的禅意上联系。骆玉明教授在他的《诗里特别有禅》一书中说："王维本人就是中国禅宗史上的核心人物之一，而说到诗和禅的关系，王维的重要性也是无可比拟的。他运用禅宗的哲理和观照方法，为中国的诗歌创造了新的境界。"因为王维深受庄禅的虚静无为、无念为宗的思想的影响，其创作努力消解纯逻辑的概念活动，实现了对于山水自然融合为一的深观远照，获得了超然物外的精神高蹈，诗也超越了执着于实写的现实性反映，重言外之意，重委婉含蓄，似也更重象喻与暗示，强化了诗的象征性。而如果读者比较习惯于无须费力就能轻易获得愉悦的快餐式审美，内心感受迟钝，主体审美视域平面化，就不容易对其深邃思想与超诣艺术有比较到位的感悟。因此，读王维诗，需要有熟参妙悟的功夫。要真正读懂王维，读出静美来，读出禅趣哲味来，读出幸福的快感来，还是要有点准备的，或者说有了准备则更好。我们说的准备，除了要有相当的文学基础，还要有一定的禅学修养与老庄的知识储备，特别是要具备淡泊而平静的心境。

尤无曲　临王右丞《雪山萧寺图》

二、何谓"坐看云起"

本书以"坐看云起"为题，炼取王维"行到水穷处，坐看云起时"（《终南别业》）的诗意，形成了这么个聚光的书眼。

"行到水穷处，坐看云起时"，诗意饱满，哲味隽永，理趣横生，一片化机之妙，而激赏千古。黄山谷说他"顷年登山临水，未尝不读王摩诘诗"，指的就是这首诗。他认为，从此诗来看，"固知此老胸次，定有泉石膏肓之疾"。看来，黄山谷也病得很重，如此癖爱，他把"坐看云起"也变成自己的人生态度了。

其实，"坐看云起"也是王维诗的核心思想，是其诗的一个共同主题，也是其人的核心价值观。王维诗里常出现类似"临风听暮蝉""时倚檐前树"的形象，诗人陶乐天籁，随兴幽游，一切行止皆以适意会心为目的，无目的的合目的性。坐看云起，心随境转，从容不迫，闲到极致，行于所当行而止于不可不止，一切似很偶然，一切皆为自然，一切又都是因缘，绝去执着而自由之极。

王维其人随缘虚静，反对偏执，道法自然，也文法自然，身心相离而理事俱如，无可无不可，天如何人亦如何。他似乎始终保持着一种雍容渊泊的自在状态，不必纵酒而自我麻痹，增强生命的快感；也无须游仙而自我蒙蔽，以逃避生死得失的困扰；更不是以慢世逃名的形态来抵销失意，以故作清高。比起魏晋风度，王维才是真正的洒脱高蹈。王维以"坐看云起"的超逸，强化了"随缘任运"的自由性，以从不滞于物的超乎尘俗，消弭了仕与隐、禅与诗、人生与艺术的两极对抗的形态，将生命的本能和效价提升到审美的品位，而显示其合情合理的生命意义，展示其人性的全部瑰丽。因此，我们也于其中寻绎或诠解王维所以为超人、高人的生命奥秘。

诗写性灵，钱穆先生将诗人说成是"性灵的抒写者"。他认为诗人的"内心生活与其外围之现实人生，家国天下之息息相通，融凝一致"。王维似属于意象派或印象派诗人，不屑于写实性的述怀，或者说其内倾性更强，追求物我一致、人我一致、内外一致的意境。"行到水穷处，坐看云起时"，诗人着力写生命的感悟，写体合自然的心性，写物我天人同构冥合的闲适关系，放大了人与自然山水融洽的生机与韵律，写出了一种天趣。其实，他写的是一种超然物外的闲，也是一种需要熟参妙悟的"道"。

读王维的诗，把握住他的这种"坐看云起"的风度与境界，亦即把握住了其诗的精髓，捕捉到诗人内化于诗中的精神基因。王维诗的丰富性与深刻性，或者说是其诗理解的难度，在某种程度上就表现在这种"坐看云起"的思维上。朱熹就说，他很喜欢王维的诗，但是，介绍给人家读，人家感到不能理解。我们以为，主要是不能以直线思维去理解，不能以非黑即白的思想来评判。"坐看云起"的思维，人家自然不容易理解。"水穷"而路阻，丝毫不能破坏王维的兴致。水穷何碍？水穷而不虑心。云起何干？云起而不起念。乘兴而游，无所滞碍，真正是超然物外。想怎么走就这么走，想走多久就走多久，想走到哪里就走到哪里。坦途自然开心，受阻也不懊恼；顺境自然和乐，逆境也不沮丧。行于所当行而止于不可不止，只有过程，没有结果，也不问结果，没有目标，没有心机，不知何往，不知所求，一切都很偶然，一切都是自然，一切又都是因缘，一切无非适意，一切都无可无不可，一切皆不"住"于心，无念进退，不起世虑。"坐看云起"实乃王维的大智慧，是其生命精神、人生态度、行事风度与处世策略。他的这种绝去执着的随缘，这种灵活任运的自在，这种境随心转的适意，非常容易让人自然接通或对应佛理禅机。禅的本质就是悟，禅也开始于悟。王维的这些写自然的诗，最大的特点就是易于调动人来悟，而让人悟出人生与自然的真谛。

以"坐看云起"作书题、作书眼，我们以为是抓到了王维及其诗的最突出的特征。全书八章，每章四节，围绕着这个中心展开，作选材、言说与立论的撰写，诗人兼写，人诗互证，侧重写其人，重在写其人的人品、人格、人情与人性，写他的人际关系，写他的品德修养，写他至简的崇尚与生活方式，写他灵活而不失真诚的待人接物的行举风度与生存智慧。

三、何谓"盛世读王维"

为什么说"盛世读王维"？我在《光明日报》上发表文章，用的这个题目。后来，我应邀为《解放日报》撰稿，他们也用了这个题目。

我自新世纪开始，就在几篇论文中用到"盛世读王维"这个观点：

　　一般而言，出王维与读王维，有两个重要条件：一是社会的平静安定，民生富足；二是个人的淡泊虚静，自然为上。从诗歌发生的角度看，社会兴而山水文学兴，政治越是稳定，诗人的心性也越是稳定而富足，文学所反映社会的形态也就愈少激烈写实的直接性。盛唐社会的经济、文化的繁荣鼎盛，不仅形成了诗人的休闲状态及自然情怀，也形成了对于王维诗的特殊需求。王维所生活的时代，是中国封建社会的最鼎盛的时代，自 7 世纪开始，到了 8 世纪，大唐隆甚盛极，经济异常繁荣，政治非常开明，社会充满自信，文化也因此而特别发达。①

王维是盛世的产物。闻一多认为，后人学王维终是无成，主要是盛世不再的原因。陈贻焮先生在 20 世纪 60 年代就指出："王维生在盛唐时代，受到当时灿烂的文化艺术的熏陶，有极高的美术和音乐修养，因此，他创作诗歌时，就势必比一般诗人更能精确地、细致地感受到、把握住自然界美妙的景色和神奇的音响。"②

王维诗的创作，与盛世具体的历史环境有关；王维诗的接受，也与盛世具体的历史环境有关。

王维以盛世感受与家国认知，以盛唐的价值观与美学趣尚，而写盛世气象与盛世情怀。因此，王维的诗反映的是正宗的盛唐气象，反映的是盛世家国与和谐社会的正阳面，反映的是盛唐人对盛世功业的普遍性追求，以及人们对美好平静生活的渴望和享受。因此，即便是他作于唐王朝急剧下滑时期的诗，也没有尘世纷争的险恶和

① 拙文《东亚三国文化语境下的王维接受》，《中国比较文学》2012 年第 1 期。
② 陈贻焮：《唐诗论丛》，湖南人民出版社 1980 年版，第 138 页。

龌龊，而演绎着"桃花源"式的友爱与和睦，成为他那个时代诗歌的正能量与主旋律。

因为王维诗是盛世的产物，其诗与当时社会高度融洽，与盛世人心灵自然合拍，因此也最适合盛世人读。

盛世创造了王维接受的文化生态环境。笔者亦诗亦论，且古且今，所著二十余部书中，唯王维著述的销路最好，有二十年长销不断的，有一印再印而最多已第五次印刷的，居然还有一次印刷两万册的纪录。这似可验证"盛世读王维"的观点。

唐诗的发生，不能脱离具体的历史环境；唐诗的接受，也不能脱离具体的历史环境。我们所处的盛世，是比大唐盛世不知道要"盛"过多少倍的盛世。盛世社会，物资得到极大丰富，而人不仅有物质享受的人性，还有精神消费的神性与诗性。盛世社会，人在精神享受方面具有特别的需求。因此，盛世阅读，开始成为一种人的本能需要。盛世读王维，也成为盛世读者的一种内在精神需要的积极回应。这还因为，我们需要诗来拯救自己。这个时代也有着人欲横流的缺陷，现代人日渐异化，人在平庸乏味的日常生活中，正在变得心灵麻木、感觉迟钝，变得没有灵慧也毫无趣味，审美感受能力也日趋退化。用诗来拯救人的灵魂，中国古人王夫之说过，德国的海德格尔也这么说。闻一多先生说，像王维这类诗，最适合"调理性情，静赏自然"的颐养。

随着盛世社会的逐渐形成，社会意识形态由"斗争哲学"转型为"和谐哲学"，人们的阅读消费需求与价值评判也随之发生了重大变化，"无目的的合目的性"之审美正在成为我们诗意存在的一种休闲形式，成为我们精神消费的一种奢侈品。近年来，笔者应邀四处讲王维，从国家图书馆、北京师大与首都师大，到丹东鸭绿江边，到贵州山区，到坝上草原，到抚顺矿上，等等。让我深受感动的是，不少市民听众踊跃参与，读王维已成为一种精神与情感的深刻需求，"因为我们内在回应了它，走出去迎接了它"（荣格语）。

"盛世读王维"，身逢盛世的人才能有这份阅读闲情，才能有这种审美接受的趣味，也才能真正懂得享受这份福慧。

四、何以侧重写人

本书侧重写王维其人，于笔者来说，具有很重要的意义，甚至可以说是"里程碑"的意义。

朱光潜先生说："推动学术的发展可以通过发现过去未知的东西来实现，也可以通过把已经说过的话加以检验、重新评价和综合来实现。"虽然本书中的不少观点我曾不止一次地提出过，其中的不少文献资料我也曾不止一次地引述过，然于此撰写中，我则有了"通过把已经说过的话加以检验、重新评价和综合来实现"的更多自觉。

哲学家伽达默尔认为，阅读文本就是和文本对话，一个答案就意味着一个新的问题，答案无穷，问题无穷，文本的意义也无穷。我们在这种阅读文本及和文本对话中，实现了对文本对象化的重新确认和问题化的意识重构。三十年来读王维，与王维对话，不断有新问题，而又不断地有新答案。黑格尔说："艺术作品中形成内容核心的毕竟不是这些题材本身，而是艺术家主体方面的构思和创作加工所灌注的生气和灵魂，是反映在作品里的艺术家的心灵，这个心灵所提供的不仅是外在事物的复写，而是它自己和它的内心生活。"几乎所有的美学文论家都特别强调创作主体在诗歌发生中的决定性意义。换言之，有什么样的心灵，就有什么样的诗歌。自心所念，必有所现。我们这么写王维，从人的角度来写，以反证其诗。撰写的过程，也让我们与王维走得更近。主要体会有三：

其一，认识王维其人，最好是将其放在特定的历史环境里。王维是盛世的产物，王维生活在中国封建社会最鼎盛的盛唐，不是衰世已显的中唐，也不是国破山河裂的晚唐，更不是积贫积弱的赵宋王朝。还需要特别一提的是：王维出身于贵族家庭，不是穷苦劳动人民的子女；王维是个封建士大夫，不是优秀的马克思主义者；王维写的是山水田园诗，不是政治报告或策论檄文。因此，我们不仅要考虑其诗发生的具体语言环境，还要考虑到诗人对盛唐物质文化氛围的盛世体验，设身处地去感受诗人为时代与民族所激发出来的崇尚家国大义的拳拳之心与浓浓之情。

其二，认识王维其人，最好是将其与李杜等诗人比较。历代诗话，总喜欢比较论，喜欢将王维与李白、杜甫比较而言，我们在本书中也不时地将王维与李白、杜甫、白居易、韩愈等作比较，本意不在扬此抑彼，虽然也可能被读出了轩轾之意来。从诗人的身世际遇、道德学养、情性品行上比，侧重在做人与交往上比，同类比较，自见高下，许多问题迎刃而解，而各自人性与风格的特点也越发彰显了。王维为什么崇尚至简？王维为什么无为不争？王维为什么不写民生疾苦？凡此种种也不需要多加阐释了，或者说也能够更深入地诠说了。我们以为，诗人的人品比才气更重要，才气永远不能弥补人品上的缺陷。曾几何时，因人废诗，往人品上说，以损王维的人，真让人匪夷所思。

其三，认识王维其人，最好要细读其诗，而将诗与人互参。"诗是诗人情感的历史，心灵的历史，是一种有痛痒可感、有脉动可触摸的历史。古人写诗，大多有'纪'的成分与意图，即便是王维，也是'纪'的写法，纪行、纪实、纪事、纪心。王维的不少诗，简约到不能再简约，然结合其身世经历来细玩，也还是能清晰寻见其'纪史'的影迹的。以'纪'而论，王维偏于精神，李白偏于情感，杜甫偏于思想。"（拙著《王维诗传·前言》）王维其诗，沐如春风而神韵天放，读其诗需要精神上的知遇与把捉。因为具有了侧重读人的意识后，即便是读同一首诗，读出来的味道也不同了。以诗证史，以诗证人，人诗互证，也让我们更加走近了王维，甚至走进他的灵魂里去了，而更加感到王维的可亲可敬。

王维的诗，穷幽极玄，以语近情遥而含吐不露为主，多让人"于言外得之"，这不仅是一种技巧，一种风格，也是一种深度，甚至是一个人的境界与风度。像其诗一样，王维本人也是很难说到位的，总感到有一种"盲人摸象"的感觉，似乎是认识了全象，却还没认识全象。总的说来，王维离政治远，而离人情近；离社会远，而离自然近；离群体远，而离内心近。他不是个完人，但绝对是个超人，是个好人，是个善人，是个想做人做到极致的人。你可以不喜欢王维的诗，但你不能诋毁他的人品。

真可谓：

一生无悔尽于诗，但恨结缘摩诘迟。

欲散蒙尘识真佛，遍搜二酉不吾欺。

第一章

倚风自笑的大雅风仪

古人有个非常形象的评语，说王维诗"倚风自笑"。魏庆之《诗人玉屑》曰："王右丞如秋水芙蕖，倚风自笑。"胡应麟《诗薮》曰："王右丞如秋水芙蓉，倚风自笑。"赵殿成《王右丞集笺注·序》亦曰："古今来推许其诗者，或称趣味澄夐，若清流贯达；或称如秋水芙蕖，倚风自笑。"

"倚风自笑"，极其生动，也极有深意，让人自然联系到"回眸一笑百媚生，六宫粉黛无颜色"里的一笑。这不仅是王维诗温柔敦厚、含蓄蕴藉与亲切平易之美质的比喻，也是其诗特殊魔力、魅力、亲和力乃至影响力的写照，诚如陈维崧"长鸣万马皆暗日，独立六宫无色时"的诗赞。

其实，以"倚风自笑"评王维其人，也真是再贴切不过了。倚风而非迎风，更非顺风顶风；自笑，自然而然，心随境转，风姿绰约，神韵天放，陶乐天籁而一派天然。这也可作王维从容平和而气定神闲的大雅风姿来看。

"倚风自笑"，也就是"雅"的一个形象说法，自古评王维及其诗，多离不开一个"雅"字，如儒雅、大雅、高雅、闲雅、幽雅、雅丽，等等。唐代宗说王维"抗行周雅，长揖楚词"，"泉飞藻思，云散襟情"。代宗以"雅"美誉王维诗，应该说也含有对王维其人品行与风度的盛赞。

王维天生丽质而容止可观，天资聪慧，情性懿美，其贵族出身让他有了接受良好教育的优越条件，自小就深受儒家修身思想的影响，内外兼修，完善自己，行为规范，形成了他文质彬彬的人格特征，中正平和的人性精神与儒雅懿美的君子风度。因此，王维少年游侠两京，而在京城高层社交圈内如鱼得水，成为岐王贵主乃至整个上层社会追捧的"明星"。

笔墨之道，本乎性情。古人以为，"欲求雅者，先于平日平其争竞躁戾之气，息其机巧便利之风"（沈宗骞《芥舟学画编·避俗》）。王维其人清贵，笃守正道，息心静虑，其诗秀色内含而荣光外映，无论是清庙之作，还是山林之作，风雅备极，色相俱空，具有渊雅冲淡的人文气息和从容高洁的文化气度，具有一种特别的清贵之气息，最能够体现"温柔敦厚"的诗教风貌。

因此，古人说"王维极雍容而不弱"，乃"千古绝技"。

因此，古人说"其诗温柔敦厚，独有得于诗人性情之美"。

一、虽然真实性不敢断定

王维，乃雅人，千古定评。

然而，王维则没有自我形象的诗文描绘。或者说，找不到他对自己形象的直接描述。李白就不同，李白说自己"陇西布衣，流落楚汉。十五好剑术，遍干诸侯。三十成文章，历抵卿相。虽长不满七尺，而心雄万夫。皆王公大人许与气义"（《与韩荆州书》）。李白自命不凡，什么都喜欢炫，可能是他对自己特别的长相也非常满意。

时人魏颢说他"眸子炯然，哆如饿虎"，意思是李白两眼发光，形同饿虎。魏颢是李白的好友，他在《李翰林集序》里这样说的，应该比较可信。时人对李白身世的考证，说他血管里流的是胡人的血，其母非中原人。史书上对他行为的记载，多游戏万乘、笑傲诸侯，他要么是狂放不羁，恃才傲物，磊落不群，要么就是飘飘然的道骨仙风。闻一多说李白"像不受管束的野孩子"，台湾学人黄永武也说李白的心志和作品都是以"野"字为基础的。而人们对他诗歌评论则多用"壮浪纵恣，摆去拘束"之类。杜甫曾经以"飞扬跋扈"来戏谑李白，而以"高人"盛赞王维。从李、王二者的气质风度看，杜甫的评价是极其精准的。性格上两个极端，李白特别狂野，王维特别儒雅。

唐代有一则《郁轮袍》的故事，对于我们认识王维的气质风度，颇有参考价值，说"维妙年洁白，风姿都美"，"维风流蕴藉，语言谐戏，大为诸贵之钦瞩"。

《郁轮袍》故事，出自唐人薛用弱《集异记》，是说科考前王维由岐王引荐去见公主，先奏自创琵琶新曲《郁轮袍》，然后献诗，为公主赏识，而擢为第一。开篇就说："王维右丞，年未弱冠，文章得名。性娴音律，妙能琵琶，游历诸贵之间，尤为岐王之所眷重。"而在王维一曲《郁轮袍》后，故事写道：

> 公主大奇之。岐王因曰："此生非止音律，至于词学，无出其右。"公主尤异之，则曰："子有所为文乎？"维则出献怀中诗卷呈公主。公主览读，惊骇曰："皆我素所诵习，常谓古人佳作，

乃子之为乎？"

　　这个故事绘声绘色，极富现场感，也极富感染力，迷倒了古今无数读者。先说王维的模样迷人，又说王维的演奏迷人，最终说王维的诗迷人。王维最有征服力的还是他的诗，而以诗征服了公主。应该说，这也是薛用弱撰写这则故事的初衷。这个故事为后人广泛转述，改编流衍，也有嘲讽王维心术不正的改编。而今人网上恶搞，更是将王维说成是玉真公主的情人，说成是李白的情敌，则更是荒诞离谱。

　　关于王维科举之事的记载，正史一笔带过，语焉不详。而王维"郁轮袍"的故事于正史无传，纯属小说性质的叙事。胡适先生为了考察"行卷"风气，在《白话文学史》中引此故事，他认为："此说是否可信，我们不敢断定。但当时确有这种风气。"著名文史专家傅璇琮先生则认为，《集异记》所载王维《郁轮袍》事，"其事本身之不足信"。程千帆先生在《唐代进士行卷与文学》也说："薛用弱《集异记》所叙王维借岐王的力量行卷于公主事，显然不足据信，但这种依托，却不失为唐人认为行卷之风出现较早的旁证。"三位先生也都认为这个故事具有考察"行卷"的参考价值。日本著名学者入谷仙介在他著名的《王维研究》中也引此故事，说是"暂且不考虑它的真伪，我以为不论对了解当时的科举状况，还是了解青年王维的风貌，都有丰富的暗示意味"。他推测说："京兆府解头在当时的长安是备受公众瞩目的热门话题。十九岁多才多艺的美少年、社交界红人王维，一举取得了这个头衔，为笔记传闻作者提供了绝佳的素材。……于是解头的事被载入野史，及第诗也广传于世。"这则故事"在某种意义上传达出诸王爱重王维风姿的信息。有没有发生过为使公主推荐而未雨绸缪的事另当别论，这段逸事里的王维，的确是一位有着音乐天赋的可爱的天才美少年，用自己的才能赢得了显贵者的眷顾。这个形象广为世人所知，是这则逸事的创作前提，否则故事凭空悬想是难以创制的"。入谷先生认为，除了具有考察科举的价值，还侧重说读者可从中获取王维"天才美少年"形象的信息。我们以为，故事塑造的王维形象，应该说是唐人心目中的王维形象。

唐人拿王维来说事，也不是没有一点事实根据的"捕风捉影"，为什么不拿李杜来杜撰呢？这是因为王维自身"为笔记传闻作者提供了绝佳的素材"，或者说是，王维的生平阅历与相貌才艺，可让笔记家们拿来进行虚构创作。而这样的虚构，又很能够迎合唐代上层社会的接受趣味。

具体说来，现实生活中的王维，可为《郁轮袍》故事提供虚构"素材"，主要有这么三个方面：

第一，史载王维年少登进士第。《旧唐书·王维传》："维开元九年（721）进士擢第。"王维十九岁举为京兆府解元，二十一岁登进士第。

第二，史载王维精通乐音，尤擅琵琶。《旧唐书·王维传》云："人有得《奏乐图》，不知其名，维视之曰：'《霓裳》第三叠第一拍也。'好事者集乐工按之，一无差，咸服其精思。"《新唐书·王维传》也记载："客有以《按乐图》示者，无题识，维徐曰：'此《霓裳》第三叠最初拍也。'客未然，引工按曲，乃信。"王维不仅烂熟宫廷音乐《霓裳羽衣曲》，不仅"妙能琵琶"，还精通吹律，精通皇宫礼仪常用之乐如"雅乐""燕乐"。因此，王维进士及第不久，就解褐任职太乐丞。乐府歌诗专家吴相洲先生认为，王维能做大乐丞，是朝廷量才录用，他的《扶南曲》五首，"就是配合朝廷乐曲演唱的"。王维留存下来不少因声度辞的歌诗，也可以证明。胡震亨《唐音癸签》认为："唐人诗谱入乐者，初、盛王维为多。"宋人郭茂倩《乐府诗集》中收王维之作 20 首，分属"相和歌辞""清商曲辞""近代曲辞""新乐府辞"。任半塘、王昆吾《声诗集》收王维诗 20 首。读王维诗，有一个突出感受就是，他非常善解自然音响，极擅捕捉自然乐音，自觉于诗中注入音乐元素，制造音响效果，其诗调极雅训，律极优美。因此，唐代宗说其诗"调六气于终篇，正五音于逸韵"。《史鉴类编》亦曰："王维之作，如上林春晓，芳树微烘，百啭流莺，宫商迭奏；黄山紫塞，汉馆秦宫，芊绵伟丽于氤氲杳渺之间。真所谓有声画也，非妙于丹青者，其孰能之？"

第三，史载王维早年游宦两京，深得诸王贵主热捧。《旧唐书·王维传》曰："维以诗名盛于开元天宝间，昆仲游两都，凡诸王、驸马豪右贵势之门，无不拂席迎之，宁王、薛王待之如师友。维尤长五言诗。书画特臻其妙，笔踪措思，参于造化。"《新唐书·王维传》对《旧唐书》的内容稍加修改："维工草隶，善画。名盛于开元、天宝间。豪英贵人，虚左以迎。宁、薛诸王，待若师友。画思入神，至山水平远，云势石色，绘工以为天机所到，学者不及也。"两则史载，突出了王维超凡的"学者不及"的才艺。陆侃如、冯沅君的《中国诗史》中说："维一身兼诗、画、音乐三长，所以誉望日隆，到处'拂席'

了。"然而，我们以为，王维所以能够为上层社会所特别热捧，不仅是因为其超凡才艺，还应该有其形象与气质的资本。唐朝是个看脸的朝代，唐人对相貌风度极是看重，如果相貌丑陋，獐头鼠目或尖嘴猴腮的，即使你的才能再出众，也可能不会得到朝廷重用，应该说至少不会得到贵族社会的追捧。我们完全可以这样推测，王维风流倜傥，雍容儒雅，天才少年而魅力四射，在形象上就倾倒了长安，才可能为盛唐王孙贵族"无不拂席迎之"。因此，王维能够受到"拂席"待遇，可以说还与他的高雅懿美的长相与气度有关。

关于这一点，我们也是能够从《郁轮袍》里看到端倪，考察到当时风气的。薛用弱《集异记》里的描写，首先是岐王以艳服装扮王维，然后从相貌与风度上刻画王维，"岐王则出锦绣衣服，鲜华奇异，遣维衣之"。我们也于其中"考察"到了高层社会以貌取人（自然也包括了穿着）的风气。

岐王李范，唐睿宗第四子，唐玄宗之弟，小玄宗李隆基一岁，是玉真公主的四哥。唐景龙元年（707）进封岐王，拜太常卿，兼左羽林大将军。王维游历于诸贵之间，而尤为岐王之所眷重，其《从岐王过杨氏别业应教》诗曰：

> 杨子谈经所，淮王载酒过。兴阑啼鸟换，坐久落花多。
> 径转回银烛，林开散玉珂。严城时未启，前路拥笙歌。

诗作于开元八年（720），从诗中可看出王维与岐王亲密无间的关系，他们一起去游杨子别业。"兴阑啼鸟换，坐久落花多"，鸟声变换，夜鸟啼累而鸣声几换；落花积多，四周又新积一层花瓣。纵情已久，游赏尽兴，直至雅兴阑珊，方才夜归。后四句写夜归的情景，写车骑笙歌之盛，一路银烛通明，一路笙歌簇拥，车马迤逦，从者纷纭。于此场面可见，岐王也是个奢华之人，很重仪式、很讲排场，如王维之类的扈从，也应该是带得出去的，不会给他丢面子。至少，王维不是"蓬头垢面然后为贤"的那种。

〔明〕张瑞图　草书王维诗镜心

王维《敕借岐王九成宫避暑应教》诗，写他随岐王去九成宫避暑。岐王奉旨离开长安而到九成宫避暑，也不忘带上王维。王维如同贴身跟差，然诗中却看不到丝毫"清客相"，也不是以阿谀为能事的唱颂，而是一种平等的酬答，是一种知音的交流，是一种纯艺术的氛围与友情关系的写照。这个位极人臣、华贵无敌的岐王，也没把王维视为帮闲凑趣、吹拉弹唱的艺人，应该说王维并非只是艺术高超而已。

　　王维享有"诸王待之如师友"的待遇，而"尤为岐王之所眷重"。这等好事怎么就没让李白摊上呢？一生抱有"平交王侯"的李白，为什么就没来走岐王路线呢？或者说，岐王就怎么没有垂青李白？我们以为，这主要不是因为李白才华不及王维，而与其个性行举应该有很大的关系。像李白这样放荡不羁的人，不要说是让岐王"所眷重"，怕是要融入贵族社会也是很难的吧。杜甫《江南逢李龟年》曰："岐王宅里寻常见，崔九堂前几度闻。"杜甫小岐王二十六岁，岐王死时杜甫才十四岁，而能够经常于岐王豪宅里走动，似不大可能。年龄固然是个问题，而其"生性"则是问题中的问题。《旧唐书·杜甫传》说杜甫"性褊躁，无器度"。《新唐书·杜甫传》也说他"旷放不自检，好论天下大事，高而不切"。抑或是家族遗传，其祖杜审言就是个性格极其怪异的人。杜甫的个性和为人，不少方面与李白相同，同样的狂傲与任性，而且都是借酒作狂之人。事实上，时人已把杜甫视为一般放浪形骸、纵情歌呼的酒徒诗狂。任华在《杂言寄杜拾遗》就有"郎官丛里作狂歌，丞相阁中常醉卧"的形象描写。严武也曾经写诗规劝杜甫："莫倚善题鹦鹉赋，何须不著鵔鸃冠？腹中书籍幽时晒，肘后医方静处看。"（《寄题杜二锦江野亭》）严武的诗，用了两个典故来比喻杜甫，一是"气尚刚傲，好骄时慢物"的祢衡，一是"日中仰卧，答曰晒书"的名士郝隆，虽然此二人学问很大，才华横溢，但是，狂妄得不近人情。严武奉劝杜甫不要恃才傲物、放荡不羁。虽然我们不能将李白、杜甫不能融入高层社会的原因完全归咎于他们的"情性"，但是，却可以肯定地说，王维的性格风度，是他自己为自己加了分，他才能在上层社会的交际中左右逢源。

　　虽然《郁轮袍》是个故事，其真实性不敢断定，然其对王维相貌与风度的描写，也不完全是"空穴来风"而一无"原型"可据，或者说，故事里所塑造的王维形象，似也有些合乎人物性格逻辑的成分，为什么没有把王维写成"哆如饿虎"或"旷放不自检"的样子呢？王维成为宁王、岐王、薛王、玉真公主乃至整个上层社会追捧的"明星"，在京城高层社交圈子里如鱼得水，绝不单纯是因为他超天才的艺术才华。可以这么说，王维的儒雅形象及其高贵气质与从容风度，也是他为上层豪族"无不拂席迎之"的一种资本，甚至成为他融入高层社会而左右逢源的一种运势。性格决定命运，气度决定格局，也真不是没有一点道理的。

二、容止可观是肯定的

　　《郁轮袍》里写王维"妙年洁白，风姿都美"，说他是个"天才美少年"，应该不纯是空穴来风。王维的容止可观，是完全可以肯定的。

　　唐末王定保撰写的《唐摭言》里有一则"相由心生"的故事，叫做"裴度还带"。故事是说中唐宰相裴度的面相，年轻未达时，算命先生说他相不好，恐有饿死之难。过了一段时间，那个算命先生又见到裴度时，则说他日后大贵，位极人臣。原来这期间，裴度做过一桩拾到玉带而物归原主的善事。凡事皆有转机，行善积德，面相也发生了改变。命理学上认为，自身运势在脸上就可以表现出来。唐代选拔人才，不仅德才兼顾，还要参考面相，形象品相风度仪表也要打分，似乎还是有一定道理的。这不是相学，但与相有关，相由心生，人的外在相貌受内在心理的影响，或者说人的面部能够反映出其人的个性、涵养、心思与作为的信息来。《资治通鉴》载："荆州长史张九龄卒。上虽以九龄忤旨，逐之，然终爱重其人，每宰相荐士，辄问曰：'风度得如九龄不？'"史上对张九龄有着崇高评价，包括对他的风度。玄宗考察官员，挑选大臣，把仪表容貌作为考核的重要条件，以张九龄为参照标准。据说，隋炀帝玄孙杨慎矜，在接受玄宗面试前，还在家专门演练，特意将步子迈得大大的，显得气宇非凡，干练敏捷。王维为什么少年时就为岐王他们爱重，为什么人到中年又让张九龄青睐，其风度不能不算是个重要原因。

王维温柔儒雅，也不只是人长得帅，形象阳光，还包括了他行止处事的仪表风度。如果说相貌是先天的赠予，那么高雅则主要是后天的修养与历练，偏指气质内涵，亦就是要具备儒家所要求的温良恭俭让。"温良恭俭让"出自《论语·学而》。子禽问子贡，为何每到一邦孔子皆能了解到该邦政事？子贡答曰：这是因为孔夫子温良恭俭让，别人乐意告诉他想要知道的政事。温良恭俭让，泛指温和平易，行为谦恭，态度诚恳，这是儒家所提倡的待人接物的行为准则，也是一种处世良方。儒家把"修身"放在第一位，而有"修身齐家治国平天下"的理想。这个意思是说，先要修养好品性，才能管理好家庭，进而治理好国家，以至于使天下太平。王维自小就深受儒家修身思想的影响，内外兼修，完善自己，行为规范，形成了他文质彬彬的人格特征与儒雅懿美的君子风度。

王维血管里流的是贵族的血，其父王姓其母崔姓，乃唐代五大姓中的两大姓。宇文所安在《盛唐诗》里说，王维"出生在帝国最有权势的两大家族中"，"从社会声望方面看，王维的家庭背景是盛唐重要诗人中最高的"。闻一多说王维是最后的贵族，贵族最后的明星。闻一多非常看好王维的贵族身份，是欣赏其身上特有的一种"贵族精神"，即他的教养、气质、风度以及君子人格与道德风范。日本作家川端康成在其随笔《临终的眼》中说："我以为艺术家不是在一代人就可以造就出来的。先祖的血脉经过几代人继承下来，才能绽开一朵花。"此语似是套借过来的，欧洲谚语说：一代只能出个富人，三代才能成就贵族。意谓贵族不是暴发户，贵族出生不只是比一般人拥有更多的财富，而主要是一种基因遗传，是应该具有一种特殊修养，一种身份优越的特殊气质。

张彦远《历代名画记·叙画之兴废》曰："圣唐至今二百三十年，奇艺者骈罗，耳目相接。开元天宝，其人最多。"盛唐时期，诗书画乐各类艺术皆登上前所未有的高峰，而帝都京城则又是各类艺术高端人物荟萃的地方，王维小小年纪就在这里站稳了脚跟，且受到王公贵族的特别赏识与礼遇，应该说他已非一般性艺人，就诗书画乐而言，肯定是精英中之精英，极顶上之极顶了，自然也包含了其人学养品格与气质风度的不同凡俗。贵族门第出身，决定了王维与他的兄弟们必然会受到极其良好的传统教育，而具有了与贵族出生相匹配的学养与气质。从《新唐书·宰相世系表》中得知，王维有四弟，均才艺过人，在官场或文坛均有不俗表现，王维与其大弟尤其突出。大弟王缙官至宰相，文才也甚佳。中唐朱景玄撰《唐朝名画录》，在"妙品上八人"中列入王维，说其"兄弟并以科名文学冠绝当时，故时称'朝廷左相笔，天下右丞诗'也。其画山水松石，踪似吴生，而风致标格特出"。天宝年间著名书法家窦臮《述书赋》中赋赞王维曰："诗入国风，笔超神迹。李将军世称高绝，渊微已过；薛少保时许美润，英粹含极。"其兄窦蒙为《述书赋》注曰："右丞王维，字摩诘，琅琊人，诗通大雅之作，山水之妙，胜于李思训。弟太原少尹缙，文笔泉薮，善草隶书，功超薛稷。二公名望，首冠一时，时议论诗则曰王维、崔颢，论笔则曰王缙、李邕。"

我们从王维的全才、超人、全面发展的素质上推断，即便是其天资再好，其童年时代也一定是用过狠功的。《中庸》曰："君子尊德性而道问学，致广大而尽精微，极高明而道中庸。"钱穆先生引述此语而指出："凡成为一文学大家，亦莫不经此修养，遵此轨辙而后成。"王维所以大成，必亦"遵此轨辙"也。冯贽《云仙杂记》，是唐五代记录异闻的古小说集，记录名士、隐者和乡绅、显贵之流的逸闻轶事，其中有王维幼年苦吟以至走入醋瓮的故事，想必也不全是杜撰。王维学识极其深厚，这是真实可信的。明顾起经在《题王右丞诗笺小引》盛赞王维，说"其为诗也，上薄骚雅，下括汉魏，博综群籍，渔猎百氏。于史、子、苍、雅、纬候、钤决、内学、外家之说，苞并总统，无所不窥"。这个明代学者诗人、王维研究的先驱，对王维学养上的评价，让我们很自然地联想到元稹高评杜甫的一段话。元稹曰："至于子美，盖所谓上薄风骚，下该沈宋，古傍苏李，气夺曹刘，掩颜谢之孤高，杂徐庾之流丽，尽得古今之体势，而兼人人之所独专矣。使仲尼考锻其旨要，尚不知贵其多乎哉。苟以为能所不能，无可不可，则诗人以来，未有如子美者。"这是杜嗣业找元稹为其祖父杜甫所作的墓志铭，即著名的《唐故工部员外郎杜君墓系铭并序》。元稹之前，没有谁对杜甫有过这样全面、这样高度的评价。王维也是个学富五车的人，"苞并总统，无所不窥"，突出了王维的后天修养，这也是王维小小年纪就能够"平交王侯"的重要资本。反过来说，杜甫学养也极深厚，且诗才超群，却不曾有什么近身高层而显山露水的机会，甚至还难免蒙受"朝扣富儿门，暮随肥马尘"的人格蒙辱，而有程度不等的仰人鼻息的心灵伤害，这与其个性气质也是有一定关系的。

《孝经·圣治》曰："容止可观，进退可度。"所谓"容止可观"的"容止"，自然指仪容举止，然"进退可度"就不单是长得帅，相貌好，还要谈吐得体，行举适度。可以肯定地说，"容止可观，进退可度"是王维立足长安，交好权贵的重要条件。王维四十年为官，三十年在朝廷做京官，一直在皇帝身边工作，这与其容止可观而进退可度不能说没有一点关系。我们也可用王维的出使，来反证我们的这个结论。王维中年后三次出使，开元二十五年（737）第一次出使，以监察御史出使西北劳军宣慰；开元二十八年（740）第二次出使，以选补副使赴桂州知南选；第三次出使，是在天宝六载（747），王维迁库部员外郎，从门下省转兵部，主管武库等事，出使榆林新秦二郡。十年间，三次出使，充分说明王维能干，也肯干，还真的干得不错，完全可以用"积极"来评价。历代王朝皆重使者的遴选。春秋战国时就有"重行人之职""荣使臣之选"的观念；唐代也有"为使则重，为官则轻"的说法。开元间对使者的要求更是近乎苛刻，"常择容止可观、文学优瞻之士为之，或以能秉公执法，折冲樽俎，不辱君命者充任，故必尽一时之选，不轻易授人"（薛明扬《论唐代使职的功能与作用》）。也就是说，使者遴选的条件，除了政治条件、业务能力，还要文学水平强、颜值高、风度好。而王维三次成为"尽一时之选"者，代表君主和朝廷去行使某种特殊权力，可见其一定是"容止可观"而"进退可度"者也。

王维自小养成了温文尔雅的特质与风度，成年后又因为长期生活于长安都市的王公贵族圈内，或侍宴豫游，或林隐水逸，或酬唱赠答，形成了其人温丽和平的思想情感和风流儒雅的气质风度。王维也习惯于将日常生活闲雅化，弹琴、漾舟、静坐、行杖，所有的坐卧行走也全都雅化了。

"行到水穷处，坐看云起时。"（《终南别业》）

"松风吹解带，山月照弹琴。"（《酬张少府》）

"澹然望远空，如意方支颐。"（《赠裴十迪》）

"坐看苍苔色，欲上人衣来。"（《书事》）

"野老念牧童，倚仗候荆扉。"（《渭川田家》）

"偃卧盘石上，翻涛沃微躬。"（《纳凉》）

"倚仗柴门外，临风听暮蝉。"（《辋川闲居赠裴秀才迪》）

"静言深溪里，长啸高山头。"（《自大散以往……至黄牛岭见黄花川》）

"金杯缓酌清歌转，画舸轻移艳舞回。"（《灵云池送从弟》）

"山中习静观朝槿，松下清斋折露葵。"（《积雨辋川庄作》）

王维日常生活中的关、闭、倚、候、洒、扫等动作，一招一式，从容之极，散淡之极，温雅之极。从他的行为方式，待人接物，可见其修养极深，闲雅深致，没有仰天大笑，没有狂奔乱走，也不大呼小叫。王维的生活是诗的生活，他的诗是生活化了的诗，他的诗反映的是十足的贵族生活。

王维曾以"美秀备于仪形，风流发于言笑"（《魏郡太守河北采访处置使上党苗公德政碑》）为人写照，其实完全可以移评他自己。"王维始终是这样的温文尔雅，从容不迫，无论宠辱，无论穷达，无论忙闲，没有因为被出济州而销蚀，没有因为得宠于明相张九龄而变异，甚至也没有因为陷贼被诬而扭曲。他既不孤僻，又不狂热；他既非放荡不羁的野马，又非墨守成规的驯驴；他长期官居要职，却没有丝毫踌躇满志的骄横腐气；他仕宦如鱼得水，却没有任何官场狡诈；他仁人爱物，却不在口头上自我标榜；他虔诚耽佛向善，却不在诗中大讲佛禅义理；他道根深甚，又非道貌岸然的道学先生；他处世宽厚和善，却不会谦恭作秀和矫揉虚伪。王维以其不凡的才情学问，洒脱的容止言谈，表现出一种极高的文化品位，在人们的心目中树立起'雅'的形象，给人感受到一种特别清高的自由精神与生存智慧。"（拙著《唐诗十家精讲》）我们以为，对王维而言，"容止可观"的高雅不仅是一种高华气质，也是一种高赡深厚的文化涵养，还是他的一种社交技巧、生存智慧与社交风度。

三、气极雍容是为绝技

读王维的诗，就像跟一个渊深而亲和的智慧长者闲聊，如沐和风，如浴清晖。胡应麟说"王维气极雍容而不弱"，认为这是他诗的"千古绝技"。这与我们在第二节里说王维"容止可观"，应该是一个意思，其为人温良恭俭让，也是一种"千古绝技"，是一种"利器"，是王维能够比较好地发展的一种"秘诀"。在这一节里，我们说他诗中的一种"千古绝技"，回应第二节里说的意思，以诗反证，以诗证史，以诗证人。

所谓"气极雍容而不弱"，很值得玩味。换言之，"雍容"是很容易"气弱"的，或者说是容易给人"气弱"的感觉的。气弱，亦即气不旺，不温不火，没有血气，没有血性。雍容，字面解为：从容不迫，温文尔雅。"气极雍容而不弱"是指其诗温婉典雅，蕴藉敦厚，而内气充沛淋漓。刘勰追慕孔子并取法经典，《文心雕龙》的"徵圣""宗经"说，提出了"文出五经"的文体理论与"体有六义"的创作、审美与鉴赏标准，为雅丽思想的确立奠定了理论基础。他反对"丽而不雅"而提出"圣文雅丽，衔华佩实"的经典规范，提出经典雅正文风的"丽词雅义"的基本原则，运用雅丽思想作为各类文体创作的规范，并对历代作品进行了审美评价。

王维的诗，自古多"雅"评。最早用"雅"来评王维诗的是他的同时代人殷璠。殷璠是个诗选家，被公认为是唐代最有水平的诗选家。他的《河岳英灵集》也是至今留存不多的几本唐人选唐诗选本

〔唐〕王维　冬雪山景图

里最有价值的一部。《河岳英灵集》及其叙、论、评，皆盛唐诗学的重要资料，历来为研究者所瞩目。《河岳英灵集·叙》曰："开元十五年后，声律风骨始备矣。实由主上恶华好朴，去伪从真，使海内词场，翕然尊古，南风周雅，称阐今日。璠不揆，窃尝好事，愿删略群才，赞圣朝之美。爰因退迹，得遂宿心。粤若王维、昌龄、储光羲等二十四人，皆河岳英灵也，此集便以《河岳英灵集》为号。"这个"叙"，类似书的"自序"，交代选诗缘由，寥寥数语中，可见选家服务政治、服务社会的审美自觉，可见盛世尚风雅而声律风骨两兼的诗学观，亦可见以王维为代表的盛唐诗歌的主流趣味与诗坛局面。"雅"是殷璠选评盛唐诗的一个重要标准。殷璠曰："维诗词秀调雅，意新理惬，在泉为珠，着壁成绘，一字一句，皆出常境。"此评中肯精准，充分肯定了王维诗雅的特点。他评储光羲诗"格高调逸，趣远情深，削尽常言，挟风雅之道，得浩然之气"，评孟浩然诗"文彩莘茸，经纬绵密，半遵雅调，全削凡体"，评贺兰进明"好古博雅，经籍满腹"，评崔国辅诗"婉娈清楚，深宜讽味"，评阎防"为人好古博雅"，评刘眘虚诗"声律婉态"，等等。这也生动反映了盛唐人审美重"雅"的标准，反映了盛唐社会尚"雅丽"的主流话语。

王维诗"气极雍容而不弱"的"调雅""理惬"，符合盛唐社会温文尔雅、温柔敦厚的审美崇尚，尤其符合盛唐宫廷贵族的欣赏口味。宇文所安《盛唐诗》里指出："王维在八世纪四十年代被称许为'诗名冠代'，他的诗歌技巧来自宫廷诗歌写作的训练。"王维的诗歌技巧来自宫廷诗歌写作的训练，而朝廷庙堂的雅丽诗学观念对他的创作具有深刻的制约和影响，规范了其诗的特殊形态与技巧，强化了其诗对于"温柔敦厚"原则的坚守，也形成了其诗歌雍容高雅的风格。

唐太宗的《帝京篇》组诗十首很著名。《全唐诗》里评价太宗诗曰："诗笔草隶，卓越千古。至于天文秀发，沈丽高朗，有唐三百年风雅之盛，帝实有以启之焉。"毛先舒《诗辩坻》中说："唐太宗诗虽偶丽，乃鸿硕壮阔，振六朝之靡靡。"唐太宗以帝王之尊，身体力行，亲启唐风雅之先，他在组诗《帝京篇·序》曰：

　　予以万机之暇，游息艺文。观列代之皇王，考当时之行事，轩昊舜禹之上，信无间然矣。至于秦皇、周穆、汉武、魏明，

峻宇雕墙，穷侈极丽。征税殚于宇宙，辙迹遍于天下；九州无
以称其求，江海不能赡其欲。覆亡颠沛，不亦宜乎！予追踪百
王之末，驰心千载之下，慷慨怀古，想彼哲人。庶以尧舜之风，
荡秦汉之弊；用咸英之曲，变烂熳之音，求之人情，不为难矣。
故观文教于六经，阅武功于七德；台榭取其避燥湿，金石尚其
谐神人；皆节之于中和，不系之于淫放。……释实求华，以人
从欲，乱于大道，君子耻之。故述《帝京篇》，以明雅志云尔。

　　此序可视为唐太宗的文学纲领，集中体现了唐太宗的文学思想，
也极大地影响了当时的文学风气，在文风转向"鸿硕壮阔"的过程
中发挥了积极的作用。太宗从服务政治的角度谈诗创作，最后强调
他所以创作《帝京篇》，乃"以明雅志"也。因此，太宗主张"节之
于中和，不系之于淫放"，反对放纵，反对"穷侈极丽""烂熳之音"，
而追求"雅正"的诗风。《帝京篇》十首其四吟道："去兹郑卫声，雅
音方可悦。"

　　应该说，唐太宗特别看重创作上的表达，看重适度控制和控制
适度，是儒家的诗教观，属于儒家诗学中和、中庸观的体系。《礼
记·中庸》曰："喜怒哀乐之未发谓之中，发而皆中节，谓之和。中
也者，天地之大本也；和也者，天下之达道也。"这种"中庸"观和"中
和"美，运用到诗歌创作来，就是恰到好处，恰如其分，不过分地
放纵自己的情感，而是强调控制、强调可度的一种适度原则。这种
诗观，强调中节的控制，即指诗人之情之志发而为诗时，必须是温
柔敦厚的，也就是讲求言有尽而意无穷的浑厚含蓄。王维诗"温柔

敦厚"的中和美的特点，即胡应麟所说的"气极雍容而不弱"，从技术的层面考察，也就是创作上中节控制的"千古绝技"。

王维早年的作品《早春行》，属于六朝时流行的"拟作"类，属于"诗歌技巧来自宫廷诗歌写作的训练"的作业。诗写怀春女的芳绮之思与怀人之情，写得风情万种、妩媚百出，真个是生情而不纵情、端丽而非妖艳，充分显示了诗人以理节情、以礼节欲而控制有度的分寸感。细加玩味，诗中有一种淡淡的哀思，有点幽怨与无奈，似乎还有些其他的深味。因此，古人说此诗"别是一种纤丽语"。虽为艳情诗，纤丽绮靡，也有风流情思的表现，但是，笔涉"风情"而非艳冶淫丽之作，真个是气极雍容而不弱，体现出"发乎情，止乎礼义"的礼义素养和控制艺术。诗人笔下，活脱脱刻画出一位独居深闺的贵族少妇，在这鸟语花香的季节里，心底汹涌起思念之情，怎么也无法排遣那份越是想要排遣而越是无法排遣的浓烈幽怨。人道是："欢娱之词难工，愁苦之音易好。"然而，王维的"欢娱之词"也不难工，诗人的笔触非常细腻而独到，精雕细琢，反复濡染，"乐而不淫"，温婉柔丽，迥异于梁陈与初唐时期某些同类题材的纤艳艳冶，充分表现出高超的艺术表现力。应该说，这类诗也是可以折射王维的气质风度的，至少可以说是反映了他的审美情趣。

王维气质高贵，行举优雅，其诗创作积极追求微婉善讽、委曲达情的表现性，其诗也呈现出蕴藉含蓄、温润雍容的"文质彬彬"的美学特征，成为最适合以儒家诗教中和之理想标尺来衡量的中国诗史上最合格的"温柔敦厚"范型。我们以为，王维诗歌之美，美就美在他擅长控制、中节适度上，锋芒内敛、隐而不露的含蓄之美，表现在情感上是"乐而不淫，哀而不伤"，表现在文辞内容上则"文质彬彬""文质参半"，符合儒家"中和""中庸"的审美理想，是"温柔敦厚"的审美理想在文学上的一种"千古绝技"。我们不妨以王维的《被出济州》诗为例来作一解析。其诗云：

> 微官易得罪，谪去济川阴。执政方持法，明君无此心。
>
> 闾阎河润上，井邑海云深。纵有归来日，多愁年鬓侵。

这首诗是王维被贬离京时写的，不为研究者所特别关注，一般的选本也不选。洪亮吉称此诗"婉而多风"（《北江诗话》）。周珽说此诗"出调凄怆，寄情婉转"，乃"'可以怨'之旨"（《唐诗选脉会通评林》）。这些评论，分明就是诗教美学观。

王维一生，大难有二：一是被出济州，二是陷贼不死。王维横遭大劫，被出济州，从天上跌到地下，跌入深渊，适才还光芒四射，瞬间就变得灰头土脸。人生风云突变，王维被出济州的打击，就像是李白被赐金放还，就像是杜甫被贬华州，就像是韩愈被贬潮州，就像是白居易被贬江州。陆游在《澹斋居士诗序》里指出："盖人之情，悲愤积于中而无言，始发为诗，不然无诗矣。"这也是"感于哀乐，缘情而发"的意思。李杜韩白，他们都是诗人，皆超一流的诗人，皆唐代最重要的诗人，他们在遭遇灾祸胁迫时都留下了我们很熟悉的诗，或"我本不弃世，世人自弃我"的郁闷，或"怆哭松声回，悲泉共幽咽"的哀怨，或蓝关不前而有抛尸瘴江的感伤，或天涯沦落而有泪湿青衫的悲情。

　　王维的遭遇不可谓不大，人生发生这么大的变故，其《被出济州》还是写得"波澜不惊"，诗中"哀而不伤"的中节控制，给人欲言又止的情状。"微官易得罪"定下了此诗的基调，是一首怨诗。"微官易得罪"而别有深意，意谓我们这些地位低微的官员，是极易获罪而被问罪的。言外之意是，高官则不要紧，即便是有什么也不能拿他们怎么的。王维被贬，非常冤枉，自知是"代人受过"。开元九年（721）春，王维擢进士第，解褐为太乐丞，只是个从八品下的"微官"。但不管怎么说，也算是个好的起步，没输在起跑线上。然而，是年秋，因太乐署中伶人舞黄狮子犯忌，王维受牵累而被贬，被逐出了京城。按唐代《通典·刑法》"六曰大不敬"法，舞黄狮子案乃属惊天大案，擅动天子之色是为死罪。然从后事的处理看，则属于从轻发落，王维也只落得个被出济州的驱离。这是为什么呢？笔者认为，是唐玄宗不让王维与岐王他们走得太近了，而借机将他支走了，走得远远的。日本学者入谷仙介也持此看法，他在《王维研究》一书中认为，玄宗忌惮"诸王"而有所提防，王维与诸王走得这么近，是其被拆散而遭放逐的原因。舞黄狮子事只是个借口，王维与岐王、薛王他们走得很近，为玄宗所猜忌，而做了最高统治集团内部钩心斗角的牺牲品，以舞黄狮子案中的"连带责任"，而出官千里之外的济州。

　　诗的第二联说："执政方持法，明君无此心。"二句意谓：虽然执政者按照法律对我有此处罚，而皇上却无处罚我的本意。事实上，对他的处罚也没当真，属于警告性质。王维被罚，仅仅是被贬出京城，连"配流"都没有。但是，对于春风正得意的王维来说，却是个极其沉重的打击。王维遭此大难似也一蹶不振，直至张九龄拜相而走入朝廷，这十五六年的时间里，仿佛人间蒸发了一般。诗的第三联，"间阎河润上，井邑海云深"二句写景，写得很婉转，天高地远，他将去的济州，在黄河边上，又靠近海。唐代济州据考于今之山东茌平县高垣墙村处。这也意味着他被抛向远地，从此走离了社会政治中心，也远去了诸王贵主的眷顾。

诗的最后一句则更有意味。赵殿成本、陈铁民本皆作"多愁年鬓侵"。述古堂本、明十卷本以及《全唐诗》等，俱作"各愁年鬓侵"。细味诗意，我们以为，以"各"为好。"各"之所指，就不是诗人之一个"我"也，而是指"我们"，是指一帮人，也自然就包括诸王等一帮京城贵族朋友。唐人选本《河岳英灵集》里，此诗题目为《被出济州别城中故人》。《被出济州》的题目是略抄了前半部分，而省略了"别城中故人"。如果真是这样，用"各"自然比用"多"更好。这个"各"字告诉我们，王维此诗是有所寄的，也是有所寄意的。他知道自己之"错"就错在因为与诸王皇室成员走得太近了。"各愁年鬓侵"的意思是，我们都因为被强行拆散而犯愁。我这一去，不知何时归来，即便是归来有期，到那时我们想必都是白头老人了。

这么大的劫难，这么大的委屈，这么大的伤痛，这么不情愿的分别，王维也写得"气极雍容而不弱"，他也真有一种"千古绝技"矣。这种"哀而不伤"的适度控制，亦即孔子讲《关雎》说的"乐而不淫，哀而不伤"，是儒家最推崇的诗教观。《礼记·经解》："温柔敦厚，诗教也。"唐代孔颖达《礼记·经解》卷五〇云："温谓颜色温润，谓情性和柔。诗依违讽谏，不指切事情，故云温柔敦厚是诗教也。"这么表现，有什么艺术魅力呢？《毛诗序》曰："主文而谲谏。"刘勰《文心雕龙·宗经》说："藻辞谲喻，温柔在诵，故最附深衷矣。"所谓的"谲喻"，就是曲婉而不直言，就是"曲而达""譬而喻"，即便是表达深怨大悲之情也不能太直接。刘勰认为，这种"谲喻"的表达，最能够将内心最深处的东西表现出来，最能够表现内心的深度。

　　所谓"直诘易尽，婉道无穷"（沈德潜《说诗晬语》卷上）。王维最不喜欢，也最不情愿感情一泻无余的直诘，而最看重，也最追求"曲而达"的婉道，不质直言之而比兴言之，他的这种"千古绝技"主要就表现在呈现物象自身的律动和生机时，其潜在的含蓄天性规范了他内在主体的审美运作，滤尽一己喜怒，摈弃所有个我悲欢，听凭山水自由兴作，表现出万物归宗的淡泊。而其审美情感经过理性的过滤和转化后，俱化为一种无为状态，与水流花开高度默契，形成了潜气内转、含吐不露的表现性，即便是一腔愤懑之气，也不会肆意喷薄，而定然温润柔和地化出，不直言、不明言、不大言、不赘言，不激不厉、不悱不发。其诗呈现出人与境谐、物与情融的温柔和谐，微婉善讽，委曲达情，高趣远旨而含蓄蕴藉，气韵浑成而意境圆融，因此也最多言外之意、弦外之音，亦即司空图着力推崇的"不著一字，尽得风流"的境界。赵殿成《王右丞集笺注·序》说王维诗："真趣洋溢，脱弃凡近，丽而不失之浮，乐而不流于荡，即有送人远适之篇，怀古悲歌之作，亦复浑厚大雅，怨尤不露。苟非实有得于古者诗教之旨，焉能至是乎？"悲莫悲兮生离别，连这种大悲题材的诗，王维也不是一般性的"有别必怨，有怨必盈"的写法，同样有"浑厚大雅，怨尤不露"的特点。譬如他的《送贺遂员外外甥》诗曰：

南国有归舟，荆门溯上流。苍茫葭菼外，云水与昭丘。

樯带城乌去，江连暮雨愁。猿声不可听，莫待楚山秋。

这是王维送别诗中常见的思路，通篇全是景物描写，然景语皆情语，取象设境，心与境接，情与景偕，寓意言外。被送之人已远去而不见，诗人之忧愁如烟雨俱生，心随樯帆而远去，一切景象都高度地情绪化了，别意离情全从境出。王维送别诗也有直写心中相思之情的，然以不说尽为妙。譬如其《山中送别》：

山中相送罢，日暮掩柴扉。

春草明年绿，王孙归不归？

《全唐诗》注云"一为送友"。诗人中节控制，匠心剪裁，剪去了别时与别后的许多"黯然神伤"的过程，诗的篇幅极其精致，而意味尤为深长。"春草明年绿，王孙归不归"二句，善用事典，宕开一笔，以"问"的形式而遥想开去。从诗意推断，二人似乎是有明年相会之约的。而此一问，无限离情，十分婉转。此"问"妙在不是问于相别之际，也不是问于久别之后，而是问于朋友刚离开之时。这才分别，便迫切地要知道其归日，盼其早归，又恐其久而不归。这种"心悬"式的记挂，从当前跳接未来，身在此地而遥想彼地，时在今日而记挂他日，使全诗被浓浓的离思所笼罩。而经此一问，顿出无尽离情，意中生意，味外有味，无限惜别之情自在话外，真可谓匠心独运，高人无数矣。他的《别弟缙后登青龙寺望蓝田山》诗，写兄弟离别，其诗云：

> 陌上新别离，苍茫四郊晦。登高不见君，故山复云外。
> 远树蔽行人，长天隐秋塞。心悲宦游子，何处飞征盖。

　　诗作于758年冬，作于为舍弟王缙送行后。王缙外放任蜀州刺史。王维晚境，鳏寡孤独，与其老弟关系更加密切，对其弟的依赖感似也更强烈。今日一别，天高地远，洵有生离死别的哀伤。诗人多愁善感，似亦自感时日不多，不禁黯然魂销，而大有离世之大恸矣。然诗不写送别，不写悲怆神伤的送别现场，而写送别之后诗人独自登高远眺的一个细节：深秋迟暮，远树重遮，苍茫一片，唯长天一色，即便登高，怎么也看不到老弟远去的车盖了，离忧别情而与舍弟俱远。此送别诗写得真是怨尤不露，而感人至深。

　　王维的送别诗"浑厚大雅，怨尤不露"，虽然也写忧愁，但不直言之，忧而不伤，愁多于眷，以温润之旋律、和柔之基调，表现别情离绪，不只是让人"黯然伤魂"，而更多是让人心悬而遥想的感动。

　　王维还有一类很特殊的送友人赴前线的诗，写得抗壮激越，慷慨意气，也没有丝毫哀怨凄切，如《送刘司直赴安西》《送宇文三赴河西充行军司马》《送崔三往密州觐省》等，全是"慷慨倚长剑，高歌一送君"（《送张判官赴河西》）的高朗飒爽，充溢着一种飞动厉扬的英气，充分表现了诗人主战抗敌、立功报国的节义和英雄胆识，这些诗作都有一种"匈奴未灭，何以家为"的高迈境界，读来也依然是典雅之致的气格。

笔墨之道，本乎性情。赵殿成直接道出了王维诗所以如此的原因："其诗温柔敦厚，独有得于诗人性情之美，惜前人未有发明之者。"（《王右丞集笺注·序》）是为"得于诗人性情之美"也。而于此何止是前人，后人亦关注不够也。清人翁方纲《渔洋诗髓论》说："诗者忠孝而已矣，温柔敦厚而已矣，性情之事也。"温柔敦厚所以为诗歌创作的法则，乃因其为封建专制制度对士人性情、人格的规范。

王维的诗，无论是清庙之作，还是山林之作，均具有渊雅冲淡的人文气息和从容高洁的文化气度，显现出特别的清贵之气，含蓄蕴藉，雅淡渊远，最能够体现"温柔敦厚"的诗教风貌，既不奔放偾张、超迈飙举，亦不哀怨恚愤、深讥激刺，应该说这不只是一种"千古绝技"，也"得于诗人性情之美"。或者说，"诗人性情之美"，也成了一种"千古绝技"也。

四、其人清贵而别饶华气

王维别饶华气，其诗以雅丽取胜，薛用弱《集异记》中《郁轮袍》的故事，也是很能说明问题的。胡明《关于唐诗——兼谈百年来的唐诗研究》一文说"《集异记》《唐诗记事》之类的书都忙着记载的王维无疑是一个时代的宠儿，颇有知识分子领袖的身份"。《集异记》卷二《王维》中《郁轮袍》故事，写王维不惜降低身份而混入伶人中，与岐王"同至公主之第"。

　　维妙年洁白，风姿都美，立于前行，公主顾之，谓岐王曰："斯何人哉？"答曰："知音者也。"即令独奏新曲，声调哀切，满座动容。

　　王维即便是混在伶人中，其清贵相也掩饰不住，让公主觉得其人气度不凡，如同其诗"别饶华气"。施补华《岘佣说诗》云："摩诘五言古，雅淡之中，别饶华气，故其人清贵；盖山泽间仪态，非山泽间性情也。若孟公则真山泽之癯矣。"施公以为，孟浩然所以不能与王维比，因其"山泽间仪态"，亦是"山泽间性情"。也就是说，其诗也像其人，"真山泽之癯"也。而王维虽为"山泽间仪态"，而非"山泽间性情"，因为其人"清贵"，就是其诗想要有"山泽之癯"而不能也。宇文所安《盛唐诗》说："孟浩然是一位地方诗人，这一点极大地影响了他的诗歌艺术观。"孟浩然久居山乡，多隐居生活，视野狭窄，见识不广，阅世不多，影响了他的性情，也决定了他的价值观，决定了他看问题的方法与深度。因此，其诗就没有那么的温厚，没有"言有尽而意无穷"的蕴藉。施补华又说："孟浩然、王昌龄、常建五言清逸，风格均与摩诘相近，而篇幅较窘。学问为之，才力为之也。"施公以为，孟浩然、王昌龄及常建他们无法与王维比，虽然诗风相近，而他们的诗皆"篇幅较窘"也。什么原因造成这个"窘"的呢？既有"学问"的问题，也有"才力"的原因。应该说，这里的"篇幅较窘"与诗的长短无关，而是指他们诗中没有王维诗里所具有的那种从容不迫的气韵及雍容清贵的气息。王维老友储光羲的孙子储嗣宗，其《过王右丞书堂二首·其二》里赞曰："风雅传今日，云山想昔时。"意思是，王维"风雅"流传至今，然而如今已无法复制，而只能忆昔当年也。王维诗里有一种无法复制的"清贵高雅"之气，这是一种雅洁超逸的兴致神韵，是一种冲淡雍容的文化气度，也是一种雅丽高华的美学气象。

王维出生贵族，这没有什么值得夸耀的，他最让人夸耀的是他的身上与他的诗里有一种迷人的"贵族精神"。这也是他及其诗特别

〔北宋〕郭忠恕（传）　临王维辋川图

为上层社会所爱重、为盛唐社会所广泛好评的重要原因。李因培《唐诗观澜集》曰："右丞诗荣光外映，秀色内含，端凝而不露骨，超逸而不使气，神味绵渺，为诗之极则，故当时号为'诗圣'。"这是说王维诗温柔敦厚，具有一种雍容大度而浑厚典雅的气象，一种荣光外映而秀色内含的特质。

笔者曾戏言，如要选两句最能表现"盛唐气象"的诗，就选王维的"九天阊阖开宫殿，万国衣冠拜冕旒"。此二句诗出自《和贾舍人早朝大明宫之作》：

绛帻鸡人报晓筹，尚衣方进翠云裘。

九天阊阖开宫殿，万国衣冠拜冕旒。

日色才临仙掌动，香烟欲傍衮龙浮。

朝罢须裁五色诏，佩声归到凤池头。

写作这首诗的时候，王维已经老了，且惊魂甫定，经历过了一场生死之劫，而安史乱后的大唐，也已元气大伤。然而，这首和诗，取帝王威仪和大国隆盛而立意，制造了一种盛世大国的皇庭所特有的雍容华贵与光明璀璨，气象极其高华，境界极其宏阔。颔联二句，写万国来朝的场面，将大唐帝国的威仪与声势表现到无以复加：巍峨的宫殿大门层层叠叠，如九重天门迤逦打开；毕恭毕敬的万国使节，诚惶诚恐地拜倒丹墀。诗中艺术地反映了一个国家的盛大国力，一个时代的蓬勃精神，乃至一个民族的高度自信。因此，古人说"它皆不及，盖气象阔大，音律雄浑，句法典重，用字清新，无所不备故也"（《批点唐音》），说"此诗如日月五星，光华灿烂"（《唐诗观澜集》）。

这是首和作，贾至首唱《早朝大明宫》，而和者甚众，于众多和作里，王维与杜甫、岑参三人所和最佳。所谓"它皆不及"，即杜甫与岑参皆不及也。《唐诗三百首》里只选了王维和岑参两人的和诗。看来这三首和诗里，杜甫只能叨陪末座了。沈德潜对杜甫的和作似也很不看好，《唐诗别裁》选杜甫七律五十七首，而不存此和诗。沈公这样解释说："早朝唱和诗，右丞正大，嘉州名秀，有鲁、卫之目。贾作平平，杜作无朝之正位，不存可也。"而非常耐人寻味的是，这段诗评，按于王维和作之后。王维七律入选十一首，此作赫然在列。胡震亨《唐音癸签》亦曰："早朝四诗，名手汇此一题，觉右丞擅场，嘉州称亚，独老杜为滞钝无色。"他解释说："富贵题出语自关福相，于此可占诸人终身穷达，又不当以诗论者。"意思是，杜甫和诗没写好，不是他的功力不行，不是他的技巧不够，主要是因为他没有那个"富贵相"。胡震亨说"于此可占诸人终身穷达"，就是说，凭各自的诗，可"占"各自的人，可"占"出其人的"穷达"境遇来。杜甫乃穷途潦倒之人，岂可说出富贵话来？因此，杜甫不敌王维，也不敌岑参，是其诗寒伧窘瘿而雅丽高华不足也。

至德二年 (757) 四月，杜甫历尽艰险投奔灵武新朝，总算封官左拾遗，不久便有此和作。蒋寅先生说："杜甫幸运的是活到了大历五年 (770)，那些感时悯乱、忧国忧民之作为他挣了分，最终以道德加分与太白并列第一，在许多人眼中或许他还要胜出。"意思是杜甫长于表现社会动乱、民生疾苦的题材，杜甫最让人推崇的诗，就是记录盛唐衰败的诗，就是他灵魂呻吟的诗。换言之，杜甫不擅创作歌舞升平、朝堂宫苑的题材。他一生穷苦，饱经失意和困窘，诗没能很好地反映出"盛唐气象"来，不是他的功力问题，而是其人的生命精神与生存状态的原因。论七律，杜甫的功力与成就，真不在岑参之下，也不在王维之下。施补华《岘佣说诗》曰："少陵七律，无才不有，无法不备。"杜甫特擅七律，尤其是晚年更多经营，其七律数量有一百五十余首，差不多十倍于前人，对后人影响也极大，李商隐、黄庭坚与元好问等皆以其为圭臬。

　　非常有意味的是，沈德潜《唐诗别裁》卷十三在"杜甫"七律目之题下写道："杜甫七言律有不可及者四：学之博也，才之大也，气之盛也，格之变也。五色藻缋，八音和鸣，后人如何仿佛？维摩诘七言律风格最高，复饶远韵，为唐代正宗。然遇杜《秋兴》《诸将》《咏怀古迹》等篇，恐瞠乎其后，以杜能包王，王不能包杜也。"沈公以"博""大""盛""变"将杜甫七律夸赞到极致，他还意犹未尽，拿王维来比较而进一步突出杜甫。其实，他也认为二者具有不可比性，一个是"正宗"，一个是"变格"。事实上，杜甫诗已经具有了非常明显有异于盛唐气象的风格特点，即有异于盛唐王、岑的写法，故而历代论者多称之为的"变调"。然而，沈德潜还是要拿王维来比，这是因为非王维也没有谁配与之比也。从沈公开列的杜甫七律的篇目看，似乎是在说，我杜甫不与你王维比应制类的诗，我应制诗比不过你。王维最擅五律，五绝则更绝。王维现存七律二十首，是杜甫之前创作七律最多的诗人。这更可说明，除了王维，没有谁的七律可与杜甫颉颃的。然七律应制，没有谁可与王维颉颃的。王维的七律应制诗扩大了应制诗的表现领域，赋予了这种诗格以丰富的表现内容，塑造出了高华雅丽的诗歌意象，使得七律应制摆脱了初唐应制诗的局限，成为一种真正意义上的抒写性情的体裁，具有极高的美学价值。我们学舌蒋寅也说句"俏皮话"，应制题材的诗为王维加了分。

明代以"三杨"为代表的台阁诗人，以盛唐为宗，从恢张皇度、襄赞政教的角度来论诗，如明高官杨士奇盛赞贞元、开元诗"以其和平易直之心，而为治世之音"（《玉雪斋诗集序》）。王维所以擅写和平气象，因其心"和平易直"也。王维所以能够将这类诗写得高华雅丽，亦因其心"和平易直"也。他有一批写皇家宫苑的诗，他写到的宫苑就有大明宫、兴庆宫、望春宫、九成宫、华清宫以及曲江等，还写其扈从侍宴、侍游的经历与感受，既有朝会之作、游览之作，也有宴饮之作、送别之作等。其笔下宫殿豪华典丽，城阙层出不穷，而往往同时配以清远新丽的自然景色，将皇都气象、大国风范、君臣和谐三者合而为一，彰显出一派辉煌壮阔、升平和乐的圣皇盛世的大唐气象，让人具体感受到盛世升平、万象更新的恢宏气象，他的诗也自然就让皇家读者特别爱读了。如七律《奉和圣制从蓬莱向兴庆阁道中留春雨中春望之作应制》，从"望"字着笔，从广阔的空间展现长安宫阙的形胜之要，再写唐玄宗出游盛况，写兴盛时期之帝都长安的神采。中间二联写道：

> 銮舆迥出千门柳，阁道回看上苑花。
> 云里帝城双凤阙，雨中春树万人家。

诗人在望中制造了春雨迷蒙而云缭雾绕的效果，一切都在春雨中，一切也妙在春雨中，雨雾之迷蒙给长安帝城笼罩上了盎然之春意和氤氲之瑞气，但见那：阁道高架，天桥迥起，天子车驾如在半空中行走，置身阁道车中而回身望去，御苑里腾起花海柳浪。帝城雄丽，凤阙双双而高高翘起，凌空盘旋于云雾里，邦畿富庶，万家攒聚而春树茂密，滋润于蒙蒙春雨中。

"雨中春望"的诗题，尽展帝都长安春光烂漫、雅丽壮观的盛世面影，帝城宏伟，街市繁盛，风调雨顺，百姓安居，百业昌盛，典型的 8 世纪中期的大唐气象。徐增云："右丞诗都从大处发意。此作有大体裁，所以笔如游龙，极其自在，得大宽转也。"（《而庵说唐诗》）诗人驰骋笔墨，收放自若，从容于规矩，化古板为灵动，将本来不易写好的应制诗写得意趣横生，兴味淋漓，精工整练而不失瑞丽飞扬。因此，钱基博先生曾指出："论王维诗者，多称其清微淡远，罕道其雄奇苍郁；喜言其萧散旷真，不知其精整华丽，是所谓知其一不知其二。"王维以他得自天赋的聪颖与睿智，汲取其长期生活于长安都市的经验元素，提纯了他在侍宴豫游、酬答唱和中获得的特殊感受，融入其温文尔雅的特质与风度，形成了其特有的雍容雅致、温丽和平的诗歌美质。

明徐献忠《唐诗品》说："右丞诗发秀自天，感言成韵，词华新朗，意象幽闲。上登清庙，则情近圭璋；幽彻丘林，则理同泉石。言其风骨，固尽扫微波；采其流调，亦高跨来代。"这是对王维诗的极高评价，其实也含有对其人的高度赞美。宗白华《美学散步》里说："一切美的光是来自心灵的源泉：没有心灵的映射，是无所谓美的。"这也对应于王维的骈句："守正之人其气高，含章之人其词大。"（《京兆尹张公德政碑》）从主体人格来看，王维其人清贵，笃守正道，秀色内含而荣光外映，其诗自然也就雅丽高华而敦厚蕴藉；而我们则于其诗里，感受到他雍容清逸的气度，看到他"倚风自笑"的大雅风姿矣。

真可谓：

> 气格高华温玉身，最传秀句尽天真。
>
> 倚风自笑空今古，唯有雍容不让人。

第二章

慷慨意气的少年精神

王维很儒雅，其诗温柔敦厚。然而，他的不少诗里，还是让人真切感受到了一种慷慨意气与飞扬精神。这就是林庚先生所说的"少年精神"吧。

林庚先生早在新中国成立初期就热情澎湃地赞美说："在盛唐解放的高潮中，王维主要的成就，正是那些少年心情的、富有生命力的、对于新鲜事物敏感的多方面的歌唱，那也就是当时诗歌的主流。"①林先生是王维研究的先行者，也是先觉者，然而，他对王维的客观而崇高的评价，却还是被妖魔化王维的巨大声浪所淹没，或者说，他的这个"少年精神"的观点，还没能为人比较普遍地接受。

"少年精神"类似"盛唐气象"与"建安风骨"等术语，用来形容或表现一种健康而阳光的精神气象，具有朝气蓬勃、磅礴活力、青春旋律、时代气息、意气风发、风华正茂、乐观豪迈等丰富的涵义。

王维其人温文尔雅，其诗恪守温柔敦厚原则，以平和悠闲的状态而凝神专注地把握当下，特别讲究诗人主体在审美运作中自身情感的控制：喜怒哀乐不行诸色，即便是满腔愤懑也不会一吐为快地肆意喷薄，中节而柔化，迂回婉曲，委而有节，词不径出而情不激起，含而不露，淡泊平和，看上去自然便有"无血气"的感觉了。

---

① 林庚：《中国文学简史》，古典文学出版社（上海）1957年版，第275页。

总之，王维的诗，荣光外映而秀气内含，纵横之意、慷慨之气皆"当于言外得之"也。因此，其诗"不落人间声色"的"兴象超远，浑然元气"，也是一种血气，是一种让人轻易感觉不到"血气"的血气。黄庭坚说："血气方刚时，读此如嚼枯水。"他说的是读陶诗，其实读王维诗亦然。

意气风发的王维，意兴无穷地诗写山水田园，写边关塞上，写城阙宫苑，写迎来送往，因为拥有"少年精神"，他"瞬间就把握了世界的全体"。他在其所涉及的几乎所有题材里，大写宁静和平的盛唐环境，大写为理想而不惜战死的盛唐人的生命价值观，大写国家利益高于一切的家国情怀，大写生在天朝的自豪感、自信心与济世精神。而他的这些诗中，"少年精神"如同阳光般温馨而弥漫，充满了高华雅丽而不失清逸俊爽的气息。

一、纵横之气得于言外

一般而言，王维的诗温柔敦厚。即便是他的边塞诗、怀古诗与送别诗，也写得"色相俱空，风雅备极"（胡应麟语）。明代王维研究专家顾可久赞王维《少年行（四首）》"通篇豪侠纵横之气模写殆尽，当于言外得之"，是为高见，中肯之的论。也就是说，王维即便是写这类易于以大言、豪言、狂言表现的游侠题材，也作"曲而达"的表现，而让人"于言外得之"也。

《少年行》组诗，真实而生动地记录了王维少年游侠的青春行旅，反映了王维青少年时期建功马上的浪漫理想与人生价值取向，凸显了他超迈豪纵的精神面貌。组诗其一，写游侠少年的飒爽英姿，后三首则是写他们为国杀敌而建功疆场的英雄壮举。然其诗的表现很艺术，不是直接写，其"少年精神"也需要我们"于言外"方可"得之"。其实，王维几乎所有的诗，都具有"当于言外得之"的特点。

我们不妨以《少年行（四首）》（其一）为例，验其"于言外得之"之妙也。

新丰美酒斗十千，咸阳游侠多少年。

相逢意气为君饮，系马高楼垂柳边。

诗写邀人喝酒，通过喝酒来写人，写人的精神。此诗"前开后合。一言酒，二言人，三、四始说合。相逢意气，言意气相投也。意气二字，是少年人行状"（黄生《增订唐诗摘钞》卷四）。诗取一个极平常的视角，摄取生活中一个极普通的"邀宴"题材，而表现盛唐时代一个极豪迈的少侠形象，折光一个时代极有代表性的"少年精神"。

诗之"言内"所写，几个少年，陌路相逢，一见如故而互相欣赏，于是系马垂柳边，相携登酒楼。诗之绝妙处，在于虚处落笔也。而我们"于言外得之"的，则是这帮游侠非同寻常的"意气"，林庚先生说，这就是"王维早年的精神状态"，亦即"那种生气蓬勃的少年精神"。

王维的《少年行》，作于其十五到二十岁间，开元八年前后，他孤身游两京时。著名美学家李泽厚《美的历程》一书中说："盛唐是人的意气和功业。"即便是按照有些历史学家研究的定论，开元之治终结于开元二十四年，盛唐大幕开始垂落于开元二十八年，开元八年距离结束盛唐盛世还有二十年。开元八年前后，正是大唐帝国的上升时期、鼎盛时期，整个社会弥漫着蓬勃的青春气息，充满了尚武、尚勇、尚建功的精神色彩。王维的《老将行》，开篇就写道："少年十五二十时，步行夺得胡马骑。射杀中山白额虎，肯数邺下黄须儿！一身转战三千里，一剑曾当百万师。"那是个"男儿本自重横行"（高适《燕歌行》）的时代，"功名只向马上取，真是英雄一丈夫"（岑参《送李副使赴碛西官军》）。诗人以建功立业自许且自期，咏侠诗的创作和任侠精神的表现也逐渐达到了一个高峰。争做少年游侠，成为初盛唐时的一种社会风气，成为王孙公子、富豪子弟们逞权比势、争强斗胜的一种生活方式。游侠中有不少"富二代""权三代"，他们乃国戚勋臣之后，或乃巨富名宿子弟，权势灼手而轻财好施。游侠中也不乏少年英杰之辈，以游侠的方式结交豪杰，行侠仗义，以博取声名与功业。这些诗中，生动刻画了少年游侠慷慨放纵、豪放恣肆的英武形象，热情歌颂了重诺守信、救急振弱的侠义精神，也表现出保家卫国、建功马上的崇高理想。

《少年行》应该是个"乐府旧题"，乃乐府杂曲的一种，如何逊《长安少年行》、卢照邻《结客少年行》。《乐府解题》："《结客少年行》，言轻生重义，慷慨以立功名也。"因此，这也成了重义气、欲立功之诗人的必选之题，而可谓代不绝作也。

李白也有《少年行（二首）》。据考李白《少年行》诗作于三十岁后，比王维的《少年行》晚了十多年。古人说李白《少年行》"摹写少年之态，曲尽其妙"（《唐诗解》）。《少年行（二首）》均以寥寥数语勾勒少年形象，其一为五言古诗，通过一个少年对荆轲的向往追慕，表现出他的侠骨刚肠。其二为七言绝句：

> 五陵年少金市东，银鞍白马度春风。
>
> 落花踏尽游何处，笑入胡姬酒肆中。

诗也写喝酒，饱含激情地抒写豪侠少年寻欢作乐，踏花游春，笑入酒肆。同类题材，同为七绝，作法大不同，其诗比王维《少年行（四首）》（其一）如何？而孰高孰低，读者自见。

李白与《少年行（二首）》差不多同时所作的《侠客行》诗也写酒，似写于醉中，写其醉态，抒发了作者对侠客的倾慕，对拯危济难、用世立功生活的向往。在对赵地侠客的形象、行为与精神气质极度刻画与渲染之后，诗中即写道："三杯吐然诺，五岳倒为轻。眼花耳热后，意气素霓生。"正面直写其豪饮状。三杯热酒下肚，便有重于泰山的一诺既出；而两眼昏眩，双耳燥热，已经酒醉亢奋，侠客重然诺、轻死生的精神白虹贯日。李白四十二岁应诏入长安"翰林待诏"，四十四岁被赐金放还而永远地告别了长安，之后便进入了他创作的高峰期。其诗的扛鼎之作，多出现在他被赐金放还后。譬如《将进酒》，极写人生失意的"悲"与"愁"，"高堂明镜悲白发，朝如青丝暮成雪"，一天时间就愁得须发全白。他对自己的要求太高，或者说是功名心太强，政治期望值太高，要"申管晏之谈，谋帝王之术"，而当他感到自己的政治理想成为泡影后，极其绝望，精神濒临崩溃。李白写酒的诗多，特别喜欢写酒，也特别擅长写酒，且多直写，古人就说其诗"十有八九写酒"，酒也为李白的诗加了分。

王维写酒的诗很少，没有几首，也不正面写。饮酒在唐代成为激发意气的胜事，豪饮酣醉也被视为一种英雄本色。王维这首诗虽写酒，但不正面写，而是以写酒为名，用来带出游侠，从而写人的精神意气。"新丰美酒斗十千，咸阳游侠多少年。"首句说酒好，当下最好的酒，最贵的酒，即"喝的不买，买的不喝"的那种酒，喝的是身份。曹植《名都篇》曰："归来宴平乐，美酒斗十千。"李白《将进酒》曰："昔时陈王宴平乐，斗酒十千恣欢谑。"新丰，乃产美酒的地方。咸阳，指长安或长安一带。所谓"游侠"，则是指好交游、重言诺、仗义轻生、扶危济困的侠义之人。"多少年"，万首绝句作"皆少年"。意思是，这一带游侠的人大多数是少年人。事因酒而起，酒因人而贵，人因酒而豪。酒与人而对举，人与酒而因果。酒好人侠，人由酒带出，人仗酒势，酒助气豪。

"相逢意气为君饮，系马高楼垂柳边"二句，有两个细节动作：一是"系马"柳荫；二是"登楼"使酒。仍然是虚写，也妙在虚写，简练传神，声情俱美，历历如绘也。吴功正先生的《唐代美学史》评此诗说："英勇杀敌，效命疆场的描写，深化了咸阳侠少们'意气'的内涵，这一内涵以国家社稷为本，显得更为深厚凝重。这就完全区别于长安街头驾鹰斗鸡的纨绔子弟了。而在长安侠少意气风发、建功立业的身影中又有着诗人主体理想、愿望的寄托。""相逢意气为君饮"句，非常精准地勾勒出少年游侠的豪迈气质，非常精准地抓住了盛唐人的精神特征：即便是邂逅相逢的陌路人，无须长期交往而亦皆"故人"，杯酒之间便能相逢论交而成为意气相倾的知己。

这就将那种英雄相惜的豪纵，那种同气相求、同声相应的侠爽，那种重义轻财、奋发有为的襟抱才情，写得极其传神，活灵活现。

"一生大笑能几回，斗酒相逢须醉倒。"（岑参《凉州馆中与诸判官夜集》）唐人的那种侠者重义然诺、仗义疏财、扶危济困、排纷解难、知恩必报的精神品质，经由唐代诗人的热情讴歌，千载之下依然令人感奋。有学者研究认为，李白血管里流淌的是胡人的血。其实，唐朝帝王李氏家族也有着胡人的血统。李世民的祖母是北周鲜卑大将独孤信的女儿，李世民的母亲窦氏也出自北周皇族，也是鲜卑人，李世民就是鲜卑血统。唐朝国风民俗礼教中自然也杂入胡人风俗，这也使唐人的民族自豪感得到高度张扬。美国学者谢弗在《唐代的外来文明》里说：长安和洛阳"是胡风极为盛行的地方"，以穿胡服、戴胡帽、用胡食、说胡话为时髦。长安浸染在"胡风"之中，这种胡风为长安社会增添了新的元素与新的活力，极大地丰富了长安人的生活内容，提高了长安人的生活质量，也深刻地影响了一代唐人。因此，那些血管里流的不是胡人血的唐人，也极具血性豪纵、侠义风骨。即便是温文尔雅的王维，也深受感染，重友情、厚交谊，虽然不是动辄豪饮，却也杯酒意气。诗歌取材于少年游侠，不仅为这种历年不衰的游侠世风所膺服，而且以第一人称的写法，写出了自己加入少年游侠者中的强烈感受。王维少年游宦二京，本身就具有游侠的意味，而他在京城深受追捧，少年得意，心情极好，其勇决任气而欲有作为之心日强，这是非常正常的。

王维《少年行》之妙，妙在于虚处落笔，没有直接写，不作正面写，也没有一句实写。诗写少侠邀宴，其场面之豪华、气氛之热烈、言诺之慷慨，游侠少年形象栩栩如生，皆呼之欲出，直让人感到英气飒爽，意气飞动，然而所有的这一切皆让人"于言外得之"。王维以"意气"写人，或者说是以"意气"自写，让我们在这些"意气"侠少的身上，读出了一个血性王维，一个卓特雄姿、倜傥风流的诗人王维，一个为朋友倾情倒意、肝胆相照的王维，同时也读出了盛唐时代的青春气息，读出了激昂风发而奔放不羁的"少年精神"。这些也都是我们"于言外得之"的。

　　王维写酒，以酒来写血性豪情，来表现他与朋友的深情，一般都是虚写，没有"眼花耳热后"

〔明〕董其昌　泉石青松图

的实写。他与李白写酒不同，与杜甫写酒也不同。郭沫若先生说杜甫嗜酒终身，十四五岁就已经是个酒豪了，嗜酒不亚于李白。杜甫自曰："谁能更拘束，烂醉是生涯。"（《杜位宅守岁》）其《寄题江外草堂》诗曰："我生性放诞，雅欲逃自然。嗜酒爱风竹，卜居必林泉。"他在写给好友郑虔的《醉时歌》诗里说："得钱即相觅，沽酒不复疑。忘形到尔汝，痛饮真吾师。"郭沫若在《李白与杜甫》书中有个统计，杜甫有饮酒诗三百余首，占其现存诗文百分之二十一强，李白有一百七十首，占其现存诗文百分之十六强。杜甫诗还喜欢用酒来收尾。金志仁先生在《杜甫〈登高〉诗指瑕与写作时地考辨》一文中也有个统计，"杜甫与李白一样皆一生嗜酒，诗中写酒的诗篇很多，还特别喜欢以写酒来收结全诗。我做了一个统计，在杜甫现存 1400 多首诗中，以酒收结的诗作竟达 80 多首（不包括篇中写酒的诗）"。金先生说，"这些以酒收结的诗句大多数写得平常"，以酒收结"简直成了杜诗结穴的一种模式"。说是不少诗前面写得好好的，"结尾也忽然转酒收结，变得无意味。《登高》也是这种类型诗作中的一篇，也突然转写酒收结，而且结得并不理想，表现得非常典型"。

至于陶渊明，朱光潜《诗论》里说："渊明诗篇篇有酒，这是尽人皆知的，像许多有酒癖者一样，他要借酒压住心头极端的苦闷，忘去世间种种不称心的事。"因此，"酒对于他仿佛是一种武器，他拿在手里和命运挑战，后来它变成一种沉痼，不但使他'多谬误'，而且耽误了他的事业，妨害他的病体"。酒于王维，也是一种"武器"，增进友情的"武器"。"劝君更尽一杯酒"，他自己不喝劝人家喝，似乎还是舍命陪君子，在很特殊的"生离死别"的时候，也开怀畅饮。林庚先生在《唐诗综论》里说："《渭城曲》的可喜之处不在于它的离情，而正在于离情中所给我们的更深的生之感情。"林先生是个著名诗人，见解独特，诠释新深，他于其中读出了"新鲜的启示"。他认为，写"生离死别"的诗，妙在给人"更深的生之感情"，"要把人带到更高的理想去，而不是作为生活的附庸"。因为，"我们在这个世界上便又一次认识了自己的生命，那才是一个经过磨炼而更鲜明的生命"。王维的《渭城曲》，亦即《送元二使安西》的别称，其诗曰：

> 渭城朝雨浥轻尘，客舍青青柳色新。
> 劝君更尽一杯酒，西出阳关无故人。

诗的前两句写景，后两句写情。王昌龄的《芙蓉楼送辛渐》（"寒雨连江夜入吴"），非常著名，是这么写的；高适的《别董大》（"千里黄云白日曛"），非常出彩，也是这么写的。唐人写别离，先写别景，再写别情，《送元二使安西》也是这个套路。然而，"毕竟以此首为第一。惟其气度从容，风味隽永，诸作无出其右故也"（黄生《增订唐诗摘钞》），真可谓"情味俱深，意境两尽"之"真绝作也"（《唐人万首绝句选评》）。

唐代从长安往西去的送别，多在渭城。渭城即秦都咸阳故城，汉改渭城，在长安西北，渭水北岸。朝雨刚过，驿道轻尘不扬，客舍周围的柳树，清柔新翠。一场深情离别，却是轻快而明朗的情调，绝无半点黯然销魂的气氛。因此，古人说："人皆知此诗后二句妙，而不知亏煞前二句提顿得好。"（《而庵说唐诗》）这是说诗之景写得好。霍松林也说"这首送别诗情深味厚而略无衰飒气象，体现了盛唐诗的时代特征"，与盛唐的四海晏然、天下升平的社会环境互相映衬，属于盛唐气象。

诗的前两句，先创设出一个"劝"的气氛。送元二围绕"劝酒"来写，诗眼即一"劝"字。因此，在前两句"提顿"之后，出现了临别之"劝"的刹那场景。"劝君更尽一杯酒，西出阳关无故人"，诗人将宴前席间的物事情态一律舍去，而将所有殷勤话别的内容，凝成一句劝酒辞：干了吧，请再干了这杯酒，出了阳关后就没了我这个老友相伴。这个"劝"字极其凝练，极富生活化，动作性也极强，而将惜别之情瞬间推到了顶点。"凡情真以不说破为佳。"（张谦宜《絸斋诗谈》卷五）就这一"劝"，真情无限，情感极其丰富，然妙在"不说破"也。不说破比说破还要让主客双方之情所不堪，不说破比说破所还要说的内容不知要丰富多少。

　　这个"不说破"，亦即王维"怨尤不露"的作法，"即有送人远适之篇"，"亦复浑厚大雅，怨尤不露"（赵殿成语）。不说破，不是没有说，只是说而没说破，没有直接说出来，故而，其诗便亦"气度从容，风味隽永"；故而，我们也就只能"于言外得之"了。为什么王维就一个"劝"字而不说破呢？为什么我们感到还是不说破为佳呢？元姓友人出使安西，王维为其送行而有此"劝"，让他喝了还要再喝。这是因为此行非同寻常。唐代安西都护府，治所在龟兹城（今新疆库车附近），处于河西走廊尽西头的阳关，和它北面的玉门关相对。自汉代以来，这里一直是军事要塞，也是内地走向西域的通道。因为元二要去的是安西，不是西安。西出阳关，就是去到河西走廊的尽西头。当时的安西，是个黄沙弥漫的穷荒绝域，还是个杀伐常有的血腥战场。"西出阳关"，意味着边地局势的紧张和复杂，元二受命于危难而赴安西，结局什么样，不可预料，什么情况都是可能发生的。因此，这临行劝酒之"劝"中蕴含着极其丰富而真挚的深情，而不愿去说破，而不便去说破，而不能去说破。这里既有对元二旅程艰辛的担忧，对其前途命运的关切，又有一种可能就是永诀而难分难舍的依依别情，更有对元二深明大义、慨然赴边之义举的赞美。诗人的关怀、安慰、惦念、忧虑、体贴、鼓励与祝愿等，所有情感都融进这临行前的一个"劝"的动作里，不去说破也不用说破。因此，这种单纯只"劝酒"而不说破的表现，不仅反映了朋友之间的深挚关系，表现了特殊场景中的特殊情绪，也使诗的题旨超出了一般性的私我格调而升华到家国情怀的高度。因为此诗发于"意气"，一时意兴所致，率性即兴而成，信口咏出，自然天成"神境"，是乃"由作者一时天机凑泊，宁可失粘，而语势不可倒转，此古人神境，未易倒也"（黄生《增订唐诗摘钞》）。因为，"人人意中所有，却未有人道过，一经说出，便人人如其意之所欲出，而易于流播，遂足传当时而名后世"（赵翼《瓯北诗话》）。

　　"少年精神"，即盛唐人精神，抑或时代精神。林庚先生在《唐诗综论》里比较唐代四大诗人（王维、李白、杜甫与白居易）时，还特别提到王维的《陇头吟》（"长安少年游侠客"），说是"这种游侠少年走向边塞的浪漫豪情，正是盛唐时代少年精神的体现"。王维其人儒雅，其诗"温柔敦厚"，其"意气"之发表与李白既同又不同，李白是"眼花耳热后，意气素霓生"，《少年行》是意气使酒，酒发意气。王维的意气，似乎比李白还要意气，具有一种动人心魄的深厚沉郁，又不失血性阳刚之美也。我们"于言外得之"也。

二、非少年诗亦然

　　"少年精神"这个术语，是林庚先生唐诗研究最具代表性的见解。

林先生说："王维的《少年行》所谓：'孰知不向边庭苦，纵死犹闻侠骨香。'这就是盛唐时代的精神面貌。"林先生非常欣赏《少年行》中的这两句，以其作为"盛唐时代的精神面貌"的代表。此二句出自王维《少年行（四首）》的第二首：

> 出身仕汉羽林郎，初随骠骑战渔阳。
> 孰知不向边庭苦，纵死犹闻侠骨香。

我们在前文中已经引述了李白的《侠客行》，这首诗的最后四句是：

> 纵死侠骨香，不惭世上英。
> 谁能书阁下，白首太玄经。

李白诗作于中年，比王维晚了二十年，诗中也是"纵死侠骨香"的侠客崇拜。四句的意思是，做人就要像侠客侯嬴和朱亥他们那样仗义行侠，纵然死去而侠骨犹香，不愧是盖世之英豪。谁还愿像《太玄经》的作者扬雄那样，白首著书，老死窗下呢？"侠骨香"在前人诗里就出现过了，看来已成为盛唐那个时代的流行语，王维也这么用。而就诗论诗，以风骨、意气比，王维自不在李白之下也。

王维诗虚构、塑造了一个为国家而战的游侠少年的英勇形象。游侠少年以皇家禁军身份，随骠骑将军而出战渔阳。难道他不知道血战边关的艰苦和危险吗？然而为了博取百世流芳的英名，宁可战死也无悔无怨。"孰知不向边庭苦，纵死犹闻侠骨香"，唱出了盛唐人极端英雄主义精神的最强音，表现出骄傲与悍勇的游侠少年这种唐代特有的侠崇拜，这种舍生忘死而为国捐躯的英雄主义精神，这种对个体生命价值肯定的牺牲精神与价值观，具有强烈的鼓舞人心的正能量。因此，林庚先生说，这样的诗是"盛唐时代的精神面貌"的典型反映，生动表现了王维的"少年精神"。

马上建功的豪情，为国献身的思想，是王维"少年精神"中的重要组成部分。这在他的边塞诗中表现尤为卓绝，如《燕支行》《老将行》《陇头吟》《出塞作》《使至塞上》《从军行》《送元二使安西》《送刘司直赴安西》等。王维横跨山水诗与边塞诗两大重镇，笔者甚至提出了王维乃盛唐边塞诗第一人的观点。其实，唐人早就非常重视王维的边塞诗了，甚至超过了对其山水田园诗的重视。他同时代人的选本《河岳英灵集》，选盛唐诗人二十四个，王维与"高岑王李"边塞诗四大家皆入选。选本仿钟嵘《诗品》分上、中、下三卷，王维与李颀、高适在上卷，岑参与王昌龄在中卷。"姓氏之下品题"中，殷璠只在王维"品题"里提到了他的边塞诗，而其他"四大家"均未有"品"。《河岳英灵集》共选入王维诗十五首，其中边塞诗《陇头吟》《少年行》，加上"品题"里提到的《从军行》，共三首。李颀入选十四首，边塞诗选《古意》；高适入选十三首，边塞诗《燕歌行》《塞上闻笛》《营州歌》；王昌龄入选十六首，边塞诗《从军行》（烽火城西）与《少年行》《塞下曲》共三首；岑参入选七首，没有一首边塞诗。在盛唐选家的眼中，王维边塞诗的地位并不弱也。

中唐姚合的《极玄集》选本，选诗共百首，凡二十一人，选入盛唐王维与祖咏两人，其余皆中唐大历诗人。选本里王维名列第一，其三首选诗中，《观猎》是边塞诗，还有两首是送别诗。王维的《送元二使安西》亦属边塞诗，影响极大，被中晚唐诗人不断提及。刘禹锡曰："旧人唯有何戡在，更与殷勤唱渭城。"（《与歌者何戡》）张祜曰："不堪昨夜先垂泪，西去阳关第一声。"（《听歌二首》）李商隐曰："唱尽阳关无限叠，半杯松叶冻颇黎。"（《饮席戏赠同舍》）白居易诗中至少有五首提及，如"理曲弦歌动，先闻唱渭城"（《和梦得冬日晨兴》）等。唐人欣赏王维的边塞诗，不亚于欣赏其山水田园诗。

林庚提出了一个发人深省的论断："没有盛唐就没有边塞诗。"林先生认为："边塞诗的涌现，因此乃正是时代精神的产物，那辽阔的视野，奔放的豪情，反映着整个时代高视阔步的足音，这也就是历代称誉的盛唐之音的特色。"因为，"边塞的歌唱为这种豪情找到了一个最适合于表现的场合；它激荡着时代的豪情，也建立在时代豪情之上的"。而盛唐过后，边塞诗派的歌唱也就一去不复返了。中晚唐时期，写边塞诗的诗人并不少于盛唐时，诸如李益、卢纶、李贺、李商隐、张籍、白居易、杜牧、王建，以及郎士元、戎昱、司空曙、杨巨源、张仲素、施肩吾、许浑、赵嘏、司空图、罗隐、周朴、卢汝弼、韦庄、金昌绪等，为什么没有一个公认的边塞诗派？中晚唐时，内忧外患，战争频仍，不少战争是在朝廷与藩镇或各藩镇之间进行的。安史之乱后，唐王朝国力日衰，中央渐渐失去对边远地区的节制，如吐蕃大举东进，陇右、河湟等地相继沦丧，鄯、秦、成、洮等十多个州亦先后丢失。总之，这时的边塞诗已没了"气吞万里如虎"的自信与豪情，也缺少了"少年精神"，而多类似于南宋基调沉郁悲凉的爱国诗，传世之作不多，作品参差不齐，不成规模，不成气候。

王维的边塞诗，即便不是写于少年，也洋溢着饱满的"少年精神"。他的《使至塞上》曰：

　　　　单车欲问边，属国过居延。征蓬出汉塞，归雁入胡天。

　　　　大漠孤烟直，长河落日圆。萧关逢候骑，都护在燕然。

《使至塞上》是王维边塞诗的代表作，是盛唐边塞诗的代表作，也是中国古代边塞诗的代表作，其诗热情歌颂了以身许国的守边将士们的爱国主义与英雄主义精神，洋溢着以祖国强盛为骄傲的豪情，也表现出诗人不负使命问边凉州的骄傲与健迈的精神面貌。

王维中年出塞，虽不能说是君主特别信任或朝廷特别倚重，至少是"尽一时之选"者也。王维"衔命"出使，在大唐全盛时，在唐军大获全胜的大好形势鼓舞下，诗人特别荣耀也特别骄傲，从《使至塞上》的整体构思看，诗以身负使命而出使开篇，以完成使命追踪都护到燕然而收束，形成了一个完整的构思，突出了赴边劳军的"在场"状态。诗的中间四句，写漫漫行程之长远，也写其长途跋涉的艰辛与兴奋，一路奔袭，日夜兼程，边塞满目荒凉，除了随风飘卷的蓬草，除了偶尔可见的几行归雁，荒无人烟，走不到尽头。而"大漠孤烟直，长河落日圆"二句一转，转出了个"千古壮观"。烽烟升腾于无垠的大漠中，挺拔而直上青天；落日装点于蜿蜒的长河之上，浑圆而眷恋相依。其诗化苍凉为豪放，化肃杀为壮丽，清雄绮丽，

极富创造精神也极富浪漫色彩。诗人深为塞地广袤苍莽、浩瀚悲凉
所震撼，也为将士们捐躯报国的精神所感染，不仅没有凄伤感与孤
独感，也没有跋涉劳顿的疲惫与怨尤，相反意气蓬勃，崇高感情陡
然而升华。诗中"萧关"二句收尾则更妙，暗用三个典①，信手拈来，
宛如己出，自然仿写，不仅极大地扩大了诗的容量，而且还改变了
诗的表现形态，引起读者对虞世南、何逊诗的联想与类比，巧妙地
赞美了这些为报效国家而血洒疆场的唐军将士，以汉之窦宪转喻唐
都护之功，认为此战大获全胜而声威远震具有"刻石勒功"的意义；
不仅折射出浑厚恢宏的盛大之气与太平之象，也让人从中看到诗人
的自豪感与喜悦情，感受到诗人的家国情怀。

　　王维走出朝廷，深入边地，使得他站到人性悯情的高度来思考
与感发，既关注边疆的安危和国家的命运，也关心士卒的生命与生
活。应该说，这种深沉的人文精神与道德关怀，在王维有了边地生
活后而生成与加剧，则更加合理。王维出使河西的那些诗，皆充满
了极端的乐观主义与英雄主义。其《出塞作》云：

> 居延城外猎天骄，白草连天野火烧。
>
> 暮云空碛时驱马，秋日平原好射雕。
>
> 护羌校尉朝乘障，破虏将军夜渡辽。
>
> 玉靶角弓珠勒马，汉家将赐霍嫖姚。

---

① 典一，虞世南《拟饮马长城窟》，开篇："前逢锦车使，都护在楼兰。"典二，何逊《见征人
分别诗》曰："凄凄日暮时，亲宾俱伫立。征人拔剑起，儿女牵衣泣。候骑出萧关，追兵赴
马邑。且当横行去，谁论裹尸入。"典三，《后汉书·窦宪传》曰，窦宪大破单于军，"遂登
燕然山，去塞三千余里，刻石勒功，纪汉威德，令班固作铭"。

这是直接描写战事的边塞诗，不仅在王维笔下不多见，在所有的唐代边塞诗中也少有。暮云低垂，沙漠空旷，草枯无边，猎火腾起，盘马弯弓，夜渡朝驰，整个画面生动，人物传神。诗人以打猎声势之盛，写出了强悍吐蕃咄咄逼人的气势，暗示边情危急，渲染了边关剑拔弩张、一触即发的两军对垒之势。诗人笔下的唐军从容镇静，应付裕如，神速威猛，攻守兼备，自然也就能够以压倒一切的凌厉气势而夺取最后的胜利。诗的结尾处顺带一笔，透露出赏功劳军的题旨。这样写，不仅凸现了将士英勇杀敌立功的英雄气概，具有宣传鼓动与激励的意味，符合诗人犒劳使节的身份和观察视角，也折光出大唐帝国异常强盛的威势，千载之下，仍然气势如虹，成为中华民族爱国主义和英雄主义的慷慨强音。我们从这些描写里看到，诗人对边地、对战事、对敌我双方、对军事部署等，不仅全然在胸，烂熟于心，而且能够巧妙构布，得体传写。方东树在其《唐宋诗举要》中对此诗极有着高评价："前四句目验天骄之盛，后四句侈陈中国之武，写得兴高采烈，如火如锦，乃称题。收赐有功得体。浑颢流转，一气喷薄，而自然有首尾起结章法，其气若江海之浮天。"

王维在边地约一年时间，他亲入兵幕，参与边军生活，情绪相当乐观也相当豪迈，他这个时期的边塞诗写得如火如荼，豪情万丈。后来，王维官居长安，仍然不时地有些边塞诗的写作，仍然念念不忘其出塞经历，"单车曾出塞，报国敢邀勋"（《送张判官赴河西》），非常骄傲地回忆起自己当年出塞的情境，充满了自豪感与幸福感，自然也表现出他的"少年精神"。

〔明〕董其昌　山水图卷

　　王维《从军行》属于"短篇之极则"的佳作：

　　　　　吹角动行人，喧喧行人起。笳悲马嘶乱，争渡金河水。

　　　　　日暮沙漠陲，战声烟尘里。尽系名王颈，归来献天子。

　　诗中的情与景高度契合，近乎叙事诗的结构与叙写，非常逼真地传写出边塞唐军出征、行军、赴敌、激战、凯旋的全过程，既有将士出征时的悲壮、赴敌时的无畏，又有鏖战时的激烈和凯旋时的感奋。边塞奇瑰壮伟的异域风光以及粗犷豪放的军营生活，孕育了诗人的想象力，也培养了他捕捉边地景象的敏锐感，诗中"堆砌"如金河、吹角、笳悲、沙漠边陲、战声烟尘等物象，并置而整合成映照生动的戏剧化场景，十分成功地渲染了边塞风光的广漠，也衬托了将士英勇杀敌立功的英雄气概。"尽系名王颈，归来献天子"二句，霸悍豪放，气势逼人，含有必胜的信念与极端的英雄主义精神，具有宣传、鼓动与激励的意味，符合诗人的使节身份和观察视角。

　　"孰知不向边庭苦，纵死犹闻侠骨香。"至今读来，仍然让人慷慨意气，豪情万丈。王维少年时的诗里充满了"少年精神"，其非少年时的诗里，这种精神依然丰沛而飞扬。意气风发的王维出于意气而诗写侠骨豪情，写意气血性，写国家利益高于一切的时代精神，写为了理想而不惜战死边关的盛唐人的生命价值观。这就是王维的济世思想，这就是王维的家国情怀，这也就是王维的"少年精神"。而王维的这种"少年精神"，不只在他的少年诗作中才有，也不只在他的边塞诗中才有。

三、与写什么应该无关

因为王维的山水田园诗写得太好了，又因为王维的山水田园诗多写宁静淡泊，也因为王维诗给人印象最深的是他的宁静淡泊，因此，古来论诗者便多论王维的山水田园诗，引导人多从宁静淡泊上论，多从宁静淡泊上求。方东树《昭昧詹言》说："王摩诘。辋川于诗，亦称一祖。然比之杜公，真如维摩之于如来，确然别为一派。寻其所至，只是以兴象超远，浑然元气，为后人所莫及；高华精警，极声色之宗，而不落人间声色，所以可贵。然愚乃不喜之，以其无血气无性情也。"应该说方东树对王维诗的评价是很高的，他高度肯定了这种诗的重要特点与特殊价值。他是相较杜甫而言的，他认为王维诗缺少兴观群怨的社会性，即便"可贵"也"不喜之"。他只是说他"不喜之"，并没有说这种诗不好。也就是说，这是他的审美观，与王维诗的品质高下无关。他不喜欢"无血气无性情"的诗，而喜欢有血气有性情的诗。谁也没有权利反对他"不喜之"，或强迫他不能"不喜之"。我们以为，作为他个人的审美趣味，喜之与不喜之，都是极其正常的。何况，方公认为"无血气无性情"的也只是王维辋川诗，而对其非辋川诗也有"一气喷薄"而"其气若江海之浮天"的极评，自然不在"不喜之"之列也。

然而，把方东树"无血气无性情"的观点，作为一种审美评判，拿来定性王维辋川诗乃至所有诗的标准，这就非常不正常了。如果再以此来引申批评，说王维诗逃避现实、为人冷血云云，则更属于"有罪推定"的思维了。

孔子有一段谈"血气"的名言，他认为君子有三戒：少之时，血气未足，戒之在色；及其壮也，血气方刚，戒之在斗；及其老也，血气既衰，戒之在得。（语出《论语·季氏》）其实，诗亦然，需要有"戒"的控制。诗教讲求温柔敦厚，也不能凭一时的"血气之勇"。或者说，诗讲温柔敦厚，更不应该全都是那种血气偾张、狂言豪言的风格。王维诗以儒家诗教为准则，注重审美主体在审美运作中对自身情感的中节控制，不是一吐为快，不是一倾为乐，而是迂回婉曲，委而有节，词不径出而情不激起，含而不露，淡泊平和，尤其是他的辋川诗看上去自然便有"无血气"的感觉了。

古人论诗，喜欢以气论，认为"诗不可以无气"。最先以气论的是曹丕，他在《典论·论文》里提出了一个"文以气为主"的观点，认为气之清浊有体。韩愈则以"气盛言宜"将气盛的意义夸张到极致，这也是中唐诗争强斗狠、尚怪猎奇的美学趣味。方东树说王维辋川诗"无血气"，又认为其诗"兴象超远，浑然元气，为后人所莫及"。看起来前后矛盾，然而也不矛盾。"元气"与"血气"，都是"气"的范畴，即为人的精气神，属于感情表现。"元气"之"元"是开始的意思，也就是说元气是万事万物的根源，是构成万物的原始物质。"血气"应生于"元气"。而方东树所说的"血气"，应该是指诗歌的情感表现，实质上就是指冲动的情感，或是指情感的冲动，而于诗上则主要是率性狂放、纵横恣肆、慷慨奇诡类的外倾性表现。如果这就是所谓"血气"，王维则恰恰没有。其诗歌创作不可能没有情感冲动，没有情感的冲动也出不了好诗。然而，他冲动的"血气"不行诸色，不作一吐为快的肆意喷薄，通过中节柔化的"曲而达""譬而喻"的表现性，化为一种"不落人间声色"的诗形态，而其"兴象超远，浑然元气"，就具有了一种让人感觉不到"血气"的"血气"。

黄庭坚说他读陶诗，"血气方刚时，读此如嚼枯水"。其实读王维诗亦然，其"《辋川》诸诗，皆妙绝天成，不涉色相。止录二首，尤为色籁俱清，读之肺腑若洗"（黄叔灿《唐诗笺注》）。王士禛指出，这些辋川诗，"神与境会，境从语显，其命意造语，皆从沉思苦练后，却如不经意出之，而意味、神采、风韵色色都绝"（《唐人万首绝句选评》）。其诗非无气血无血色，而是"色色都绝"也。王维的这些诗，表面看来平淡无奇，全不借助外在色相而清空一气，而皆以气取胜，真个是真气充沛，元气淋漓，静气弥漫而清气逼人也。以其辋川诗的《竹里馆》为例，其诗曰：

独坐幽篁里，弹琴复长啸。

深林人不知，明月来相照。

诗人清幽意兴，选择"幽篁""深林""明月"三物象，写月夜幽林之景，选择"独坐""弹琴""长啸"三行举，写远离尘嚣的人，而简化了所有的背景设色与因果关系的交代，似乎是信手拈来，随意写去，极其自然平淡。明月辉映，幽竹相拥，独坐其间，弹琴也好，长啸也罢，一切自然而必然，成为诗人顺其自然的本真性情而自然生成的一种生命状态，也是其主观契合幽雅客观而闲适自得的生存方式。弹琴不是自我炫耀的作秀，长啸也不是矫揉造作的表演，全凭心性意兴之所至。"深林人不知"与"明月来相照"对举，更是意味深长，人不知我，我亦无须人知，无意于人之知或不知，然唯为明月所知，有明月相知也。诗人全身心地融入自然，陶醉于无边风月中，尘虑皆空，乐道自得，独享孤独，生成了无人所知的大欢喜，进入了与自然同体、与大化同在的境界，诗亦妙谛自成，境界自出矣。诚如屠隆赞曰："冲玄清旷，爽气袭人。"（《鸿苞论诗》）王士祯则谓其"毋乃有傲意"（《唐人万首绝句选评》），也就是说，古人还于清气之中看到了傲气。现代研究者，有人说其貌似娴雅的背后隐含着感愤与不平，也有人说读出了一种陶醉于圆融自足世界里的深深孤独感，还有人说其中隐约有类似阮籍"啸傲"的"佯狂形态与叛逆精神"。这些看法，似乎都与"血气"有关了。我们以为，只要不是预设立场，或者是观点先行，你读出了什么都可以，都很正常，因为诗不是说明文，因为王维诗"温柔敦厚"而追求"于言外得之"的表达。

　　有无"血气"，虽然并非考量诗之高下的美学标准，但是王维诗里怎么可能没有"血气"呢？如果"血气"只是狭隘地指慷慨意气而径直表现，王维诗中也是不乏佳作的，譬如他的《少年行》，譬如他的《送元二使安西》。王维还有一些送别诗也写得"血气方刚"。其豪气厉扬，英气逼人，让人怀疑出自诗以"不落人间声色"为特色的诗人之手，譬如《诗送陆员外》《送张判官赴河西》《送平澹然判官》《送刘司直赴安西》《送赵都督赴代州得青字》《送宇文三赴河西充行军司马》《送崔三往密州觐省》等，就霸气十足，慷慨威武。

　　王维有一批诗，赠别同僚，送友人赴前线，没有丝毫哀怨凄切的黯然，多是抗壮激越，慷慨意气，表现出"匈奴未灭，何以家为"的高迈境界，充分反映了诗人主战抗敌、立功报国的节义内容和英雄胆识。他的《送张判官赴河西》诗云：

> 单车曾出塞，报国敢邀勋。见逐张征虏，今思霍冠军。
> 沙平连白雪，蓬卷入黄云。慷慨倚长剑，高歌一送君。

此诗的构思很特别，思想性很强，思想教育的意味很重。这也是王维诗中表现最自信、最意气风发、也最显自然人格的一首诗。此诗似是赠给一个后生小辈的，诗人结合自身赴边出塞的经历而现身说法，把赴边之举描绘得具有很强的诱惑力，激励对方慷慨赴边，杀敌报国，这对于满怀壮志凌云而准备赴边的张判官来说，简直就是千载难逢的立功报国的机会。诗虽然是赠别，写给别人的，却现身说法，一上来就说自己："单车曾出塞，报国敢邀勋。"出塞问边，是王维心中永远抹不去的记忆。虽然不是邀功，但也有点自炫的口吻，他也为自己有过戍边的经历而骄傲。王维有着"单车曾出塞"的资本，也曾奋不顾身，几次临危受命出使边塞。王维在诗中对这个年轻人说，你现在将要去追随张征虏，就像我当年跟从霍将军。意思是，你也要像我那样报国无私、一往无前。颈联写景，声色顿生。王维极擅点染之法，"沙平连白雪，蓬卷入黄云"二句，这既是想象之景，又源自诗人的边塞生活经历，最妙的是渲染了一种悲壮肃穆的送行气氛。此处的景，可以理解为诗人的寄语，语含景中：此去就是环境恶劣的边地，就是走马驰骋的沙场，要这个年轻人做好思想准备。这也自然过渡到尾联的"送"，诗末"慷慨倚长剑，高歌一送君"二句，点题送别，又是自写，慷慨勉励，高歌相送，展现出一个意气风发、轩昂飒爽的送友形象。王维的送别诗，情辞豪迈，意气慷慨，字里行间鼓荡着豪气雄风，生动地反映了诗人建功边关的家国情怀，也表现出非常典型的盛唐人昂扬自信的精神风貌。

王维有一批写送别的诗，其于诗中鼓励人以国家为重，积极投身保家卫国的战争，而其中抒写则未免太过"血气"了，譬如：

"当令犬戎国，朝聘学昆邪。"(《送宇文三赴河西充行军司马》)

"须令外国使，知饮月氏头。"(《送平澹然判官》)

"当令外国惧，不敢觅和亲。"(《送刘司直赴安西》)

"忘身辞凤阙，报国取龙庭。"(《送赵都督赴代州得青字》)

"欲逐将军取右贤，沙场走马向居延。"(《送韦评事》)

如此霸道猛悍，分明就是示豪撒泼，简直近乎野蛮，以现在的观点看，是很典型的"大国沙文主义"，具有强烈的扩张意识与殖民思想。真不敢相信这也是儒雅王维的手笔。这些诗都写于王维中晚年，都是送人赴边的内容，都是祝颂与希望的意思，也都生动表现出诗人的慷慨意气，表现出他的"少年精神"。

王维的这些送别诗，其实也可归类于边塞诗，情绪激昂，音节铿锵，字里行间充满了对威武战神的膜拜，表现出藐视天下而压倒一切的英雄主义精神，折射出大唐帝国鼎盛期的时代光影，生动表现了王维武力强国的基本思想。盛唐盛世，虽然国力强盛，然却不时受到异族的骚扰，使唐主不得不采用和亲之下策，而求得一时苟安。唐玄宗时期更是唐朝屈辱和亲的密集期，且送出去的公主往往被当作牲畜一样凌辱，甚至被虐杀，这让唐人丢尽颜面，诟耻蒙羞。王维是希望这些即将奔赴疆场的同僚朋友，做出一番惊天动地的大事来，让唐人出一口恶气，也使异邦再也不敢蔑视大唐。而从送别诗写作的角度说，这样的写法，对于即将开赴战场的人来说，具有让人热血沸腾的鼓动性。这也写出了诗人心目中的战神风采，包含了诗人自己的强国之梦，以及渴望建功立业之心。

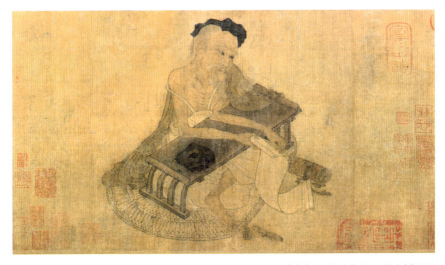

〔唐〕王维（传）　伏生授经图

王维是个非常全面的诗人，什么体式均擅，什么题材皆作，什么风格都有，均有超一流的作品。龚鹏程《中国文学史》指出："历来我们对王维及其诗之认识是偏颇的。"人们往往"大谈王维的冲淡恬静而忽略其豪健风格；大谈王维之山水田园诗，而漠视其边塞题材。"龚先生认为，这是"论者太懒"，"往往就是一刀切"，说到王维，总是"维诗清逸"一套。"其实王维作品里，山水田园诗仅占四分之一，其述豪侠、咏边塞、陈闺怨者，无论质与量，均不逊于山水田园。比诸岑参、高适，亦无愧色（王世贞且谓其《出塞作》若非犯两马字，足当唐诗压卷）。岂旷淡清逸云云所能局限？"也就是说，我们在读王维与论王维时，不能为"旷淡清逸"观所局限。

"少年精神"应该说与写什么并没有直接关系。王维不管写什么，"述豪侠、咏边塞、陈闺怨者"等，其诗发于"意气"，亦多能够写出"少年精神"来，他的非山水田园诗如此，山水田园诗亦如此；他的长篇歌行如此，五言短制亦如此；他的少年诗如此，非少年诗亦如此。

四、全在乎神完气足

王维诗中的"少年精神"，不只限于他少年时写的诗，也不只限于边塞诗类题材的诗。他的山水诗也以气胜，浑然元气，清空一气，古人评其诗"一气浑沦，神勇之技"（沈德潜《唐诗别裁》）。其实，"王右丞诗境虽极幽静，而气象每自雄伟"（贺贻孙《诗筏》）。王维的《终南山》，以四十个字为偌大一座终南山传神写照，就写得气象万千：

> 太乙近天都，连山到海隅。白云回望合，青霭入看无。
> 分野中峰变，阴晴众壑殊。欲投人处宿，隔水问樵夫。

　　王夫之的《唐诗评选》赞此诗曰："工苦安排备尽矣，人力参天，与天为一矣。"这是对王维诗精湛而高超艺术的至高无上的评价。诗从终南山太乙峰落笔，总览全山，仰观俯瞰，极言山之高远。起笔即极度夸张终南山的高远实体与恢宏气势，"太乙近天都"，是垂直方向的扩展；"连山接海隅"则是水平方向的延伸。中间两联，具体描写终南山的内部形态。身在山中，移步换形，云气变幻，由清晰而朦胧，由朦胧而隐幻，刚刚走出茫茫云海，迎面又是合拢上来的蒙蒙青霭，让人置身于感察无穷、动荡不定的妙幻之中，而又让人消融于时空和外物的深度里。颈联写诗人立足"中峰"，纵目四望，终南山全景尽收眼底，"分野中峰变"，侧重于从区域方面写山内部的纵深，其领域之广大，甚至大到对应天文分野；而"阴晴众壑殊"侧重于从天候方面写山的神奇，通过阴晴浓淡之光线下千岩万壑的悬殊景象，来写山之千形万态的奇幻。诗的前三联正面写终南山，末联则侧面写，欲投宿山中人家，"隔水"相问，打破了山中的沉寂。人的出现，妙不可言，山之益渊深亦益博大矣。沈德潜叹曰："或谓末二句与通体不配。今玩其语意，见山远而人寡也，非寻常写景可比。"（《唐诗别裁集》卷九）王维写山，在变化中写山，写山的变化，利用空间关系的照应和云气变化的微妙，营造出空幻虚缈的情境，远近高下，阴阳虚实，闪火离合，貌实而虚，形显而幻，贯穿于全诗的是一种博大浑厚的混沌之气，终南山也因此而更加宏伟壮大，游人也更有了一种宏大无比的存在感。

　　其实，王维诗，包括辋川诗，虽多写静，然气象氤氲，意气飞动，只是让人不容易感受到，一如诗僧皎然所说的"气高而不怒""力劲而不露"的那种。非常有意味的是，闻一多先生将盛唐诗人分为两派，孟浩然属于"文弱派"的代表，而将王维作为"豪壮派"的代表。"豪壮派"的代表还有高岑李杜。王孟诗都喜欢写静，二人的诗区别其实是很大的，宇文所安认为他们的高下也几乎是不可相提并论的。"王维与孟浩然的诗在表面上相似，使得一些批评家和选诗家将他们联系在一起。可是，在他们对隐逸风景描写的共同兴趣后面，却隐藏着气质和诗歌个性的根本区别。"孟浩然有两句写洞庭的诗，"气蒸云梦泽，波撼岳阳城"（《临洞庭湖赠张丞相》），倒是气势磅礴而并不"文弱"的。古人认为，这可与杜甫写洞庭的"吴楚东南坼，乾坤日夜浮"（《登岳阳楼》）齐名。古人也认为，王维的"江流天地外，山色有无中"，亦千古绝唱，诗家俊语，与孟、杜二诗不相上下。王维此二句诗，出于他的五律《汉江临泛》：

> 楚塞三湘接，荆门九派通。江流天地外，山色有无中。
> 郡邑浮前浦，波澜动远空。襄阳好风日，留醉与山翁。

　　此诗甚佳，气象万千，意境开阔。诗写众水交流，密不间发，雄浑壮阔，由楚入湘，与长江九派汇合，首联就为全诗造足了宏大气氛。泛舟江上，纵目远望，只见莽莽楚湘大地浩浩汤汤奔涌而来的"三湘"之水相交相接，汉江汹涌入荆江，与长江九派汇聚合流。诗以概写总述，而有先声夺人的"峥嵘之势"。"江流天地外，山色有无中"二句，更是以气韵胜，既是写实，又充满想象。汉江滔滔远去，仿佛已流入天地之外，衬以苍茫而空蒙的远处青山，越见江势的邈远浩瀚而气象恢宏。颈联"郡邑浮前浦，波澜动远空"二句，侧重写观感，写幻觉，其壮也不亚于前联。明明是所乘之舟为水波所摇动，诗人却说是城郭在水上浮动；明明是浪拍云天，诗人却写成天空在震荡。"浮"与"动"两个动词用得极妙，以动与静的错觉与幻觉写水势磅礴，极富动感，进一步渲染了磅礴水势。此诗三联写水，真可谓于浩渺中见雄奇，而于雄奇中见浩渺，呈现出浑浑无涯、包载天地的水天奇观，气之不可谓不大，"若江海之浮天"矣。

胡应麟《诗薮》里评《古诗十九首》："蓄神奇于温厚，寓感怆于和平；意愈浅愈深，词愈近愈远，篇不可句摘，句不可字求。"其实，这用来评王维的诗，也是非常合适的，或者说，王维诗也就是这个特点。王维的诗，也不宜"句摘"不宜"字求"。但是，《红楼梦》中香菱摘来的那几句，也确实可观。《红楼梦》第四十八回，黛玉教香菱学诗说："我这里有《王摩诘全集》，你且把他的五言律读一百首，细心揣摩透熟了，然后再读一二百首老杜的七言律，次之再李青莲的七言绝句读一二百首。"香菱用功读诗之后，接受黛玉的考试，她们谈的全是王维诗。香菱说："大漠孤烟直，长河落日圆"两句太好了，还有"日落江湖白，潮来天地青""渡头余落日，墟里上孤烟"真是太不可思议，"念在嘴里，倒像有几千斤重的一个橄榄似的"。王维诗中确实妙句甚多，"大漠孤烟直"二句似乎最脍炙人口也。一般人读《使至塞上》也都把兴奋点集中在此二句上。王维极擅取景设境，古之边塞用狼烟，取其直而聚，虽风吹之不斜。狼烟孤起，升腾如竖，边关太平无事，而非狼烟四起。落日浑圆如盘悬于半空，欲落而不落，宁静安宁肃穆。诗人状难言之景于目前，含不尽之意于言外。如果将二句放在整个诗中来考察，更是妙不可言，其描写服从于全诗，这种奇特风光和壮丽境界，折光了盛唐盛世的和平宁静，也写出了诗人的风发意气与豪迈阳光的心情，正可谓"蓄神奇于温厚，寓感怆于和平"。

王维的《观猎》，被沈德潜说成是"神完气足"的律诗正体，而"章法、句法、字法俱臻绝顶"（《说诗晬语》），其诗曰：

> 风劲角弓鸣，将军猎渭城。草枯鹰眼疾，雪尽马蹄轻。
> 忽过新丰市，还归细柳营。回看射雕处，千里暮云平。

这就不是方东树所"不喜之"的诗了，他比较老杜的诗来赞，说其开篇"直如高山坠石，不知其来，令人惊绝"，亦即百转之气喷薄而出也。施补华则全面分析说：诗"起处须有峻嶒之势，收处须有完固之力，则中二联愈形警策。如摩诘'风劲角弓鸣，将军猎渭城'，倒戟而入，笔势轩昂。'草枯'一联，正写猎字，愈有精神。'忽过'二句，写猎后光景，题分已足。收处作回顾之笔，兜裹全篇，恰与起笔倒入者相照应，最为整密可法"（《岘佣说诗》）。诗的前四句写出猎，后四句写猎归，王夫之则认为"后四语奇笔写生，毫端有风雨声"（《唐诗评选》卷三）。诗的前四句偏于实写，后四句偏于虚写。前四句写猎时，精工传神，气概壮激，声色音像，活灵活现，造足了气氛，直写马的迅捷、鹰的神猛、将军的矫健身手，现场感特强。后四句写猎后，词约义丰，舒展自如，开阖自若，委婉蕴藉，韵律感鲜明，真有瞬息千里之势，想象的空间更大，饶有深味。诗之大妙，妙在不落声色的蕴藉，写将军而不直接写其人，没有对将军具体形象的正面描写，而将军围猎时矫健神武的神勇，猎后生气远出的潇洒，皆跃然纸外，神情毕现。此诗之妙，还妙在非写盛世，却让人感受到盛世的平静，"千里暮云平"写的是边疆的宁静，只有盛世，边疆才会这样宁静。

王维诗浑然元气，清空一气，多需要人"得之于言外"。林庚先生《唐诗综论》中说："我们如果以为只有揭露黑暗才是有思想性的作品，这说法是不全面的……有人又以为唐诗中的积极浪漫主义精神是不满足于现实，因此它必然是在揭露黑暗，这说法也是不符合逻辑的；不满足于现状固然可以是揭露黑暗的，但也可以是追求理想的。"王维总是把山水自然、现实社会写得那么温馨宁静，即便是乡村民生的题材，或关注下层平民生活的诗，也多正面展现，正能量反映，尽可能表现一种人与社会、人与自然的和谐，而极少反映痛苦的一面，更不去批判社会的阴暗面，这与他温柔敦厚的美学思想有关，与他的生活环境、生存状态比较优越有关。因为，"不满足于现状固然可以是揭露黑暗的，但也可以是追求理想的"。他诗里写的是盛唐时代特有的宁静与和谐，写的是盛世人对美好平静生活的向往和享受，写的是对盛世功业的自信和自豪，比较准确地反映了盛世社会的和谐本质。因此，我们也不能因为王维写的不是黑暗，不能因为王维诗没有"为时而著""为事而作"的批判现实、干预社会的社会功能，不能因为他现实主义的实用理性比较薄弱，就说他没有斗争性，说他的诗缺乏思想，说他的诗"无血气"。林庚先生认为王维诗所以"穆如清风"，那是因为其诗"与时代的气氛息息相通"，"那就仿佛是清新的空气，在无声地流动着，无时不有，无处不在。这正是因为与时代的气氛息息相通。因此，王维的诗歌也总是那么富于新鲜感"。

王维其诗，往往是从一个极平常却又很独特的视角，创构一种雅丽而净化的意境，表现他的兼济思想，表现他的社会理想，折光"盛唐气象"。这种诗，表现出诗人对世界存在所具有的不可动摇的信赖，表现出诗人万千气象的内心世界，让人真切感受到其中的"少年精神"。汪涌豪先生《中国文学批评范畴及体系》一书认为，《河岳英灵集》的选家殷璠，他所以竭力推崇王维之流的诗，"就是因为他们的诗脱弃凡近，兴象高远"。"兴象"即"是指诗歌所达到的一种融汇着诗人勃然发动的主观情志的客观物象，以及由这种物象造成的寄意出言的特殊景象"。"兴象"的形成，与诗人体内之性气密切关系。我们观王维诗中之"兴象"而得其精神，得其"少年精神"。王维诗中的"少年精神"，使王维"瞬间就把握了世界的全体"。而他的这种"少年精神"，也使其诗弥漫着一种阳光般高华而温馨的气息。

真可谓：

> 侠骨柔情火与冰，干云意气敢持矜。
>
> 问边史有单车在，慷慨谁人比右丞。

第三章

以和为上的生存智慧

在中国人的道德观念中，"和"是万物的构成势态。儒、释、道三家的一个共同之处，均强调天地之和与人命之和，亦即"天人合一"的哲学思想。

中国古人自觉以"和"来衡定政治和人事，以"和"来评述艺术规律与艺术高下。中和美也成为中国古代哲学、美学的最高范畴。

以和为尚，以和为上，是王维安身立命、行事处世的道德规范，也成为他的人性自觉，成为他的生存智慧。

王维以和为尚，爱自然，爱山水，爱得无人可比。他也非常擅长协调人与自然的关系，以山水自然作为对生命的供奉，道法自然，顺应自然，也亲和自然，以流连自然风景的人生情趣，追随内心最本真的生活，追求天和境界。即便是一般人不感兴趣的山水，一般人看不出什么美来的平常山水，他也大有如遇知音的亲切和激动，生命处于还乡的兴奋之中。诗人沉浸于山水中，把感性的自然山水作为情感的对象，又能超越山水外物而达到精神上的"天籁"与"天乐"，而在直接体验和领略自然静美的同时，更加密切了人与自然的关系，加速了物我共构共融秩序建立的进程，其人其诗也合于自然之节律而以自然之美为美。

王维自觉践行"和为贵"的儒家思想，虽然他生性爱静爱闲爱独处，然其敛让谨和，温良谦恭，待人真诚，平易近人，无贵无贱，广交豪门皇族，成为社交红人，而与平民百姓也常常是"谈笑无还期"。王维自言他的僧侣朋友也很多，"山中多法侣，禅诵自为群"（《山中寄诸弟妹》）。因为善交乐群，很有人缘，也让王维因此获得了巨大的红利。

诗歌是盛唐士人社会生活中的重要内容，诗歌也成为王维社会交际的重要工具。王维的诗也表现出以和为贵、以和为上、以和为美的审美自觉，成为中国古典诗歌"中和美"的美学典范。

王维诗，一团和气，没有一点火气，也没有一点点的酸气。什么样的题材，什么样的体式，他都能够写出和谐圆融的人际关系与社会生活来。王维以盛世价值观与中和审美观，写盛世感受，写盛世的社会和谐，写盛世唐人的自由意志与生存状态，光风霁月，静穆含蓄，反映了诗人对于和谐与闲雅的特殊追求，呼应和反映了中华民族的主静精神，代表了以"和"为最高境界的中国诗学内蕴与美学境界。

真个是与天和，其乐无穷。与人和，其乐无穷。

一、欲与天地精神往来

《庄子·天道》曰："与天和者，谓之天乐。"王维的品德与智慧，最显明之处就是顺应自然，亲和自然，追求与自然和谐的"天乐"境界。王维爱自然，爱山水，爱得难有人可比，爱得让人觉得他"定有泉石膏肓之疾"也。什么样的山水，什么季节的山水，对于王维来说都是好山水，什么样的山水皆可游亦可留。人是自然的人，自然是人的自然，而人与自然和谐同乐，于大自然的山水优游与审美体验中享受无尽之"天乐"。

这种深入骨髓的热爱，助长了王维走向自然的自觉与深度。他喜欢一人走入自然，兴来每独往，悄悄地走入自然的深处。他的《山中与裴秀才迪书》全文如下：

> 近腊月下，景气和畅，故山殊可过。足下方温经，猥不敢相烦，辄便往山中，憩感配寺，与山僧饭讫而去。北涉玄灞，清月映郭。夜登华子冈，辋水沦涟，与月上下。寒山远火，明灭林外。深巷寒犬，吠声如豹。村墟夜舂，复与疏钟相间。此时独坐，僮仆静默，多思曩昔，携手赋诗，步仄径，临清流也。当待春中，草木蔓发，春山可望，轻鲦出水，白鸥矫翼，露湿青皋，麦陇朝雊，斯之不远，倘能从我游乎？非子天机清妙者，岂能以此不急之务相邀。然是中有深趣矣！无忽。因驮黄檗人往，不一，山中人王维白。

这封信仅二百字，写于王维中年后期，天宝三载（744）前后，亦即王维四十四五岁时。信里的中心意思是说他一人冬游蓝田山的原因。什么原因呢？实在是因为"景气和畅，故山殊可过"。意思是说，虽时值寒冬腊月，然气候温和舒畅，蓝田山间景致实在太美，太有诱惑力了，太应该有此一"过"矣。因此，他实在经不住自然美的诱惑，也实在等不及约伴裴迪同行，而有了融入自然的此独"过"也。书中写道，他在感配寺稍作休息，跟寺中住持共进餐后，便迅速融入深山了。王维寓目辄书，放笔尽情写来，湖水、明月、远山、林木、灯火、村落，还有吠声、舂米声和寺钟声以及隐约的城郭，皆排列纸上，朦胧可见，清晰可闻。诗人移步换形，在变化中写景，写景的变化，山中月色与月色里的山中，充满了神秘感，充满了朦胧美，美不可尽言也，自然也就"多思曩昔"，也就自然勾起了与裴迪同游的回忆，流露出一种淡淡的忧思，一种悔不该独往的懊恼与怨悔。也因此，便有了盛情相邀的此信书写，并以对春景的想象性描写来打动被邀请方。王维这样写道：轻捷的鲦鱼跃出水面，雪白的鸥鸟展翅飞掠，晨露打湿了高地上的青草，雉鸟在清晨的麦田里欢叫。难怪宋元时期的马端临说："余每读之，使人有飘然独往之兴。"（《文献通考·王右丞集》）

王维是因为兴来而独往，是得到美的召唤而走入山林，不是被外力推入山林的，不是事功理想破灭而消费山林的苟活，也不是"越名教而任自然"的遗世独立的对抗与任性，更不是"以放任为达"而消解人性缺失的逃避。因此，他很轻易地就做到了真正的融入，生成了一种归寂山林的知觉与感悟，生成一种同闲自然的状态与欢欣，和谐自然，化入山林，而有"坐看云起"的随缘与忘机，享受与万物为春的天乐。

王维走向山水，而在"顺应自然""见道忘山"的走向中，体悟宁静的真谛，领略云水自然的意境，以静照忘求的审美观照与方式遇合山水，表现出混同自然的人性自觉，而将自然包罗万象和普惠众生的生命之法，作为根本的宗旨，协调与自然之间的生命和谐，在美学层面上达到"天人合一"的最佳状态。其诗也因此具有了高度的"融"人入境的和谐美，生成了特有的和谐本质与和乐境界。王维《自大散以往深林密竹磴道盘曲四五十里至黄牛岭见黄花川》诗曰：

> 危径几万转，数里将三休。回环见徒侣，隐映隔林丘。飒飒松上雨，潺潺石中流。静言深溪里，长啸高山头。望见南山阳，白露霭悠悠。青皋丽已净，绿树郁如浮。曾是厌蒙密，旷然销人忧。

这首诗让有"唐无五言古诗"之陈见的王夫之，也叫好不迭，评以"匀浃"，也就是融洽匀称，浃沦肌髓。王夫之认为，其诗"佳处迎目，亦令人欲置不得，乃所以可爱存者，亦止此而已"（《唐诗评选》），说这是王维最好的五言古诗，甚至是最好的唐五言古诗。王维以大谢"寓目辄书"的写法，长镜头扫描，忠实地表现他不辞辛劳而追逐山水的游历，而其"危径几万转"的兴致，真个是欲与天地精神往来，可让我们读作"独与天地精神往来而不敖倪于万物"（《庄子·天下篇》）哲学思想的诗性诠释。王维的自然美学观受老庄的影响，在"不敖倪于万物"的和睦中，心随物动，心随境转，顺山万转，逐水百里，彻底自放于大自然之中，以山水之性情为性情，与天地同流，与万物归一。这种人与自然的关系及其山水自然的体验方式，真可谓"行到水穷处，坐看云起时"也。

王维与自然山水，还建立了一种和谐共处的生命秩序，即"入鸟不相乱，见兽皆相亲"（《戏赠张五弟諲三首》其三）。庄子的"与麋鹿共处",表现了人与自然的和谐之乐,人、鸟、兽之间具有了一种温顺亲和的关系,而人则在与外物的高度和谐中,与万物和谐共存,进入"天人合一"的至高和洽的境界。王维在与自然的亲和体验中,深得三教生态之精髓,表现出天如何我亦如何的生态智慧。王维亲和山水,不是以占有山水为目的,不是以凌驾山水为快感,也不是以满足低级的感官享受而坐爱与歆羡。因此,他在对于自然外物的体验中,没有丝毫的物种优越感,更不是魏晋人式的放纵,只有顺应自然的人性自觉。他十分看重万物原生态的自性,重视生态情境,其体验方式不声张、不惊扰,更不会粗暴地破坏生态平静,而以混同于山水的状态获得山水的愉悦。王维融入山水自然,平心息机而失去自我,成为一种超越功利的自性回归,因此,一旦进入山水,山水便是故人,山水便是亲人,王维自己也成了山水,"我心素已闲,清川澹如此"(《清溪》)。诗人心淡如青川,人闲如青山,人即山水,山水即人,我就是青溪,青溪就是我。即便是一般人不感兴趣的山水,一般人看不出什么美来的平常山水,他也大有如遇知音的亲切和激动,生命处于还乡的兴奋之中。诗人沉浸于山水中,把感性的自然山水作为情感的对象,又能超越山水外物而达到精神上的"天籁"与"天乐",俱道适往,着手成春,即随物赋形而顺应自然。

王维在对于大自然的体验中,自然山水也成为其重要的生命依托和精神源泉,从而生成了一种以宽厚情怀拥抱自然万物的生命精神,其心灵和行为在自然面前也表现出极度的自由,人与自然具有了内在的一致性,人与自然的关系也进入审美层面。黑格尔《美学》

里指出："山岳、树林、原谷、河流、草地、日光、月光以及群星灿烂的天空，如果单就它们直接呈现的样子来看，都不过作为山岳、溪流、日光等等而为人所认识。但是第一，这些对象本身已有一种独立的旨趣，因为在它们上面呈现出的是自然的自由生命，这就在也具有生命的主体心里产生一种契合感；其次，客观事物的某些特殊情境可以在心灵中唤起一种情调，而这种情调与自然的情调是对应的。人可以体会自然的生命以及自然对灵魂和心情所发出的声音，所以人也可以在自然里感到很亲切。"王维以自然无为的思想，在与自然的亲近中培养出与自然高度契合的真情感而识得天地之心，通过和谐自然的生命体验，认识到自然是生命之本源和宇宙精神的最高体现，从而依循万物的本性而去爱护、欣赏自然界的所有事物，表现出人与自然融洽无间而息息相通的生态智慧。

王维以和为尚，以和为上，不仅重人伦和谐，也十分注重人与自然的和谐，不破坏山水自然的和谐生态，也不破坏人与自然之间的和睦关系，以自然为美，以自然美为美。王维的这种与万物为春的生态观与生存智慧，反映在他对山水自然的体验方式上，就是以素朴无为的自然人性而契合融洽山水自然的自然天性，物各自然，美各其美，美在自美，而在直接体验和领略自然静美的同时，密切了人与自然的关系，加速了物我共构共融秩序建立的进程，其人其诗也即合于自然节律而以自然之美为美。

二、人和的生存智慧

王维极擅与人交往，深谙"温良恭俭让"之道。因为其人低调，敛让谨和，温良谦恭，因此也很有人缘，让人很乐于与他交往，甚至以与他交往为快乐，感到与他交往有面子，也有收获，这也让他在很多重要的场合里，成为很受欢迎的人。

庄子曰："与人和者，谓之人乐。"（《天道》）王维虽然生性爱静、爱闲、爱独处，然自觉践行"和为贵"的儒家思想，谦恭真诚，平易近人，无贵无贱。他似乎有点清高，但绝不轻狂；他严以自律，苛以自责，但绝不低三下四；他从不争强斗胜，也很少有豪情万丈的时候，总那么的淡泊从容，不卑不亢。

诗歌是盛唐士人社会生活中的重要内容，也成为他们社会交际的重要工具。王维本质上是个诗人，他在当时社会与诗坛的巨大影响，使他更懂得也更充分地利用了诗歌的工具。宇文所安也是这么说的，他认为，那时"与宫廷诗一样，京城诗很少被看成是一门独立的'艺术'，而主要被当作一种社交实践"，而"在京城社会的大范围里，这些诗人由于诗歌活动的联系，形成了一个较为密切的群体"。诗歌交往就是人际交往，诗歌关系亦为人际关系。王维一生交往无数，主要是诗交。或者说，与王维交者多擅诗，至少也都与诗沾边，诗歌增进了他们之间的友谊，而使他们之间拥有了千丝万缕的关系。我们从王维存诗的题目上可见，当时几乎所有的重要诗人都与他有所交往，如张九龄、孟浩然、王昌龄、高适、岑参、崔颢、

〔唐〕王维　剑阁雪栈图

李颀、裴迪、储光羲、丘为、张諲、綦毋潜、祖咏、卢象、钱起、祖自虚、王缙、崔兴宗、杜甫、殷遥、黎昕、严武、苑咸、贾至、慕容承等。

非常蹊跷的是，王维与李白竟然没有任何"关系"。王维的不少朋友，是李白的朋友；与李白交往的不少诗人，也与王维有所交往，譬如孟浩然、王昌龄、高适、岑参、杜甫等。但是，所有的记载里都找不到王维与李白交往的任何信息，哪怕只是同时出现在一个场合，哪怕只是各自诗中有一字提及对方，哪怕只是各自朋友诗文里将二人并提。王维与李白，几乎同年生死，同为盛唐顶级诗人，同有广泛知名度与十足影响力。特别是，李白自天宝元年秋进京供奉，到天宝三载春赐金放还，在长安不足两年的时间，王维时官左补阙，也没有出使，二人真个是低头不见抬头见的，竟没有打过一个照面的记录。这也成了让人百思不解的谜。

闻一多把王维、李白、杜甫三者放在"安史之乱"中来考察他们的为人。而将这三者的人际关系，放在这个重大政治事件中来考察，真不失为一个好观察点。疾风知劲草，患难见真情。人的一生，会遇见很多人，有不少人成为我们的朋友，而只有人在落魄时，才知道哪个是真朋友。安史乱后的至德二年，李白、杜甫与王维，都曾面临一死，都曾入狱，都有死里逃生的险情，似乎也都有朋友的援手。

至德二载（757），李白以附逆永王璘而陷浔阳狱。李白狱中曾多方投书自救，亦投《送张秀才谒高中丞并序》给高适。高适是李白的朋友，他们属于贫贱之交。高适曾与李杜同游梁宋，裘马轻狂，慷慨赋诗。身陷囹圄的李白寄诗高适，没有了日常所有的那份傲气，题目上都未直呼其名，而称高适为"高中丞"，似有点摧眉折腰的"谒"上之意味。他于诗前小序曰："余时系浔阳狱中，正读《留侯传》。秀才张孟熊蕴灭胡之策，将之广陵谒高中丞。余喜子房之风，感激于斯人，因作是诗送之。"序中说他在狱中还正读《留侯传》，显然是借话说，是要把高适比作汉相张子房。而其诗二十六行，前十八行皆写张良，最后八行开始写高适，说"高公镇淮海，谈笑却妖氛"，说他"戡难光殊勋"，即因平乱有功，建立了不朽的功勋。同时说自己是"玉石俱烧焚"，便只得"但洒一行泪，临歧竟何云"。这么崇高的比拟，这么肉麻的好话，无非就是要高适救他出狱。然而，安史之乱让李白变成了罪人，高适变成了功臣。这位昔日同游梁宋好友，不知为什么竟未重然诺而救李白，是不能救不敢救，还是不好救不屑救？比较可靠的记载，李白因崔涣与宋若思二人合力相救而出狱。崔涣以宰相之尊充任江淮宣慰使，宋若思时为御史中丞亦行次浔阳，李白便接二连三地投诗呼救。乾元元年（758），出狱后不久的李白，已年近花甲，还是被长流夜郎了。李白一生中获得朋友最大帮助的，就是应召入京，那是著名道士司马承祯、吴筠的作用。李白也是个好交友之人，也有不少的"故人"，但是，他的人际关系不如王维好，这是肯定的。虽然他重然诺而轻生死，然其尚才使能、豪饮狂诞的行事方式，其自命不凡、夸夸其谈的性格特点，似乎不能与人非常融洽，杜甫就说他"痛饮狂歌空度日，飞扬跋扈为谁雄"（《赠李白》），高度凝练地概括了李白的性格特点以及由此造成的行为处境。杜甫怀李白的诗《不见》中写道："不见李生久，佯狂殊可哀。世人皆欲杀，吾意独怜才。"也许是性格的原因，弄得"世人皆欲杀"的地步，这就不是一般的不大讨人喜欢了。

　　杜甫获罪受审，也与安史之乱有关，虽不是太直接的关系。也许真是朝中无人莫做官，杜甫一生"奉儒守官"，然无考运，困居长安，只能是"朝扣富儿门，暮随肥马尘"，一直没能找到个发展的机会。安史之乱给了杜甫机会，他冒险走凤翔，麻鞋见天子，得授左拾遗，从八品上，似有诗友房琯的作用。至德二载（757）五月，宰相房琯被贬，杜甫上疏为房琯辩护，言辞过激，触怒肃宗，诏付三司推问。皇帝下制而命刑部、御史台与大理寺三司衙门会审，这是唐代最高司法审判。也就是说，肃宗已下达了严惩杜甫的旨意。其时，三堂会审主审法官之一的韦陟出于公心，坚持认为"杜甫所论不失谏臣大体"。然杜甫虽未被重判，却弄丢了左拾遗，出为华州司功参军。不久，杜甫弃官而发秦州，往同谷，抵成都。他奔朋友而去，严武时为成都尹，兼剑南两川节度使，高适先是代理了两个月，其时为彭州刺史。"这两个人，一个是梁宋漫游时的旧友，一个是房琯的同党，如今成为草堂里最受欢迎的客人。也只有他们的资助，杜甫在接受时才觉得不是使他感到无限辛酸的恩惠，而是由于友情。"（冯至《杜甫传》）因此，杜甫也很坦白地向他们求过援助。"故人供禄米，邻舍与园蔬。"（《酬高使君相赠》）高适给了点米，杜甫还写诗致谢。杜甫也喜欢交游，朋友不少，然真心帮他的却不多，韩愈《感春四首》其二说："近怜李杜无检束，烂漫长醉多文辞。"这也帮我们找到了原因。

而唐人杨巨源云："王维证时符水月，杜甫狂处遗天地。"（《赠从弟茂卿》）这将王维与杜甫比较着写，突出了王维顺天应命、随缘乐群的性格特点。王维在安史之乱中横遭大劫，险象环生，然皆逢凶化吉，遇难呈祥了。我们以为，这其中自然有诸多原因，而与他人缘好也是很有关系的。陷贼接受伪署的三百官员中，就王维一个人得以幸免，没有受到任何处分，也只是官位象征性地挪了挪。王维被特赦出狱，仿佛英雄凯旋，大小官员纷纷前来祝贺与慰问，他似也更受同僚的敬重，这就不要说他的朋友了。在他的生死之交里，值得拿出来说的如韦陟韦斌兄弟，如李遵、裴迪、严武等。因为这些"人际关系"，王维的结局比李白、杜甫他们就幸运了不知多少。于此，我们也可以考察王维的为人，考察他的人品与人格魅力。

王维陷贼，自残抗争，去阎王殿里走了一趟，幸亏韦斌悉心照料，才捡得一条性命。韦斌与王维乃"车笠"之交，其父韦安石乃武后、中宗、睿宗三朝宰相。韦斌与兄韦陟齐名，然性格与其兄迥异。他虽出生显贵，才大官高，而举止端庄，言行持重，禀性耿直，刚直厚道，史称其"容止严厉，有大臣体"，就是很有大臣风范的意思。安史之乱中韦斌亦陷贼，他为什么对自残后的王维如此悉心照顾？除了因为他们自幼就意气投合，还有就是很佩服王维义不失忠的坚贞智斗。用王维后来为其所写的碑铭文里的话说就是，"维稚弱之契，晚年弥笃"。

韦陟"与弟斌俱秀敏异常童"，他略长王维几岁，自小就有文名，十岁即授职温王府东阁祭酒、朝散大夫。其人非常高傲简慢，绝不滥交。王维少年游宦两京而寄人篱下时，与他就成了好友。韦陟曾被张九龄引为中书舍人，王维所以能为张九龄擢为右拾遗，也许就是仗其引荐之力。韦陟以其才识器度享誉当时，然不幸因才见忌，时多坎坷，而徘徊于州刺史、节度使、御史大夫、礼部与吏部尚书等职之间，历任五地太守。天宝五载（746），李林甫构陷刑部尚书韦斌，贬斌为巴陵太守，韦陟亦"以亲累"而出为襄阳太守。王维《奉寄韦太守陟》诗以"荒城自萧索，万里山河空"开篇，极写韦陟去后自己的怅惘与失落。王维知南选时曾路过此地，有"襄阳好风日，留醉与山翁"的流连忘返。襄阳还是那个风景留人的襄阳，如今好友出为襄阳太守，那里所有物象在王维诗里皆着"萧索"色的肃杀荒凉了，而有"故人不可见，寂寞平陵东"的怅恨。

王维在高层官员中的人缘极好，有不少的"车笠"之交。他被"特赦"出狱的那天，李遵派豪车来迎请。李遵，乃皇族宗子，唐太祖景帝七世孙，平定安史之乱的功臣，封郑国公，正二品。世态炎凉，趋炎附势，然李遵却很隆重地来迎请王维。扈从皇帝定逆的宗室大臣李侍郎，竟给王维如此礼遇，这让王维大为感动，而将李遵比作傅玄、信陵，简直就是战国时的孟尝、平原，这与李白将高适比作张良不同。王维《与工部李侍郎书》中说：

> 一昨出后，伏承令从官将军车骑至陋巷见命，恨不得随使者诣舍下谒。才非张载，枉傅玄以车相迎；德谢侯生，辱信陵虚左见待。古人有此，今也未闻，所以竦踊惕息，通夕不寝。维自结发，即枉眷顾，侍郎素风，维知之矣。宿昔贵公子，常下交布衣，尽礼髦士，绝甘分少，致醴以饭，汲汲于当世之士，常如不及，故夙著问望，为孟尝平原之俦。

我们于此书中也可见，二人乃结发之交，且王维一直受到李遵的眷顾。书中"侍郎素风，维知之矣"，亦可这么推解："维之为人，遵亦知之矣。"我们也不能不推想，王维出狱，李遵等人幕后亦有助力。如此不避嫌疑而爱重王维，他们确非一般朋友关系。从此表述里可见，王维与李遵乃莫逆之交，自初成年时就非常交好，笃交少说也有三十余年。李遵不仅没有因为王维陷贼而疏远他，对他似乎还更同情与尊重。可见二人非势利之交，是以人品为基础的肝胆相照的金石之交也。

在王维的诸多朋友中，裴迪是个冒死救他的人。《旧唐书·王维传》曰："维以《凝碧诗》闻于行在，肃宗嘉之。会缙请削己刑部侍郎以赎兄罪，特宥之，责授太子中允。"也就是说，王维得以免罪，其《凝碧诗》起到很大的作用。而裴迪就是那个将王维"潜"为之的诗而"潜"带出来的人，以至于让肃宗"闻于行在"也。王维的《凝碧诗》曰：

> 万户伤心生野烟，百官何日再朝天？
> 秋槐落叶空宫里，凝碧池头奏管弦。

诗中放笔纵写安史乱军蹂躏之地的百姓苦难，写百官重见天日的渴望，写诗人对局势的深深忧虑。这是一首拼着掉脑袋的危险写出来的抗争诗，李沂在《唐诗援》中写道："有无限说不出处，而满腔悲愤俱在其中，非摩诘不能为。"赵殿成《王右丞集校注·序》中也说："普施拘禁，凝碧悲歌，君子读其辞而原其志，深足哀矣。"于诗可见，王维之忧国忧民，亦不减老杜矣。故而，宋之阮阅《诗话总龟》将《凝碧诗》列入《忠义门》。

诗的原题为《菩提寺禁，裴迪来相看，说逆贼等凝碧池上作音乐，供奉人等举声，便一时泪下，私成口号，诵示裴迪》。诗才二十八个字，题目却三十九个字。这个题目类似诗序，非常具体地反映了诗创作的原因、过程乃至现场情况。我们甚至怀疑这题目是裴迪后"加工"的。题目里两次提到裴迪："裴迪来相看"与"诵示裴迪"。这应该不是裴迪想要邀功，而是他积极地想要作为"人证"，想要证明王维"潜为诗"的创作是他亲眼看见的，确证诗的真实性。王维于长安被安禄山的将领张通儒俘虏，押解至东都洛阳，拘于菩提寺中，裴迪冒死来探王维，将其潜为之诗带出，为肃宗"闻于行在"。凝碧一诗，感召天地。而裴王友谊，亦令人动容也。

裴迪为什么冒死前来救王维？裴迪官至蜀州刺史及尚书省郎，

然时未居官。这个裴迪，比王维小十六七岁，被王维说成是"天机清妙"，而最得山水之"深趣"的灵性诗人。王维的存诗中，与裴迪赠答或同咏的诗最多，多达三十余首；《全唐诗》里裴迪所存诗二十八首，全都是与王维的赠答同咏之作。王维的《辋川闲居赠裴秀才迪》诗里，他把自己写成归隐的陶潜，而将裴迪写成醉酒的楚狂。王维与裴迪的交往长达二十余年。他们之间是一种欣赏与被欣赏的关系，属于精神知音，也是无话不谈的挚友。王维《酌酒与裴迪》诗云：

> 酌酒与君君自宽，人情翻覆似波澜。
> 白首相知犹按剑，朱门先达笑弹冠。
> 草色全经细雨湿，花枝欲动春风寒。
> 世事浮云何足问，不如高卧且加餐。

这是一首谈人际关系的诗。看来是裴迪遇到了与人"不和"的事，王维置酒相劝，主动为其排忧解愁。全篇除了颈联外，句句是劝慰语，不外是要裴迪自宽，不要往心里去。世态炎凉，人心险恶，不如高卧加餐。董乃斌先生的《王维集》品评说："你可以责怪王维思想消极，但你不能否认他所揭示的世情很真实，而且这世情并不限于古代，是不是呢？"诗以说理为主，多为理语，特别是这样直言相告如何处世的，在王维诗中极少见。

晚年的王维不仅躲官职，也躲人群，这与他的陷贼惊吓似也有关。然由于王维的名气、地位与人缘，仍然不断有同僚来访，他也受邀出访。因此，接待访友便成为他晚年活动重要内容。譬如严武就曾多次造访，王维存诗中有几首写给严武的诗，很能够说明他们非一般的关系。

严武比王维小二十几岁，是个少壮派，是个官二代，官至吏部尚书，封郑国公，算得上是王公大臣了。人们但知严武与杜甫关系不错，《新唐书·严武传》曰"最厚杜甫"；《新唐书·杜甫传》说"武以世旧，待甫甚善"；《全唐诗》严武条，说其"最善杜甫，其复镇剑南，甫往依之"。然新旧唐书皆载，杜甫醉酒羞辱严武，激怒了性本"暴猛"的严武，差点被严武斩杀。杜甫倚靠严武，严武敬重王维。王维《晚春严少尹与诸公见过》写严武等同僚来访。诗的最后写道："自怜黄发暮，一倍惜年华。"意谓多谢严少尹百般安慰，而自当善加珍重倍怜晚景。不久之后，王维又有《酬严少尹徐舍人见过不遇》诗，从题目上可见，严武又来看王维，也是带人来的，不巧的是王维不在家。同来的徐舍人，指徐浩，刚从襄州刺史任上召回，拜中书舍人，正五品上。王维诗里只是说：我可不是有意回避你们的，你们在寒舍喝了杯茶水就打道回府了，真不好意思。王维也没有虚情假意地赔多少不是，说明他们的关系很不一般。

上元二年初春，严武又来看王维，王维时年六十一岁，而以《河南严尹弟见宿敝庐访别人赋十韵》诗相赠。从题目上可以看出几个变化。变化一，严武已官迁河南尹；变化二，王维在严武名后加了个"弟"；变化三，严武这次来，没有带朋友来，且在王维家住了一宿；变化四，前几次诗皆五律，今诗为十韵，二十行诗，这在王维晚年的诗里，其长度少见。从这些变化里可见，他们的关系已发展得很深了。此次会面，难分难舍，有不少知心话需要彻夜长谈。诗中写道："贫交世情外，才子古人中。冠上方簪豸，车边已画熊。"因为严武官任河南尹，诗说其乘画熊车。又因为严武还兼任御史中丞，以及服獬豸冠。河南尹，从三品，兼有地方行政长官和中央高级官员的双重身份。王维夸严武有古人之风，不忘旧情而来看望他。诗的最后写道："为学轻先辈，何能访老翁。欲知今日后，不乐为车公。"此四句似可想见二人执手泣别的情景。王维伤感不已，洒泪话别：当下之后辈学人，大凡看不起先辈，谁还能来看我这老头子呢？今日你我分别，我必将为不能见到阁下而闷闷不乐啊。

王维陷贼后，那些高官硕儒的朋友们，不仅没有对他冷眼相看，反而更加体恤，愈加同情。这倒不是因为世态已非"人情翻覆似波澜"之炎凉，而实在是因为王维的人格魅力，因为王维的品行与才情。或者说，王维靠他的人品与才情征服了他的朋友们。古希腊著名的哲学家苏格拉底说过："告诉我谁是你的朋友，我就知道你是什么样的人，这往往比你自己说你是什么样的人更可靠。"我们何以要这么多地写王维的朋友，就是这个想法，就是要告诉谁是王维的朋友，这比我们直接说王维是个什么样的人而让人感到更可靠。

人生得一知己难矣。王维却有那么多的知己，有这么好的人缘，人生真幸福也。王维被出济州时，吟友祖咏来济州看他，《喜祖三至留宿》写的就是这次会面，"早岁同袍者，高车何处归"，说什么也不让祖咏匆匆就走。祖咏以《终南望余雪》诗著名。《唐诗纪事》记载，祖咏应考，文题是《终南望余雪》，按照规定，应该作成六韵十二句的五言排律，但他只写了四句就交卷。祖咏虽未被录取，却赢得了盛名。由此看来，祖咏也是个很有个性的人。王维《赠祖三咏》，题下原注有"济州官舍作"。这是一首二十句的古诗，直叙中有委曲，夜短情长。黄培芳《唐贤三昧集笺注》卷上评曰："四句一韵，深情远意，绵邈无穷，置之《毛诗》中，几不复可辨，此真为善学《三百》者也。"古人将其比作诗三百，强调其将情感写得十分真朴温厚，真个是情意可掬。诗的最后四句曰："仲秋虽未归，暮秋以为期。良会讵几日，终日长相思。"情真意切，缠绵悱恻，让人一唱三叹。可见王维待人很真诚，是个有情有义的人。

而当祖咏告别王维东去时，王维长途相送而直至百里之外，重友情如此者古来罕见。临别时，王维复赠《齐州送祖三》诗：

> 送君南浦泪如丝，君向东州使我悲。
> 为报故人憔悴尽，如今不似洛阳时。

王维送祖咏，从济州直送到齐州，语短情长，余味不尽，依依惜别伤离的情感催人泪下，表现的是友人去后自己黯然销魂的空虚落寞感。王维的不少送别诗，可拿来考察他与朋友的关系，考察他对朋友的真挚感情。他的这些诗里所表现出来的对朋友的真诚，千载之下，读来犹感人至深也。

王维与储光羲的关系更非一般。储光羲是开元十四年（726）的进士，与崔国辅、綦毋潜同榜，比王维晚了四五年。储光羲也只比王维小五六岁，却对王维谦称门生，其诗酬王维云"门生故来往，知欲命浮觞"（《答王十三维》）。储光羲在《同王十三哭殷遥》称王维"故人王夫子"。储光羲田园诗可谓盛唐第一人，其诗上承陶渊明，下开范成大，堪称古代三大田园诗人之一。苏辙之孙苏籀说其诗"高处似陶渊明，平处似王摩诘"（《栾城遗言》）；明人胡应麟说"储光羲闲婉真至，农家者流，往往出王、孟上"（《诗薮》）。储光羲在当时也已诗名颇盛，殷璠《河岳英灵传》称其五言古诗："格高调逸，趣远情深，削尽常言，挟风雅之迹，得浩然之气。"王维也非常爱重储光羲，其《待储光羲不至》曰：

重门朝已启，起坐听车声。要欲闻清佩，方将出户迎。
晚钟鸣上苑，疏雨过春城。了自不相顾，临堂空复情。

诗写他久等储光羲不至而一天忐忑不安的情状。储光羲应邀要来王维家做客，王维大早就做好了准备工作而迎候在堂前，忽起忽坐，焦躁不安，一有动静即迎出户外，然左等右等仍不见客至，自是焦躁落寞。然而，王维在坐立不安中白等了一天，等来的是"晚钟"，等来的是"疏雨"。晚钟声声，敲打出诗人的惆怅；疏雨霏霏，打湿了诗人的热情。已知储光羲今天肯定不会光顾了，王维还是守于堂前而枉自多情地等待。储光羲《蓝上茅茨期王维补阙》写其迎王维："酒熟思才子，溪头望玉珂。"说是家中自制老酒已经储存好久，专等王维来畅饮却望穿秋水而不见至。储光羲《同王十三维偶然作十首》（其四）诗中自写其为人道："见人乃恭敬，曾不问贤愚。虽若不能言，中心亦难诬。"我们以为，这既是写自己，也是写王维，他与王维在待人接物上有不少共同的地方。

　　王维谈笑尽鸿儒，往来有白丁。他虽出身贵族，虽长期居庙堂之高，却能够很自然地融入寻常百姓中，没有任何的架子，无贵无贱，无长无少，从不摆谱。王维诗里写了不少没有名姓的山叟野老，让我们领教了他是怎样的一个平淡、平和、平易的人。无论是"田夫荷锄至，相见语依依"（《渭川田家》），还是"偶然值林叟，谈笑无还期"（《终南别业》），抑或是"复值接舆醉，狂歌五柳前"（《辋川闲居赠裴秀才迪》），在这些文字中，人与人之间都是那么坦诚亲切，默契和谐，随意随缘，与世无争。

　　王维的《积雨辋川庄作》，古人极其看好，推为唐诗七律的压卷之作。赵殿成按此诗曰："诸家采选唐七言律者，必取一诗压卷，或推崔司勋之'黄鹤楼'，或推沈詹事之'独不见'，或推杜工部之'玉树凋伤'、'昆明池水'、'老去悲秋'、'风急天高'等篇"，然皆"莫过右丞'积雨'"。他认为，"取以压卷，真足空古准今"。

积雨空林烟火迟，蒸藜炊黍饷东菑。
漠漠水田飞白鹭，阴阴夏木啭黄鹂。
山中习静观朝槿，松下清斋折露葵。
野老与人争席罢，海鸥何事更相疑！

　　不少人读此诗的注意力，多放在"漠漠水田飞白鹭，阴阴夏木啭黄鹂"二句上，认为"三、四写景极活现，万古不磨之句"（《昭昧詹言》）。诗写一种息心静性、清心寡欲的生活方式，一种怡乐山林、高度休闲的人生状态。诗人走出禅房静室，来到大自然习禅，借对大自然物象的观照，而作宗教修习的体验，清斋素食，习静禅坐，体物而得神，观景而会心。尾联"野老与人争席罢，海鸥何事更相疑"二句，很有深意。陈铁民先生说此写自己"与人相处，不自矜夸，不拘行迹"（《王维集校注》）。也有人于其中读出了"此时当有嫉之者"。王维律诗很喜欢用典结句，也把典用得恰到好处。二句两个典："野老争席"出自《庄子·寓言》："其往也，舍者迎将其家，公执席，妻执巾栉，舍者避席，炀者避灶。其反也，舍者与之争席矣。"杨朱去老子处学道前，旅舍主人出于礼节而避席，待到其归日，舍者则不拘礼节而与之争席。王维诗云其与野老争席，就是说人我关系已没了隔阂，亲密融洽。"海鸥相疑"出自《列子·黄帝》："海上之人有好沤鸟者，每旦之海上，从沤鸟游，沤鸟之至者百住而不止。其父曰：'吾闻沤鸟皆从汝游，汝取来，吾玩之。'明日之海上，沤鸟舞而不下也。"因为心生歹念，引起海鸥相疑便"舞而不下"。王维诗反其意而用之，意思是说，我已无机心，海鸥何以对我还有戒心？二句用典，委婉地表达了比较复杂的心理：我已放低了身段，不拘形迹，不讲礼节，甚至混同野老了，好像还是有人不敢近我的身，莫不是还在猜忌我吧？诗中委婉地表现出他内心的苦闷，诗人唯恐自己不能融入自然而懊恼，为自己不能融入野老村民而与人和谐相处而自责。

王维的《辋川别业》则反映了诗人的另一种心情。诗曰：

> 不到东山向一年，归来才及种春田。
>
> 雨中草色绿堪染，水上桃花红欲然。

优娄比丘经论学，伛偻丈人乡里贤。

披衣倒屣且相见，相欢语笑衡门前。

王维的这首诗，写得异常热烈，十分秾艳，和乐融融。于此中看得出，他的心情大好。已经一年不到东山，诗里洋溢着久别重逢的兴奋，简直是狂喜。雨中草色越发浓绿，其色足可染物；水上桃花更加火红，简直快要燃烧。看什么都顺眼，真个是见花是好花，见人是圣贤。一般僧人，在他眼里成了精于经纶的佛祖；驼背老人，在他的笔下则为庄子寓言中的贤人。最后二句写人际关系。一向喜欢闭关掩扉的王维，一反常态，特别希望与乡邻交往，主动招呼左邻右舍，表现出异乎寻常的热忱，也反映了诗人与下层民众之间关系的高度融洽。简直让人不敢相信这是王维，这是王维的诗。此诗为七律，后两联多处出律，失粘也失对。也许真是久别而归，太过激动，而失诸随意。抑或是故意为之，一任自然，以显示"相欢语笑"的人际关系，显示一无机心的自在。

王维以和为上，易于乐群也重在情义，待人真诚，与人为善，不以势利交，也不交势利人，有着很广泛的社会交往，也有很多至交好友，而他也成为与人和的人乐者，享受着"人乐"之福报，而在"与人和"中左右逢源，动辄得益也。王维的人际关系这么好，心情怎么可能不好，人生怎么能够不好？真个是与人和，其乐无穷也。

〔南宋〕马麟　坐看云起图

三、美美与共的社会理想

从人类社会学的和谐观来看，盛唐的政治开明与社会和谐，孕育了盛唐文化的和谐；而盛唐文化的宽容，又强有力地反哺了盛唐的政治开明和社会和谐。在和谐社会的观念里，人是社会生活的主体，更是社会和谐的主体，离开了人的关系，社会和谐就无从谈起。而人与人和谐的良好人际关系，正是社会和谐的缩影。

王维的《山居秋暝》，象征意义也太丰富了，让人"言外得之"的东西太多了。以"和"而论，其诗写的是"缘起"之"和"，因缘和合之"和"，表现的是"尚和""贵和"的思想。《山居秋暝》诗以和为上，诗中万类霜天竞自由，物各其美，美美与共，物与物和，物与人和，人与人和，人与自我和，以和谐自然来折光与象征和谐社会。诗中写景，取松、竹、莲，还有月、泉、舟、石等物象，这些物象原本就含有"比德"的象征意义。

　　　　空山新雨后，天气晚来秋。明月松间照，清泉石上流。
　　　　竹喧归浣女，莲动下渔舟。随意春芳歇，王孙自可留。

　　诗共八句，前六句写景，整首诗偏于写景，人在景中，景由心生，境随心转。"竹喧归浣女"，幽篁如琴，塘水如歌，竹林深处笑语喧哗，那是洗浣衣裳的姑娘们踏歌归来；"莲动下渔舟"，荷莲亭亭，叶阔如盖，水中心莲叶向两旁分披开来，那是捕捞收获了的渔舟顺水而下。我们完全有理由推想，诗中描绘的令人无限向往的乐土，是盛世社会的投影，也是诗人社会理想的具象。诗中写自然的和谐，亦即诗人内心的和谐，也是其生活环境的和谐。"王维把社会的和谐带入自然，又将自然的和谐来反映社会。盛世社会，无处不桃源。自然从来没有从社会孤立出来的自然，因此，这种自然的描写，在深层次上象征了没有纷争竞斗的社会理想，这种诗意自然的美也是社会美的一种折光。"（拙著《唐诗甄品》）因此，所谓的"随意春芳歇"，实为一种"坐看云起"的人生态度，不执着于物质世界，心安即家，生命无论安顿于何处均无有不适意。山中适意，世上亦安好；山中适意，朝中同样安好。难怪结尾诗人由衷地发出"王孙自可留"

的感叹，处于什么地方、处于什么状态都适意。真个是与天和而其乐无穷，与人和亦其乐无穷也。

其实，王维自小就有了这种美政理想，有了这种社会政治理想的追求，以其十九岁时创作的《桃源行》为例。《桃源行》诗取材于陶渊明的散文《桃花源记》。这是诗咏桃源的最早尝试，此后，韩愈、刘禹锡、武元衡、王安石等都写过此类题材的诗，命意谋篇，各不相同，"争出新意，各相雄长"（宋人评语）。而王维此诗则得以与陶潜的散文《桃花源记》并世流传。也就是说，写得好，在艺术上具有过人之处，具有独立的艺术价值。王士祯大加赞赏说："唐宋以来作《桃源行》最传者，王摩诘、韩退之、王介甫三篇。观退之、介甫二诗，笔力意思甚可喜；及读摩诘诗，多少自在，二公便如努力挽强，不免面赤耳热。此盛唐所以高不可及。"翁方纲也极口推崇道："古今咏桃源事者，至右丞而造极，固不必言矣。"（《石洲诗话》）

《桃源行》，"行"是诗，歌行体的诗；《桃花源记》，"记"是文，散文，是诗前的小序。王维诗以陶潜的记为蓝本，变文为诗，化文为诗，是一种取其大意的艺术再创造。全诗三十二句，四句或六句一换韵，平仄相间，转换有致，其笔力之舒健、行文之从容、语词之雅致，已经充分显示出诗人少年时写景的超凡才华，尤其是其氛围营造与意境开拓的自觉，与陶潜之文比，更具有"多少自在"的诗性精神。

读《桃源行》，我们思考更多的是，王维为什么要以诗来"改写"陶潜的散文？王维的《桃源行》是要表现什么中心思想呢？陶渊明的桃源作于乱世，王维的桃源作于盛世。王维作《桃源行》时已经十九岁了，他写《九月九日忆山东兄弟》时才十七岁。王维少年时，正值开元盛世，社会处于大唐盛世的巅峰期。王维十五岁便游于两京，出入于豪门，受到"拂席"相迎的待遇。开元七年（719）七月，王维十九岁，赴京兆府试，一举夺魁，亦即《郁轮袍》故事里说的得"贵主"之荐而举解头。王维诗《赋得清如玉壶冰》诗题下自注："京兆府试，时年十九。"此时王维青春得意，心情大好，有理想有抱负。《桃源行》诗写云、树、花、竹、鸡犬、房舍以及闾巷、田园的美景，处处洋溢着人间田园的勃勃生机。特别是写人，诗由"渔舟逐水"而进入，在夹岸的桃花林中悠悠行进，移步换形，渐入佳境。行观坐看，舟渡步行，弃舟登岸，由远及近，由浅入深，由外入里，进入了一个"山开旷望旋平陆"的新天地，标志着人已进入桃源。紧接着，"遥看一处攒云树，近入千家散花竹"二句，为神来之笔，概括描述，总写美不胜收的桃源景象，让人眼前一亮：远处树木葱葱郁郁而攒聚联袂如同蓝天上的飘飘白云，近处的千家万户被遍生的繁花茂竹所掩映与包裹。春光烂漫的画面，满是和平、恬静的气氛和欣欣向荣的生机，创造了一个绚烂景色与盎然意兴交融的诗的意境。刚才还是"行尽青溪不见人"的曲幽窄径，一路行来，但见红树绿水，落英缤纷，未见一人。在进入桃源后，始写人的活动。而写人的活动之前，还是写景，写居住环境。诗的中间部分写道：

　　　　樵客初传汉姓名，居人未改秦衣服。居人共住武陵源，还从物外起田园。月明松下房栊静，日出云中鸡犬喧。惊闻俗客争来集，竞引还家问都邑。平明闾巷扫花开，薄暮渔樵乘水入。

初因避地去人间，及至成仙遂不还。峡里谁知有人事，世间遥望空云山。

诗人扣住"物外起田园"写，是桃源生活的具体化。桃源的环境也诗意盎然，没有任何的污染。"平明间巷扫花开，薄暮渔樵乘水入"二句，虽然已经是在写人的活动，但是主要的还是突出环境，表现桃源生活的闲适平静，表现人与人、人与自然的和谐。在这种诗意环境中诗意居住的人们，使用着秦汉时的姓名，穿戴的是秦汉时的服饰，他们面对这位不速之客的闯入，有一种非常意外的惊喜。"惊闻"以下四句，是一幅写人的形象画面，使用"惊""争""集""竞"等一连串动词，把人们的神色动态和感情心理刻画得活灵活现，表现出桃源中人淳朴、热情的性格和对故土的关心。诗中将他们视为"仙人"，而追述与交代这些桃源中"仙人"的来历，洋溢着无限倾慕之情，表现出诗人少年时就有和谐社会的美好理想，也表现出追求没有倾轧、没有争斗、富庶安定而平静自由的强烈的生活愿望。

《桃源行》此诗所以"造极"而能够与陶潜的名篇相提并论且同流传，就是因为写得诗意盎然，写得格调高远，通篇闪耀着理想主义的光彩，弥漫着唐人的青春气息，洋溢着少年精神，表现出了社会大同的儒家进取精神与美政理想，也折射出了盛世四海晏然的社会景象。这不仅反映了王维的核心价值观与社会理想，呈现出王维山水田园诗之意境的雏形，也奠定与规范了他一生山水田园诗创作的基调与风格。王维日后的诗中，经常出现"桃源"字眼，而将高雅闲逸的生活视为"桃源"，因为"桃源一向绝风尘"（《春日与裴迪过新昌里访吕逸人不遇》)也。

王维山水田园诗，多取材于日常闲居生活，而这些日常闲居生活在他眼里与诗中，都成了"桃源"，用来表现社会的和谐，象征和谐的社会。

> 新晴原野旷，极目无氛垢。郭门临渡头，村树连溪口。
> 白水明田外，碧峰出山后。农月无闲人，倾家事南亩。
>
> （《新晴野望》）

> 屏居淇水上，东野旷无山。日隐桑柘外，河明闾井间。
> 牧童望村去，猎犬随人还。静者亦何事，荆扉乘昼关。
>
> （《淇上田园即事》）

> 斜阳照墟落，穷巷牛羊归。野老念牧童，倚杖候荆扉。雉
> 雊麦苗秀，蚕眠桑叶稀。田夫荷锄至，相见语依依。即此羡闲逸，
> 怅然吟式微。
>
> （《渭川田家》）

王维纵目四望，一尘不染，更不要说是有什么乌烟瘴气的"氛垢"了。盛世的农村，原野生意无限，生活平静安定，意境清幽秀丽，耕者皆有其田，居者皆有其屋，老有所养，幼有所爱，人与人之间亲密无间，无处不充满了温馨与闲适，山水田园也皆笼罩于一派和乐融融的辉光之中。王维几乎所有的田园山水诗，表现的都是

这种和谐静穆的境界，其中自然有理想化的成分，这也正反映了他以和为贵的思想，反映了他以和为尚的人性自觉。王维以盛世价值观与审美观，写盛世感受，写盛世的社会太平清明的和谐，写唐人的自由意志与生存状态，而将山水田园"桃源"化，表现了他的社会政治理想。无论在朝还是在隐，他都从容适意，也有"随意春芳歇，王孙自可留"的无可无不可。即便是血雨腥风的战场，千里边疆，于其目中也是"大漠孤烟直，长河落日圆"的壮阔与宁静。

从反映论原理看，诗是时代的心音。古人有"听音知治"之说。"观其音而知其俗矣"，"治世之音安以乐，其政平也"（《吕氏春秋·适音》）。社会太平，政治清明，这样时代里的诗，肯定是和谐之音，平和宁静而温柔敦厚，而不是杀伐之音，也不是那种愁苦哀怨之音。一般而言，诗里面肯定会有社会愿景与诗人遭际的投射，甚至可以说，你想要不投射都不能。王维所处的盛唐，乃盛世中的盛世，政治开明，制度健全，文化繁荣，军事强大，帝国声威远扬，百夷臣服，诸邦来朝，是盛世社会的全面和谐。和谐，是盛唐盛世最不同于其他时代的最突出的特点。李从军认为，王维"处于极大和谐的时代，这种和谐，是要多少时代的漫长时间才适逢其时的。这种和谐所造成的伟大，是无法企及的"（《唐代文学演变史》）。王维山水田园的诗，构建起一个万物和谐共处的理想社会，一个"诗意地栖居"与自然平等共生的和美家园，一个美妙而充满诗意的精神家园，不仅让我们徜徉与陶醉，也给我们以很多绿色生态的启示。

四、和平而不累气

天和人和，和的最高境界是诗人自身的和谐。王维涵蕴三教，极重养性养德养气，崇尚宽厚宁静，常持敦柔润泽的中和之气，爱己爱人，遂己达人，见素抱朴，寡欲息心而清静无为。因此，胡应麟《诗薮》说王维诗"和平而不累气，深厚而不伤格，浓丽而不乏情，几于色相俱空，风雅备极"。心平则气和，气和则淡定安详，顺天应命而中节合律，容易形成温柔敦厚的平和风格。

林庚在《唐诗综论》里说："盛唐时代是一个统一的时代，是一个和平生活繁荣发展的时代，它不同于战国时代生活中那么多的惊险变化。因此在性格上也就更为平易开朗。"时代对于人的性格形成有很大影响，盛唐人的性格上"更为平易开朗"，他们就不容易悲愤，不容易郁闷，不容易养成乖僻的性格。

学者杨绛说：当你身居高位时，看到的都是浮华春梦；当你身处卑微时，才有机缘看到世态真相。杨先生是从处境上说的，相对微观了点，也具体了点，同一时代而处于不同境地的人，因为地位不同，看到的世面不同，对时代的感受肯定不同，而性格的"平易开朗"度也就肯定不同了。

其实，除了时代，除了处境，修养的不同，也会使人性格产生差异。而这些综合因素，造成了各人各性格，也就是说，有人容易气顺，有人容易气闷。徐增《而庵诗话》曰："诗到极致，不过是抒写自己胸襟。若晋之陶元亮，唐之王右丞，其人也。"其实，不仅此二人是这样，诗人皆然，尤其是大诗人，莫不是自写胸襟的。也因此，我们一直以为，作为自写胸襟的缘情言志之诗，不外分为两大类，一类是气顺的诗，一类是气闷的诗。

闻一多先生将王维和李杜相提并论，以"真善美"与"魏蜀吴"来比喻这唐诗三大家，这是对三者的美学风貌与文学史地位的精辟评价。从诗歌的创造性、美学价值与历史影响看，三者不可轩轾，就像自宋以降李杜之争甚嚣尘上而李杜也不可轩轾一样。李白伟大，杜甫伟大，王维同样伟大。李白的伟大，在于不走传统；杜甫的伟大，在于突破了传统；王维的伟大，在于发掘与弘扬了传统。作为"盛唐别音"的李杜伟大，而作为"盛唐正音"的王维也伟大。我们拿王维来与李杜比较，并非是要在他们三者中间比出个高低来，而是让三者相得益彰，使各自原本就十分鲜明的特点更加彰显。

顾随先生说："欲了解唐诗、盛唐诗，当参考王维、老杜二人。几时参出二人异同，则于中国之旧诗懂过半矣。"（《顾随诗词讲记》）王维与杜甫乃两种截然不同的诗歌存在，分别代表了两个时代，是两个时代的代表，于其中泾渭可见盛唐与非盛唐的两种诗风。而从表现上看，顾先生则认为，王维与李杜属于两种类型。他用书法来打比方，说是好比"书法有所谓'缩'字诀，曰'无垂不缩'。垂向外，缩向内，一为发表，一为含蓄。……而作诗不得'缩'字诀者，多剑拔弩张，大嚼无余味"。而"李、杜二人皆长于'垂'而短于'缩'"。他认为，"老杜的诗打破中国诗之传统，太白诗不但在唐人诗中是别调，在中国传统诗上亦不正统"。这是因为"李、杜则发泄过甚"。

李杜何以"发泄过甚"呢？不平也，"不平则鸣"也。气顺与气闷的诗，表现方式大不同，诗歌形态也大不同。相由心生，诗亦由心生。李杜与王维两种诗类型，皆由心生也，心平气和，心不平则气闷。概括起来说，李杜诗与王维诗分为两大类：李杜诗是气闷的诗，动荡而凄楚；王维的诗是气顺的诗，静穆而平和。

杜甫，气大不顺。杜甫一生命运多舛，晚年更是颠沛流离，所到之处皆战乱与凋敝。天宝十四载（755）杜甫往奉先省家，未进家门就听到哭声，原来小儿子饿死了，他满怀悲愤地写下了《自京赴奉先县咏怀五百字》，而有"朱门酒肉臭，路有冻死骨"的千古名句。汪静之就认为：杜甫博爱思想的真正来源，就"只是一个'饿'字"。他在1928年商务印书馆印行的《李杜研究》中指出："这饿字的功劳真不小，成就了子美的博爱思想，而子美全部诗集也都是由饿所逼成。"詹福瑞先生非常欣赏这个概括，他说："真是简单而又切实的真知灼见。如同李白的不羁之才受到压抑而产生了他的自由思想。"然杜甫与李白一样自视甚高，也认为自己是个大才，而有"致君尧舜上"的高怀远抱。杜甫很有诗才，这是肯定的，也越来越多为后人所认可。但是，他生前寂寞，诗名不显。杜甫生前，诗运和官运一样的不亨通。"自天宝五载（746）后，杜甫寄居长安这一诗坛中心近十年，照理说他的诗作应该得以广泛流布，然而编于天宝末选入盛唐诗人24个且选录标准又掌握得比较好的《河岳英灵集》却不收杜诗。"① 而且，比他年轻的诗人也入选。关于这一点，杜甫自己

---

① 陈铁民：《唐代文史研究丛稿》，中国社会科学出版社2013年版，第41—42页。

也很郁闷，很不平也很不甘，其"百年歌自苦，未见有知音"（《南征》），说的就是无人赏识的苦闷。宇文所安在《盛唐诗》里说："除了京城收复后在朝中任职的短暂期间，杜甫从未处于他那一时代诗坛的中心。……杜甫卒后三十年中，他的作品基本上处于被忽视的情况，就不会令人感到十分惊奇了。令人惊奇的地方在于，经过湮没无闻之后，他竟能很快地就被推认为那一时代最伟大的诗人（与李白一道）。在 8 世纪后期，他实际上未被提及，几乎听不到他的作品的回响；但在 9 世纪的头十年，他的名字已和李白并称，成为文学成就的公认标准。"因此，他非常非常气闷。晚年生存更是充满危机，诗名亦不显，他一下子就有了《解闷十二首》。杜甫诗里，题目上重复"闷"字眼儿，如《闷》《释闷》《遣闷》《拨闷》与《解忧》《自平》等，另外还以"悲""哀""叹""恨"等构成动宾结构词组的题目，可见其气之大不顺，故而，其气闷诗怎么可能不沉郁顿挫呢？

李白，亦多气闷。杜甫诗多心灵的哭泣，李白诗则多灵魂的呻吟。李白的气不顺，也真不亚于杜甫。他很想做官，而且是要做大官，将做官的目标设定得很高。刘全白在《唐故翰林学士李君碣记》里说他"志尚道术，谓神仙可致。不求小官，以当世之务自负"。李白"遍干诸侯"，"历抵卿相"，到处寻找一飞冲天的机会，然而只是做了不到两年不算官的翰林供奉官，一生都在颠沛流离的放浪中。李白自视"谪仙"，自炫"作赋凌相如"（《赠张相镐》），标榜自己"兴酣落笔摇五岳，诗成啸傲凌沧海"（《江上吟》），然生前诗名也不如王维。陈铁民《唐代文史研究丛稿》里指出，"当王维在长安已得诗名之时，李白尚居蜀中"，李白应召来京城，居长安不到两年而被"赐金放还"，意思是他的诗在京城叫响时人已到中年。而"李白离开长安这一诗坛中心，诗作不易迅速流布全国并产生广泛影响。这时候，虽有少数知己、崇拜者（如杜甫、李阳冰等）对他的诗歌给予极高评价，其诗却未必能够获得当时诗坛的普遍认同"。何况李白的主要成就还是在其被逐出京门之后取得的呢。李白在盛唐影响大不如王维。因为一再失意，所以他失望、不满、怅恨与牢骚，其诗也豪侠使气，愤世嫉俗，多写其块垒不平，抒发政治不遇的苦恼忧愤，表现出冲决所有束缚的破坏精神，是为现实压迫而找不到出路的精神爆炸与灵魂呻吟，是渴望自由而寻找自由的自由歌唱。他脍炙人口的《将进酒》，以"悲"开篇，"君不见高堂明镜悲白发"，而以"愁"收束，"与尔同销万古愁"。"天生我材必有用"，其实是一种怕"弃"的心理。何况，他的"弃世之感"也很强，诗中也比较多地出现"弃世"的诗句，如"奈何青云士，弃我如尘埃"（《古风》其三十五）。

　　杜甫气闷，李白也气大不顺，他们所选择的社会角色、所确立的政治理想，几乎都成了幻影，失意和困苦几乎成了他们感情的基本内容，其诗多直言、大言、狂言、怨言与刺言，怎么可能不"发泄过甚"而"多剑拔弩张"呢？怎么可能把诗写平和，而符合温柔敦厚的诗教要求呢？因此，李杜的诗也就成为盛唐诗的一种"别调"。胡应麟《诗薮》中说："李才高气逸而调雄，杜体大思精而格浑。超出唐人而不离唐人者，李也。不尽唐调而兼得唐调者，杜也。"其"超出唐人"与"兼得唐调"，皆可谓唐诗"别调"也。白居易《读李杜诗集因题卷后》诗说李杜"不得高官职，仍逢苦乱离。暮年逋客恨，浮世谪仙悲"。白居易说，老李老杜你们也不要太在意一生不幸，不要太过"恨"与"悲"，实在是因为是天意，"天意君须会，人间要好诗"。

而从接受美学的角度来反证，盛唐流行"气顺"的诗。"气顺"的诗，以和为美，以"温柔敦厚"为诗的圭臬，这也是盛唐诗美的主要标准，特别是上流社会，流行王维的诗，即便是在王维离世四五十年后，还是王维的诗风占上风，一直持续到大唐气数渐尽而衰世开始。李杜他们恃才傲物，他们确实很有才，但是，有一种盛唐社会似不能相容的傲气，得不到社会的认可，因此，也就越是希望得到认可，故而，他们的诗里，就反复说自己怎么行。社会越是不认可，他们也就越是负气。譬如杜甫，其诗经天纬地，然而，当时的读者就是不买他的账。

王维，不同于李杜，他的气易顺。用林庚先生的话说，就是王维"性格上也就更为平易开朗"。王维长期生活在盛世的京城，身居高位，仕途基本得意，人际关系又好，处处受人尊重，其人本来就淡泊名利，还特别注重修养，关键是他什么世面都见过了，该有的也都有了。王维与李杜最大的不同在追求上，王维是人在魏阙而心在江湖，李杜恰恰相反，是人在江湖而心在魏阙。因此，王维容易气顺，李杜容易气闷。因此，即便生活中有个什么不愉快，王维也极容易就自我摆平，多处于心平气和、闲适满足的"气顺"的精神状态。非常难得的是，他能够不将不快的情绪带到审美中去，故而其诗也多写和谐，写人与自然的和谐，写人与人之间的和谐，写人与社会的和谐，写诗人内心的和谐。台湾著名散文作家林清玄说：

〔清〕孙祜　仿王维关山行旅图轴

如果在心里有春天，那么夏天是较温和的春天，秋天是较清爽的春天，冬天是较凉快的春天，日日好日，季季如春。王维以"平和"之心去观察自然与社会，诗中的山水田园，宫苑城阙，所有外物如夕阳、山月、长河、春涧、渔樵、村落、飞鸟、烟岚、青松、幽篁……皆处于因缘和合之中，洋溢着也弥漫着"平和"的辉光，和光同尘，清逸恬淡，生动反映了万物之间和谐的整体关系，准确表现出盛世社会的和谐本质。

总之，李杜与王维，一为质实，一为空灵，成为中国美学的两极。二者不同的是，李杜诗是诗人生命痛感而心理失衡状态下的激情爆发，王维诗则是诗人心空超然而归于静寂后的情感回流。李杜与王维的诗，都是超一流的诗。他们的诗，都是盛唐社会的产物，都反映了一定的社会现实，李杜诗反映的是盛唐的下降"气象"，王维诗反映的则是盛唐的上升"气象"。应该说，王维诗"中和"美的诗歌主旨与形态，最能够体现盛唐盛世社会本质的和谐美，也最切合和谐社会的审美趣尚，最符合盛世的美学接受。

王维诗中的平和，是因为诗人内心平和，是他在自己的灵魂里所看到的平和，诗人也享受着"平和"所赋予的闲适福祉而洒脱超逸。积极心理学认为，自我内心的和谐，是和谐的起点，是幸福的源泉。王维的诗，正是诗人内心和谐的自然流露，是其精神特别自由的生动表现，充满了和气、静气和灵气，而表现为温柔敦厚的诗歌形态。顾随说"诗教温柔敦厚，便是叫人平和"。应该说，好诗可以是平和静穆的，也可以是剑拔弩张的。然而，如果说诗的最突出的要求与功能就是"叫人平和"的话，或者说是将平心静气作为读诗的主要目的，那么，"和平而不累气"的王维诗，温厚平和，给人一种心平气和的生存惬意与精神消遣的快感，因此，盛世真应该读王维也。

真可谓：

目无氛垢四时兴，笔笔桃源真性灵。

尽揽光风说开宝，南山种德亦锄经。

第四章

至简崇尚的人性自觉

　　王维崇尚简朴，把简朴作为美德来追求，作为一种美学境界来追求。

　　王维一生为官，晚年更是享受着高官厚禄，而其生活却极其节俭，也越来越节俭。他的衣食住行，一切从简，节俭到不能再节俭，简单到不能再简单，已经根本谈不上还有什么财富占有欲了，这与我们印象中的唐人终日寻欢作乐、花天酒地的奢侈排场，简直是天渊之别。

　　王维何以节俭如斯？为什么他在有能力、有条件把生活过得好一点的情况下，却自苦而取此形同"苦行僧"的生活方式呢？

　　这是他的人生态度所决定的，也就是说，他自身的道德观和价值观，决定了他极简生活的思想倾向与行为方式。"是以圣人去甚，去奢去泰。"（《老子》）王维极重自修，其"修齐治平"的理想，使他对自己的行为规范的要求很高，自觉"去奢去泰"，亦即抛弃欲望，远离浮华，而以养心养德，这也是乐简的道德境界。

　　大道至简，繁在人心。心若得简，生活自简。生活至简，人也就容易满足，容易自在，容易感知美好，容易具有幸福感。而人精神上充实了，生活才能简单，才会活得舒心，才能够有更多的闲情逸致。王维生性淡泊，修禅学道，内外兼修，形成了他清心寡欲的生活态度与清贫淡泊的生活内容，也形成了他的懿美心性与高人风度。物质享受可以简单，精神追求却不苟且。安于简朴的物质生活，以不影响精神自由为前提。这种极简的生活态度，亦是其生命大智慧，生存大智慧。

佛陀说："去掉多余部分，每个人都可以成佛。"这正说明，学会简单也不简单，能够简单则更不简单。王维到了晚年，诗越写越短，越写越淡，越写越随意，也越写越单纯了，"但是他的单纯背后，是一个奇特的头脑，能够以独特的方式观察到世界万事万物之间的关系"（孙康宜、宇文所安《剑桥中国文学史》），他的不少诗短到不能再短，"淡极无诗"的短，然却离象得神，穷幽极玄，语出寻常而含蓄韵致，看似平易而高妙婉曲，可谓寄至味于淡泊，寓激情于婉约。

大道至简，大美亦至简。王维至简崇尚的人生态度，决定了他的生活方式，决定了他的精神风度，决定了他的人生境界，决定了他的审美趣尚，也决定了他的诗美形态。

一、去奢去泰以养德

《旧唐书·王维传》里的这段文字，最为研究王维者所感兴趣，也被反复引用：

> 维弟兄俱奉佛，居常蔬食，不茹荤血，晚年长斋，不衣文彩。得宋之问蓝田别墅，在辋口；辋水周于舍下，别涨竹洲花坞，与道友裴迪浮舟往来，弹琴赋诗，啸咏终日。尝聚其田园所为诗，号《辋川集》。在京师日饭十数名僧，以玄谈为乐。斋中无

所有，唯茶铛、药臼、经案、绳床而已。退朝之后，焚香独坐，以禅诵为事。妻亡不再娶，三十年孤居一室，屏绝尘累。

　　简直让人不能相信这发生在唐朝，发生在物质条件异常优越的盛唐。美国学者谢弗认为，8世纪的唐朝，尤其是前50年，"是一个神奇魔幻、无所不能的时代"，"这一时期是一个时间漫长、富足安定、物价低廉的时代，是一个'天下无贵物'的时代"（《唐代的外来文明》）。关于这个时期，杜甫也有回忆云："忆昔开元全盛日，小邑犹藏万家室。稻米流脂粟米白，公私仓廪俱丰实。九州道路无豺虎，远行不劳吉日出。"（《忆昔》）一般认定王维出生于701年，也就是说，从他出生到50多岁时，唐朝没有通货膨胀，没有自然灾害，更没有兵荒马乱。然而，简直让人不敢相信，生活在这样富有的时代，身处这样的高位，王维的生活竟然极简到这样地步。

　　王维物质上几乎没有要求，精神上也非常容易满足。而他的这种极简生活方式所表现出来的和乐天籁的悠然自足，没有"斗酒十千恣欢谑"的挥霍，也没有"千金散尽还复来"的癫狂。这哪里还是个什么盛唐时期的高官？他的生活要求已经简单到不能再简单，他的居室里已经简陋得不能再简陋，简直就是清贫，就是寒碜，分明就是个自残的苦行僧。

　　唐书传记，春秋笔法。我们从其字里行间读出了修史者对王维这种淡泊节俭美德的赞美之意，侧重传写这位唐代诗人官员的生活方式，传写其简朴的生活，以及对简朴生活的追求。我们以为，这也揭示了王维所以行高于人、德馨于众的原因。

唐书传者将王维生活之极简，与其学佛同写，应该说是在启迪我们思考这之间的一种因果关系。日本汉学家儿岛献吉郎在《中国文学通史》里也这么说：王维是个"超然物外"的人，他"不希富贵，不厌贫穷，以人生为乐观，而忘却了生老病死的苦患，这实在是信奉佛教，修养佛教的结果"。也就是说，王维所以如此极简，与其学佛有关，归因于学佛的结果。

确实也有这方面的因素。王维学佛，与佛教滋蔓昌炽的社会氛围有关。那是胡适所谓"印度思想哲学泛滥的时代"，王维生活在全社会崇佛的风气里，生活在全家崇佛的氛围里——其母耽佛，全家学佛。佛教在唐代具有非常适合发展的土壤，继隋代创立的天台宗、三论宗等后，法相宗、净土宗、华严宗、禅宗、律宗、密宗等一时蔚为大观。唐代的佛学相当繁盛，著名的佛学家，有学术性著述可考并声名显赫的就有玄奘、窥基、神秀、慧能、神会、法藏、湛然、宗密、怀让、马祖、怀海等。王维嗜禅，是其精神与性情的需要，或者说，诗人为了追求精神上的绝对自由和心灵上的绝对清净而学佛耽禅。王维在其《谒璇上人》诗里写道：

少年不足言，识道年已长。事往安可悔，余生幸能养。誓从断臂血，不复婴世网。浮名寄缨佩，空性无羁鞅。凤承大导师，焚香此瞻仰。顿然居一室，覆载纷万象。高柳早莺啼，长廊春雨响。床下阮家屐，窗前筇竹杖。方将见身云，陋彼示天壤。一心在法要，愿以无生奖。

此诗作于王维的不惑之年，诗里充满了自悔自责的忏悔。开篇四句即表现出懊悔莫及的锥心之痛。接下来的四句则表现出谨遵佛法教敕而一心皈依的愿心：茹素戒杀，以勤求出世解脱之道。这种懊悔心理的生成，不是因为他在现实生活中有了什么大不顺心的事，而是灵魂深处的道德意识使其自觉地精神向善。他寻找自救的灵魂皈依的途径，深入宗教文化的层面，企图靠禅修来减缓内心的痛苦，弥补精神上的懊恼，以实现灵魂向善的觉悟。而当诗人具备了"空性无羁鞅"的认识之后，便自觉地祛除因为执虚为实而带来的种种世俗缚累。因为"识道"之晚的悔悟，诗人更重视"余生幸能养"的生活。他也为自己在"去奢去泰"方面做得不够而感到羞愧莫名。因此，开元二十九年（741），王维自桂州"知南选"而北归，不久就隐居终南山，过上了学佛居士的清苦生活。

不过，我们还是认为，王维追求至简的清苦生活，主要原因并不是学佛，或者说不完全是因为学佛。白居易也"酷好佛"，称"香山居士"。《唐才子传》载："卜居履道里，与香山僧如满等结净社。疏沼种树，构石楼，凿八节滩，为游赏之乐，茶铛酒杓不相离。"白居易学佛归学佛，在生活上绝不亏待自己。白居易非常懂得享受，也是个大玩家，养鹤养马养妓，诗天酒地，且每饮必有丝竹童妓之奉。方勺《泊宅编》卷上说："白乐天多乐诗，诗二千八百首，饮酒者九百首。"据白居易的《穷幽记》自记，他家的池塘游船上吊有百余只空囊，里面全装有美酒，宴宾客于船上，泛舟饮酒，要喝酒时就拉起一只酒囊，吃喝完再拉起一只。这样的排场是连酒仙李白都会惊羡不如的。白居易自撰的《醉吟先生墓志铭并序》，总结自己的一生，最得意的是："外以儒行修其身，中以释教治其心，旁以山水风月歌诗琴酒乐其志。"

其实，王维"不希富贵，不厌贫穷"的生活方式，耽佛事禅只是原因之一，主要还是与其道德君子的修养、人格理想的追求有关。《论语·述而》曰："饭疏食，饮水，曲肱而枕之，乐亦在其中矣。不义而富且贵，于我如浮云。"孔子也反对生活奢侈，而以简为乐。他视富贵如浮云，视简朴为道德修养的至高境界。王维崇尚简朴，也有这种富贵"于我如浮云"的境界，更鄙弃那种"不义而富且贵"的贪腐了。古代道德君子，皆视富贵如浮云，皆把鄙弃富贵作为一种道德境界。苏轼的《赵德麟字说》曰："今君学道观妙，澹泊自守，以福贵为浮云。"这段话的意思是说，因为"学道"，而能够"观妙"，故而能够"澹泊自守"，能够"以福贵为浮云"。这是苏东坡对他的一个后生朋友的赞美，"以福贵为浮云"是一种赞词。他为这个朋友改名字而专门写了这篇文章。这个朋友名赵令畤，初字景贶，在苏轼身边工作。苏轼在这篇"说"里说："元祐六年，予自禁林出守汝南，始与越王之孙、华原公之子签书君令畤游。得其为人，博学而文，笃行而刚，信于为道，而敏于为政。予以为有杞梓之用，瑚琏之贵，将必显闻于天下，非特佳公子而已。"这个年轻人的身份特殊，是皇室宗亲，乃赵太祖次子燕王德昭元孙，然非纨绔子弟，他不仅很有才华，也很自励。因此，苏轼非常喜欢他，"敬字君德麟，而为之说"，以神物"麟"为字，祈愿他大展才华，勉励他大有作为。而所谓的"学道观妙"，亦即修身养志，深观远照，知道而得妙。苏东坡说的"学道"之"道"，非单指道教或佛禅，而是指儒释道三教的综合素养，是"修齐治平"修身之"道"。因此，能否"澹泊自守，以福贵为浮云"，与一个人的修养德性能否"得道"有关。

王维的这种至简的生活方式，反映了他的道德修养与人生境界，表现出他与众不同的精神气质和面貌行举。人的生活方式，在一定的意义上集中表现为对物质资料的占有欲或财富欲。这种欲望，从私有制一开始就陪伴人类，就存在于所有的人身上，也正是这种占有欲推动着人的追求与发展。中国古人也热衷于讨论生活方式的问题。《老子》的第二十九章，是谈天下治理的，他主张顺应物性，遵循自然之道，而不能走极端，不要过分，不可奢侈。在讨论了万物生态循环而自有其一定原则之后，老子总结性地指出："是以圣人去甚，去奢去泰。"他认为，所以让人视为圣贤人，所以能够成为圣贤人，自须抛弃欲望，远离浮华，用自然纯朴治世，重视我适自然。治世如此，自治亦然。也就是说，人若能"去甚去奢去泰"便可自修而成"圣人"。换言之，人的自修，首先就是要摒弃贪恋之心，而以"去奢去泰"为目标。作为物质的人，在生理上对于物质必然具有种种的需求，而人的高尚处，即在于"去奢去泰"，在于人与自然和谐相处的生态意趣。因此，人对物质的欲望和追求，在其生活目的与生活方式上体现出来，因此也反映了一个人的道德水准。老庄哲学思想指归无非是性与命的双修，思辨与践修的同构两栖，天人合一，体用不二。老庄认为，人只有按照自然本性生活，不为名利所诱，不为物欲所困，保持心灵的恬淡虚静，才能达到与天合而为一、与道同为一体的境界，亦即实现"齐物我，齐是非"的至高境界。而"去奢去泰"，才能实现得道成圣的修行理想。中国古人向以节俭为美德。所谓的"俭以养德"，就是通过节俭简朴的生活来培养自己的高尚品德。诸葛亮在《诫子书》开篇有一段非常著名的话："夫君子之行，静以修身，俭以养德。非淡泊无以明志，非宁静无以致远。"静以俭，是君子所以为君子的道德要求与行为标准。从佛学的角度说，奢侈与暴殄既削减福报，也为自己埋下了恶因。

虽然王维以一心向佛、精通禅理而著称，虽然王维具有比较深笃的老庄道学的根性，但是，他同唐代大多数士子一样，是在儒家经典的熏陶中成长起来的，儒学应该说是他早年所习的主要内容，并影响了他的一生。特别是儒家的"修齐治平"的思想，对他的影响也是深入骨髓的，成为他文化血脉中流淌的血液。他一辈子注重做人的自修，他科举入仕并由进士科出身，也曾经执着建功立业的人生道路。而以经世济民为根本目的和第一要义的儒家哲学思想，在王维身上与文字里也不时地有着鲜明表现。也就是说，无论王维的思想多么复杂，倾向性多么鲜明，他始终有着"不废大伦"的思想底子，有着儒家独善操守的道德观念。

〔唐〕王维（传）　江山雪霁图（局部）

　　杜甫很崇拜王维，对其生活方式也很欣赏，特别是欣赏王维超尘脱俗的处世态度，欣赏他摆脱尘世而亲近大自然的自觉与能力。乾元元年（758）六月，杜甫出为华州司功参军，是年秋，尝自华州至蓝田拜访王维与王维表弟崔兴宗。不知什么原因，杜甫没有受到王维的接待，可能是王维不在家，他便去了王维表弟家喝酒。杜甫人虽在崔家，却心系王维，他在《崔氏东山草堂》诗里写道：

　　　　爱汝玉山草堂静，高秋爽气相鲜新。
　　　　有时自发钟磬响，落日更见渔樵人。
　　　　盘剥白鸦谷口栗，饭煮青泥坊底芹。
　　　　何为西庄王给事，柴门空闭锁松筠。

　　从题目上看，诗写的是崔兴宗的东山草堂。东山即蓝田山，又名玉山，在长安蓝田县东南。王维辋川庄在蓝田，必与崔庄东西相近。草堂在东山，可称东庄，则辋川固可称为西庄矣。然而，古人亦说，此诗是借崔氏草堂以讽王给事。根据诗意看，杜甫身在东庄，而心念西庄。即在王维表弟崔兴宗家做客，心里却想着王维，对王维"柴门空闭锁松筠"的吏隐而心生羡慕之意。王嗣奭《杜臆》云："落句忽及王给事，横出一枝，又是一格。"其实，前六句中，句句都在写王维，写吏隐中的王维。尾联"何为西庄王给事，柴门空闭锁松筠"二句，写诗人的惊叹，水到渠成地表达了诗人对王维的赞许之意与羡慕之情。诗的首句记草堂，次句记秋候。草堂之静，延秋气之爽，故曰相鲜新，即草堂与秋气两相鲜新。颔联写堂外闻见之景，写蓝田山中景物。诗中"钟磬""渔樵"，暗用王维诗典。王维《辋川》诗有云"谷口疏钟动，渔樵稍欲稀"。颈联写堂中的食物招待，杂米为饭，野菜为肴，就地取材，白鸦谷、青泥坊，皆地名。白鸦谷，在蓝田县东南二十里，其地宜栗。青泥城，在蓝田县南七里。诗写东山草堂之静好，以见仕之不如隐，似也流露出几分归隐之情，或是生出"何日沾微禄，归山买薄田"（《重过何氏》其五）的愿望，也想过上这种清静的日子。

杜甫呼王维为"高人"，是在王维离世五年多的时候，杜甫为家事国事诗歌事而气闷不堪的时候，竟然想起王维来，竟然在诗中有"不见高人王右丞"的思念与赞叹。"高人"赞里，自然包含了对王维淡泊守拙而无可无不可的处世态度与生活方式的推崇。著名历史学家范文澜在《中国通史简编·百花盛放的唐文苑（诗词）》中指出："唐时士大夫大抵留连酒色歌舞，寻求快乐，相习成风，不足为怪。像杜甫那样穷困，晚年似乎还有一个小妻，其余士大夫通常有一二个歌妓，大官僚甚至有家妓成群。"而王维的生活却极简，去奢去泰而以养性养德。一个人的生活方式，包括物质追求，与其精神理想有关，与其道德情性有关。生活简朴与简朴生活方式的追求，能够看到一个人的修养与德性。

二、不易染欲的真快乐

王维生活极简，应该说主要与其性情有关。朱熹说："天下之难持者莫如心，天下之易染者莫如欲。"而欲之是否"易染"，与一个人的名利观有关。欲人之不要名利，这是不现实的，也是不可能的。相对而言，淡泊名利之人，其"心"亦不"难持"，而其"欲"亦不"易染"。看淡名利，至少不会那么特别追逐，而生活上也不会特别讲究，特别奢侈。

闻一多先生认为，盛唐诗（睿宗、玄宗两朝凡四十五年）可分为三派：以王维为代表的自然派，以李白为代表的纵横派，以杜甫为代表的社会派。我们还是比较三个大诗人来说，他们性情不同，处世行事风格不同，而价值观与名利观也大不同。

李白行事高调，特别喜炫，也特别能炫。《开元天宝遗事》里说李白有"粲花之舌"，"与人谈论，皆成句读，如春葩丽藻，粲于齿牙之下，时人号曰：'李白粲花之论'"。意思是说，什么事经李白一说就天花乱坠了。李白自炫曰："曩昔东游维扬，不逾一年，散金三十余万。"（《上安州裴长史书》）李白崇尚物质享受，花天酒地，挥金如土，这是事实，然这里可能有点水分。魏颢《李翰林集序》也说他"间携昭阳、金陵之妓，迹类谢康乐（笔者按，应为谢安之误），世号为李东山，骏马美妾，所适二千石郊迎，饮数斗醉"。李白朋友这么说，证明李白生活上非常奢侈，这并非虚言。李白生性风流倜傥，喜好豪华繁荣，虚荣心也很强。他被诏与道士吴筠一道来京城，其《南陵别儿童入京》就记录了他政治生活中这一大事件。诗人直陈其事，高歌取醉，起舞弄剑，憨顽可掬而真切动人，最后四句直抒胸臆："会稽愚妇轻买臣，余亦辞家西入秦。仰天大笑出门去，我辈岂是蓬蒿人。"老婆刘氏跟别人走了，李白唯有"别儿童入京"。他自比晚年得志的朱买臣，把刘氏比作"会稽愚妇"而加以嘲笑。李白还一再在诗中津津乐道地"炫"他献赋和应诏的那段"光荣"历史。李白供奉待诏，顶多是一个润色王业的词臣而已，与其他在翰林院中"待诏"的那些僧道术士没有什么本质的区别。李白《驾去温泉后赠杨山人》诗里却说他"幸陪鸾辇出鸿都，身骑飞龙天马驹。王公大人借颜色，金璋紫绶来相趋"。写他得到皇帝的恩遇，直上青云，陪侍皇帝左右，胯下天龙宝马，那些王公大臣都看他的脸色，高官显要都争来与他交往。他的这类诗还有《从驾温泉宫醉后赠杨山人》《朝下过卢郎中叙旧游》等，写他受宠若惊的得意忘形，洋溢着入朝的骄傲和癫狂。而在入朝荣誉成为过眼云烟后，被"赐金放还"了的李白，依然长时间地沉浸于精神反刍的自满中，写了不少回忆诗文，不无夸张地反映他"攀龙九天上，别忝岁星臣"（《赠崔司户文昆季》）的供奉翰林生活。他自狱中出来后作《为宋中丞自荐表》，还夹入自炫说："上皇闻而悦之，召入禁掖。既润色于鸿业，或间草于王言，雍容揄扬，特见褒赏。"他在流放夜郎途中，还喋喋不休地炫他昔日的辉煌和幸福："昔在长安醉花柳，五侯七贵同杯酒。气岸遥凌豪士前，风流肯落他人后。"（《流夜郎赠辛判官》）

　　杜甫也是个喜欢炫的人。唐人王定保《唐摭言》卷十二的第一条"自负"，其中第一例就是杜甫，以杜甫的两首诗为例，这两首诗也确实表现出诗人的极端自负，第一首诗《莫相疑行》炫他曾献三大礼赋，"忆献三赋蓬莱宫，自怪一日声辉赫。集贤学士如堵墙，观我落笔中书堂"云云。回忆当年他直接向玄宗献三大礼赋，说是让他非常诧异的是那一天太阳也特别辉煌，集贤殿的学士们像堵墙一样把他团团围住，看他在中书省的政事堂里落笔挥毫的表演。还有一首《奉赠韦左丞丈二十二韵》，其自夸曰："甫昔少年日，早充观国宾。读书破万卷，下笔如有神。赋料扬雄敌，诗看子建亲。李邕求识面，王翰愿卜邻。自谓颇挺出，立登要路津。致君尧舜上，再使风俗淳。"唐人都认为他杜甫太"自负"了。然杜甫确实很有诗才。元稹对其极度好评，认为"诗人以来，未有如子美者"，说他"上薄风骚，下该沈宋，古傍苏李，气夺曹刘，掩颜谢之孤高，杂徐庾之流丽，尽得古今之体势，而兼人人之所独专"。虽说是墓志铭体总不免有点"谀"，然与事实也无多大距离。美国著名唐诗专家宇文所安说"杜甫是最伟大的中国诗人"。他在《盛唐诗》里极尽赞美之词说："杜甫是律诗的文体大师，社会批评的诗人，自我表现的诗人，幽默随便的智者，帝国秩序的颂扬者，日常生活的诗人，及虚幻想像的诗人。"应该说，杜甫还是有自炫的资本的，他也是实话实说，但直接说了出来，而且还是炫的口吻，那就让唐人也感到是"自负"了。杜甫的"自负"，我们也是能够理解的，与他的处境有关。他在《奉赠韦左丞丈》里就将其困境和盘托出："骑驴十三载，旅食京华春。朝扣富儿门，暮随肥马尘。残杯与冷炙，到处潜悲辛。"杜甫是急于要改变他的生活现状，也是无路可走了，非常希望社会接纳他，非常希望在朝廷里弄个一官半职，因此，其诗与李白同，常有些我如何行的表达。

王维诗中，却常是我如何不行的表达，多写他对生活极简的追求，尽写他挣脱了名利羁索的自在。林庚先生的《唐诗综论》中有一段话，说得好极了："王维则没有这样强烈的性格，他的生活中既缺少戏剧性，他的诗歌也写的是普通的日常生活。他并不超越时代，而只是在日常生活的各个方面将这个时代所带来的新鲜气氛传达出来。如果说，李白是在追求盛唐时代可能会得到的那些东西，因而成为一个集中的表现，那么，王维则是反映了盛唐时代已经得到的那些东西，因而成为一个普遍的反映。"不仅是李白，杜甫亦然，杜甫也"是在追求盛唐时代可能会得到的那些东西"。李白与杜甫一样，都认为自己应该得到却没有得到，所以也特别追求，也格外想要得到。王维则不同，他认为自己想得到的都已得到了，所以已没有了什么特别的追求了。人人都有物质的需要，人人都有名利欲，王维也不例外。但是，他是个"温饱"的人，有一种"万物皆备于我"的满足感。如果换到李白杜甫的那个处境，即便是他生性淡泊，也不可能这么平和与洒脱。有人这样形容占有欲，说这好比是一个生了病的人，当他所需药物越多，也就说明他的病情越重；当他完全用不着药物时，他就是完全健康的了。古希腊哲学家苏格拉底本来就不富有，他有一天在雅典的街头闲逛，面对琳琅满目的物品，发出感叹：原来世界上还有这么多的东西是我不需要的！在这位哲人看来，生命所需并不用太多，剩下的全是不必要的欲望引起的，而不知足地拼命追求对外物的占有，恰恰是自身精神匮乏的体现。

　　王维与谢灵运都是大山水诗人，都非常喜欢走入山水，因为他们的性格不同，行事风格也迥异，二人亲和山水的方式亦大相径庭。谢灵运个性张扬，行事高调，《宋史》中说他"性奢豪，车服鲜丽，衣裳器物，多改旧制"。他游山玩水也很排场，伐木开径，筑路搭桥，从之徒众多时几达数百人。因为他性好炫富，山水诗也富丽精工。同样的游山玩水，王维是"兴来每独往"，不惊动旁人也不惊动山水，悄悄地走入，与其性格低调有关，其诗多幽玄静穆。因此，诗写什么，怎么写，写成什么模样，都是由诗人心性所决定的，也都与诗人的生活态度有关。写诗本来就是炫，王维也有炫的，他诗里炫些什么呢？

"入鸟不相乱，见兽皆相亲。"（《戏赠张五弟諲三首》其三）王维炫他与自然鸟兽之间的亲和关系，与万物和谐共存的生命秩序。

"澄陂淡将夕，清月皓方闲。"（《泛前陂》）王维炫他陶醉山水，物我融和，以至于自由解脱的随任。

"雨中山果落，灯下草虫鸣。"（《秋夜独坐》)王维炫他深夜静坐，息机静虑而参禅入定的体验与觉悟。

"人闲桂花落，夜静春山空。"（《鸟鸣涧》)王维炫他能够听到而别人不能听到的静寂妙响，独享宁静的惬意。

"行到水穷处，坐看云起时。"（《终南别业》）王维炫他融入自然的深度闲适，无拘无束，自由旷达，身心极度自在。

"随山将万转，趣途无百里。"（《青溪》）王维炫他摆脱了尘世而亲近大自然的高度自觉与特别能力。

"独坐幽篁里，弹琴复长啸。"（《竹里馆》）王维炫他进入了清幽宁静、高雅绝俗的境界而获得了自性本真的雍容疏放。

"白云回望合，青霭入看无。"（《终南山》）王维炫他消融于时空和外物的深度里，而获得了一种澄明朗现的禅悦。

"披衣倒屣且相见，相欢语笑衡门前。"（《辋川别业》）王维炫他回归田园后，与乡村野老亲密融洽的和睦。

"九天阊阖开宫殿，万国衣冠拜冕旒。"（《和贾舍人早朝大明宫之作》）王维炫他生活在盛世天朝的无比骄傲自豪的幸福感。

　　王维诗中多是这样的炫，他的极简生活，也是他要炫的重点内容，这是由他的人生观和价值观所决定的。幸福就是有意义的快乐，王维觉得这样的生活有意义，这样的生活也就很有幸福感。他炫他在这种极简生活中精神上的最大满足，诗中屡屡提到"闲居净生"的乐趣。"山中习静观朝槿，松下清斋折露葵。"（《积雨辋川庄作》）王维在诗里炫他混同野老的隐居生活，清斋素食，习静禅坐，以禅宗的体验方式，来实现清心寡欲的生活理想。而这种人与自然混一的生态追求，反映了他在物质生活上已无所追求，而专注于道德自律与向善修心，追求超然、悠然的生存旨趣和自由精神，其对灵魂的净化与自由的追求，超过了其他所有的追求。因此，其诗中往往呈现出其人格精神中的一种超逸气度。而诗人的物质低标准、精神高追求的人生态度，反映在诗里的是顺其自然的自足自适，而于自然生态中尽最大可能地保持人原有的自然本性。

　　王维生活极简，这种息心静性、清心寡欲的生活方式，反映了他的道德水准与人生境界，也是他以万物为春的精神追求。我们完全有理由相信，人的精神是可以自足的，活在精神的富足里比活在物质的奢侈中更有幸福感。

　　王维的生活方式给我们的启示是，哲人的生活往往是极简朴的。淡泊名利，不染贪欲，安于简朴，不为物欲所累，才能够充分享受精神自足的幸福。

三、得意苟为乐

王维以简为乐，以简为美，把至简作为一种美德在追求。于王维看来，生活极简，不仅是一种生存环境，一种生活态度，一种生存智慧，也是一种审美趣尚。王维日常生活中，最大的快乐，最大的奢侈，似也就是"与道友裴迪浮舟往来，弹琴赋诗，啸咏终日"。这也是他感到最好的生活方式。王维山水诗中表现的中心意思就是，放弃物质的执着，追求精神的适性，过上一种自由闲适的生活。王维也把这种很平常的生活写得很纯净，很安静，很闲适，甚至很高尚，很是令人向往。而他的这种诗意化了的日常生活，消弭了生活与艺术的界限，也消弭了物质与精神的界限，而让自己沉浸于精神高于物质的享受之中。

王维出身贵族，受贵族文化影响极深，但他追求的却是一种平民化的生活，也享受这种生活。他的不少诗，记录了他的简朴生活与生活状态，反映了他对这种生活的热爱与追求。如《偶然作六首》（其二）：

田舍有老翁，垂白衡门里。有时农事闲，斗酒呼邻里。喧聒茅檐下，或坐或复起。短褐不为薄，园葵固足美。动则长子孙，不曾向城市。五帝与三王，古来称天子。干戈将揖让，毕竟何者是。得意苟为乐，野田安足鄙。且当放怀去，行行没余齿。

据考，诗写于王维青年时，其时王维官于淇上，也是他一生的第一个挫折期。诗开篇就写一个田翁，写其自在自得的自由生活，也写自己对这种生活充满了无限羡情。早年王维就已经很羡慕这种农家日子，农闲时"斗酒呼邻里"，有酒大家共享，"喧聒茅檐下，或坐或复起"。这里没有多少礼套要讲，一切因陋就简，不管穿着好丑，没有位置尊卑，甚至也不分年龄大小，或坐或立皆是入席，野蔬园葵俱为美肴。"得意苟为乐，野田安足鄙"，只要得意，不管身居何处，不管是居庙堂之高，还是处江湖之远，都安宁和乐。"得意"，比什么都好，比什么都能够使人满足。做一个普通的乡民野老，有什么不好呢？有什么可自薄或为人所鄙的呢？生活于与世隔绝的野田之间，远离市井，粗茶淡饭，乐天知命，而不求闻达，不求富贵，也不管朝代更迭、治乱变易的是非曲直，没有钩心斗角，没有尔虞我诈。整个一首诗里，展现了"道"的无为观与无为美，也表现出诗人的自由精神与精神自由。

古人认为此诗"类陶真率"。王维写的是乡村俗俚，然生动活泼的俗俚图景，却也写出了不经意间的平淡。诗没有明说诗中的那个"田舍老翁"写的是谁，却让我们想起陶潜，很像是陶潜，或者说是以陶潜为原型的描写。然而，陶渊明的日子过得没这么好，陶渊明没什么生活来源，也没酒请人家喝，而只让人家送酒给他喝。他也只是有酒喝就行，有酒就照喝不误。我们认为，诗乃王维借题发挥，是他的一种"生活理想"的描绘。"得意苟为乐"，诗人将精神追求作为人生的最大追求，"得意"亦成为世上最大的快乐，成为人生最大的满足。因此，诗人也将"得意"作为终身的追求，"且当放怀去，行行没余齿"。这样的日子，过到老也没有什么不好。

王维的《春日与裴迪过新昌里访吕逸人不遇》作于晚年，写他与道友裴迪远道去访友，诗云：

> 桃源一向绝风尘，柳市南头访隐沦。
>
> 到门不敢题凡鸟，看竹何须问主人。
>
> 城上青山如屋里，东家流水入西邻。
>
> 闭户著书多岁月，种松皆作老龙鳞。

王维远道访友而不遇，自有无限懊恼，然而，因为在城市里也看了"桃源"，一如看到了被访者的那种弃绝风尘的出世风采，而顿生羡慕之情，心情不坏。青山如在屋里，流水联系四邻，环境依山傍水，可谓绝妙境地。而于这青山绿水的环境间，写写文章，种种松柏，简直就是神仙过的日子，艺术的生活，也是生活的艺术。王维毕生就喜欢这种生活，就追求这种生活，就希望一直能够过上这种生活。在这种极其简朴的生活中，恬淡自足，无求无待亦无心，实现对于生命有限形式的无限超越。"得意"了便快乐，便是行为的目的，遇到主人与否，都不影响其快乐的心情。

其实，这也正是王维的日常生活与生活方式。访友与接待访友，成为王维晚年活动的重要内容。从他接待访友的诗来看，他的家里很简陋，他的生活很简朴，他招待来客也一切从简。

其《晚春严少尹与诸公见过》诗，写对严武等同僚来访的接待。时严武为京兆少尹，也算是个高官。看来严武是常来，还带了人来，带同僚来访。诗的前六句都是寒暄语，说自家寒舍僻静，很少有人来访，只有几卷旧书，加上几丛修竹，也没有什么高档的东西拿出来招待贵客的。王维官四品，也算是高官了，可家中一点也不排场，即便是家里来了"上客"，也只是烹葵以邀之。诗到尾联才见意格，严少尹他们都很敬重王维，专程来访，慰问这个年老诗人，要他好好保重。看来严武还是王维家的常客，比较随便，也不先通知一下，又带人来访，这一次却与王维失之交臂了。王维《酬严少尹徐舍人见过不遇》诗里与各位打招呼说：不好意思，甚是怠慢，家人也没热情招待，你们就在寒舍喝了杯茶就骑马回去了。炊黍待客，碗茶相敬，除了说明他们是君子之交外，也说明王维他们对生活皆不讲究。严武与王维也真不是一般关系，这在王维研究中缺少关注，王维《河南严尹弟见宿弊庐访别人赋十韵》很能够反映二者间的关系。严武升任河南尹，从三品，这次来看王维，还夜宿王维家。王维非常感动，大夸严武有古人之风。"花醑和松屑，茶香透竹丛"，王维招待这个尊贵客人，也不过就是在酒里添加了点松花粉，再奉上点香气沁人的好茶，如此而已。

看来，与王维交者，也都是些淡如水的君子。王维《郑果州相过》诗曰：

> 丽日照残春，初晴草木新。床前磨镜客，林里灌园人。
> 五马惊穷巷，双童逐老身。中厨办粗饭，当恕阮家贫。

诗中可见，来访的也是个高官。天子"六马"，"五马"谓太守之车，指代太守郑果州。王维带着两个书童迎了出去，接着吩咐置办点饭菜，也就是粗茶淡饭。"床前磨镜客，林里灌园人"二句，写自己下朝后闲居生活，譬如真人隐者。尾联以晋人"阮咸"自居，说家里穷，没有什么好招待贵宾的。

还有朋友来访，自带吃的来，王维《慕容承携素馔见过》就有记录：

> 纱帽乌皮几，闲居懒赋诗。门看五柳识，年算六身知。
> 灵寿君王赐，雕胡弟子炊。空劳酒食馔，特底解人颐。

王维晚年食素，朋友来访，还自带素食酒水，这也真惹人发笑。"特底解人颐"，"特底"亦作"特地"，特地让人发笑，或解为：特别地让人感到高兴。这个慕容承，无考。但是，从王维的另一首《酬慕容十一》看，这个人也是个不小的官。"挟毂双官骑"，是说他出入使用的专车，乘坐的是专供贵族显宦使用的配有骑兵的官府公车。"老年如塞北"是说他年龄不小了还出使塞北。然他也是个有隐逸之好的人，诗的最后把他比作高士"壶丘"、比作"蒙庄"。

朋友来王维家，饮食从简；王维过朋友家，也是简餐简从。王维《春过贺遂员外药园》诗曰：

> 前年槿篱故，新作药栏成。香草为君子，名花是长卿。水穿盘石透，藤系古松生。画畏开厨走，来蒙倒屣迎。蔗浆菰米饭，蒟酱露葵羹。颇识灌园意，於陵不自轻。

还有如《与卢象集朱家》诗曰：

主人能爱客，终日有逢迎。贳得新丰酒，复闻秦女筝。

柳条疏客舍，槐叶下秋城。语笑且为乐，吾将达此生。

古人说这些诗"真率雅淡""闲远自在"。"语笑且为乐，吾将达此生"二句，用庄子典。《庄子·达生》曰："达生之情者，不务生之所无以为。"通达生命的真谛，就是不追求生命所不必要的东西。也就是说，不去以此生有限的光阴，追逐生命中没有价值的东西，那就是最大的快乐，也是人生的最高境界也。

王维的这种生活方式和生存状态，这种抱朴见素而生成的生存智慧，对协调现代社会人与自然的关系，克服现代文明的负面影响，克服过度追求物质的贪欲而造成消费上的挥霍性和恣意性，保持人的心理平衡，具有很好的疗救意义。读王维的诗，徜徉于盛唐人的这种诗意生活中，我们能够与王维的生存智慧在思想与精神层面上生成深刻的拍合吗？

四、大美亦至简也

大道至简，大美至简。王维的诗，越写越短，越写越淡，也是其对至简的崇尚。然而这种诗，辞愈约而旨愈丰，越发地穷幽极玄了。刘勰《文心雕龙·熔裁》说："熔"者，炼意也；"裁"者，删繁就简。刘勰在这一部分里,举陆机、陆云兄弟为例说:"至如士衡才优,而缀辞尤繁;士龙思劣,而雅好清省。及云之论机,亟恨其多,而称清新相接,不以为病,盖崇友于耳。"他认为,陆云说陆机文辞繁杂而"不以为病",是碍于兄弟情面,是一种委婉的批评。而刘勰的"雅好清省"审美观,是对太康富艳雕琢文风的反思与矫正。诗到盛唐,尤其是到了王维,才真正地清净省简了。

王维也有不少长诗,这些长诗多写于少年时,或者说,他少年时喜欢写长诗。《洛阳女儿行》二十句,题下自注:"时年十六"或为"十八"。《桃源行》三十二句,题下自注:"时年十九。"《李陵咏》二十句,题下自注:"时年十九。"《燕支行》二十四句,题下自注:"时年二十一。"《老将行》三十句,陈铁民疑作于其三十五六时。我们以为,应与《燕支行》作于同时,是其早期的诗风,有其受《代东武吟》影响的明显印记。《送綦毋潜落第还乡》十六句,作于其二十一二岁。《赠祖三咏》二十句,题下自注:"济州官舍作。"亦即二十五岁左右。凡此等等,不一而足。王维的《哭祖六自虚》六十四句,题下自注:"时年十八。"王维中年《哭孟浩然》,只有四句,且为五言绝句:"故人不可见,汉水日东流。借问襄阳老,江山空蔡州。"

王维的这些少年作,从题目看,不是"行"就是"歌",或是"咏",均属"歌行体"。王维起步就用"歌行体",出手不凡,笔意酣畅,错落警拔。陆时雍评王维的《赠祖三咏》,说是"太白亦不多见"(《唐诗镜》)。林庚则对其大加赞赏,说是王维十八九岁就能将歌行体作得如此得心应手,实乃"天才少年的表现",这也"正说明那是一个解放的少年的时代,活跃的青春的时代"(《中国文学简史》)。

　　王维的《早春行》，应该说也是他的青春之作。陈铁民《王维集校注》将其归在"未编年诗"里。我们宁可以为，这是王维早年的习作，是王维的临帖练笔之拟作，似乎尚有点"黄鸟歌犹涩"的感觉。王维现存的几首艳诗如《扶南曲歌词五首》与《洛阳女儿行》《西施咏》，还有《老将行》等，应该也是这种写法，或许与其大乐丞的职位有关，或者就是一种练笔，类似于"临帖"的训练。王维的《早春行》曰：

　　　　紫梅发初遍，黄鸟歌犹涩。谁家折杨女，弄春如不及。爱水看妆坐，羞人映花立。香畏风吹散，衣愁露沾湿。玉闺青门里，日落香车入。游衍益相思，含啼向彩帷。忆君长入梦，归晚更生疑。不及红檐燕，双栖绿草时。

　　诗写一贵族女子白天满怀喜悦，夜间独寂空房、顾影自怜的复杂心理。很显然，王维是汲取了宫体诗描写美人的营养，于其中也可清晰看到宫体诗的影子，或者说，具有宫体诗的轻靡香艳。

　　读《早春行》，让我们很自然地联想到《青青河畔草》（《古诗十九首》之二），联想到诸多《拟青青河畔草》的拟作。魏晋六朝大兴"拟"作，诗题上直接标明"拟"，即《拟青青河畔草》。陆机首开拟作风气，此后拟者如萧衍、沈约、刘铄与鲍令晖等，均有"拟"作。王维《早春行》也是一种"拟"作。可以肯定地说，王维此诗不是自写，似也没有这样的生活原型，而与陆拟、鲍拟大同小异，都是闺怨诗，都属于拟古诗类，类似故事新编，其情节乃至主题也做了自由度较大的艺术改造。其实，《桃源行》也属于这种写法，取材陶文，把文改成了诗。拟古诗并非要求亦步亦趋的，而是"用古人格作自家诗"（《昭昧詹言》卷一），形同而神异，蕴藉风流而情趣横生。

歌行体，也不是一般诗人都能够写的，这是李白最擅也写得最多的诗体，最能够代表李白慷慨飘忽、波澜舒卷的诗风，其诗如《日出入行》《梁甫吟》《襄阳歌》《长歌行》以及《将进酒》《蜀道难》等。胡应麟说："孟襄阳辈才短，故歌行无复佳者。"（《诗薮》内编卷三）这也指出了孟浩然不如王维的地方——因为"才短"而玩不转歌行。不只是胡应麟一人，也有拿王维的歌行来压制孟浩然的，说王孟高下于此判然。

谢灵运是山水诗的开山，"若人兴多才高，寓目辄书，内无乏思，外无遗物，其繁富宜哉"（《诗品》卷上），沈德潜说"谢诗胜人正在排"（《说诗晬语》卷上），大谢多"行"类的古风。谢灵运如陆机，他们作诗不患无才，而患才太多也。谢灵运生性豪丽，人讲排场，诗亦然也。元好问《论诗三十首》（其四）却很欣赏与谢差不多同时期的陶诗，说是"一语天然万古新，豪华落尽见真淳"。晋代文学之风雕琢粉饰、矫揉造作，而陶渊明则将铅华腻粉剥尽，以自然质朴而不假修饰的美学形态出现，属于晋人中的"另类"也。胡适《白话文学史》里说："陶潜的诗在六朝文学史上可算得一大革命。他把建安以后一切辞赋化、骈偶化、古典化的恶习气都扫除得干干净净……他尽管做田家语，而处处有高远的意境；尽管做哲理诗，而不失为平民的诗人。"王维的辋川短诗，在唐代文学史上也可算得上一大革命！现代诗人朱湘在《中书集·王维的诗》里就说："惟有王维的那种既有情又有景，外面干枯，而内部丰腴的五言绝句，是别国文学中再也找不出来，再也作不出来的诗。他们是中国特有的意笔之画与印度哲学化孕出的骄子，他们是中国一个富于想象的老人的肖像，他们是中国文化所有而他国文化所无的特产。"王维把诗写得短到不能再短，这是极高的诗歌艺术，具有"不著一字，尽得风流"的诗美效果。

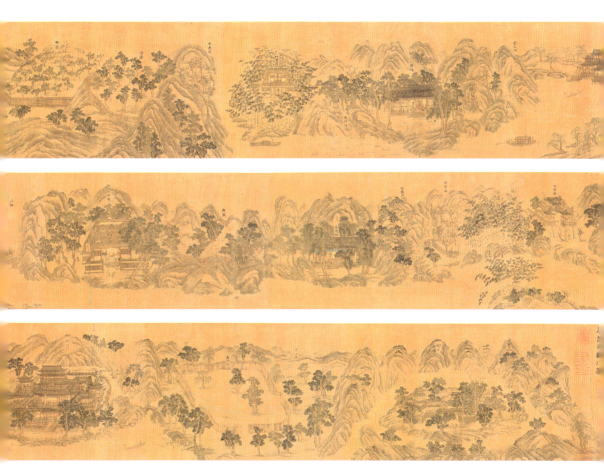

〔明〕仇英　辋川十景图

诗到盛唐，也可以说主要是到了王维，变得非常精致，特别隽永，也就是意象的高度成熟，意境的高度成熟，意象与意境的高度的自觉运用。叶维廉在《中国诗学》中说："诗的核心意识仍然是山水本身的呈现。由于山水从万象中的兴现足以表现天理，所以由三四世纪的谢灵运、谢朓、鲍照至沈约、王融到唐人的诗，其最后的说明性部分越来越失去其重要性而被剔除。既已认可山水自身具足，便无需多费辩词。"因此，同样是写终南山，韩愈一百零二韵，二百零四句，一千零二十字，而王维只要八句四十个字：

太乙近天都，连山到海隅。白云回望合，青霭入看无。
分野中峰变，阴晴众壑殊。欲投人处宿，隔水问樵夫。

王维以四十个字为偌大一座终南山传神写照，然"以少总多，情貌无遗"（《文心雕龙·物色》），用尽可能简洁的语言而概括尽可能丰富的内容，把事物的情态状貌表现无遗。这就是以不全求全的高层次的美学品格，艺术贵在以个别显示一般。王维用最有限的语言而作整体把握，以不全而求全，而"意余于象"。这种以不全求全而以虚写实的方法，写出了诗人对世界关系的深刻把握，表现出同化于自然的自然感悟，也形成了具有象征意味的动静变常、分合有无的形上境界。全诗句句写山，也句句写人，写山其实是在写人，写人与山的关系，写人在山中的感觉，写出了人的存在感、敬畏感与超越感，也写出了人的休闲感、愉悦感、安定感与幸福感。

韩愈力大思雄，极其挥霍，太不省俭，"差不多把一切有生无生之物，捕捉进来当作形容的工具的了"（郑振铎《插图本中国文学史》）。"或连若相从，或蹙若相斗，或妥若弭优，或辣若惊雏，或散若瓦解，或赴若辐辏，或翩若船游，或决若马骤，或背若相恶，或向若相佑，或乱若抽笋，或嵥若炷灸，或错若绘画，或缭若篆籀，或罗若星离，或翁若云逗，或浮若波涛……"五十一个"或"字句之后，又来十四个叠句："延延离又属，夬夬叛还遭，喁喁鱼闯萍，落落月经宿，阆阆树墙垣，巇巇架库厩，参参削剑戟，焕焕衔莹琇，敷敷花披萼……"诗写三次游历，前两次失败，这一次天公作美，大有否极泰来的应兆，诗人直登峰巅而吞吐万象，诗情喷薄而出，盘空排奡，而欲将终南山描写殆尽，表现了他以文为诗的艺术法则，以怪为美的美学趣尚，以气取胜的创作追求。诗人笔下的终南山，奇诡古奥，光怪陆离，群峰间呈现的是既对峙又统一的万千气象，给人一种相生相克、相斥相依的艺术美感。日本著名学者川合康三说韩愈《南山诗》，"通篇显出人和世界的紧张关系"，其"言语过剩本身就是这首诗的特性"。而川合康三则认为，王维的《终南山》让人读出了盛唐诗人对世界存在所具有的不可动摇的信赖。他指出："盛唐时人们的视野扩展到了不可企及的地方，瞬间就把握了世界的全体。他们之所以能够这样，恐怕是因为那种超越个人的文化结构保证了人和世界间稳定的和谐关系。到中唐时期，这种认知世界的结构似乎已经解体，中唐文人只能在个人的经验、知觉的基础上去领会对象了。"故而"盛唐诗人用精练的语言把握无边际的世界整体，这与其说是实景，不如说是他们在观念层次上领会到的风景，在其背后有着盛唐人共有的安定的世界观。他们凭借着这样的世界观，使认知对象扩展到了眼睛无法看到的世界尽头，天地全界都是可以认知的对象"。这是从哲学层面对王维诗的评价，这样的比较阐论，显示出研究者的研究睿智。

王维诗的笔墨极其简约省净，其诗也早就不是那种写气图貌和以形媚道的铺陈了，诗人专注于捕捉心灵映照而收获的禅机，将山水自然演绎为以禅趣为主而寓有清幽情怀的空灵禅境，强化了山水的人文性特征和意境的人道文化内涵，因此也给诗带来了崭新的品质和面貌。中年之后的王维，极少用"行"来做诗。他的《辋川集》联袂组唱，采用一景一咏的形式，二十首联袂，其实也有"行"的自由与含量。纪昀说："五绝分章，模山范水，如画家有尺幅小景，其格倡自辋川。"（《纪昀批苏诗》）这是王维的重要创造，这种形式后来风行于世，影响极其深远，而为后世广为仿效。从唐代到近代，从中国到东亚其他国家，诗人竞相模仿《辋川集》的作法，唐人钱起、姚合、皇甫冉、顾况、韩愈与宋之苏氏兄弟等，都有值得一提的嗣响之作。金学智《中国园林美学》中指出："唐代诗人咏园，爱写组诗以唱酬（这也颇受王维影响），于是，也有一系列景观题名之出现，如韩愈有《奉和虢州刘给事使君三堂新题二十一咏》，其中，'镜潭'、'柳溪'、'月池'等，颇有诗意，但也颇多凑成的、随意的，如'流水'、'北楼'、'北湖'、'西山'、'荷池'、'稻畦'……可见未经深思熟虑，还是'散文化'的。"其实，韩愈也只是应邀即兴，仿咏了二十一首。这种组唱形式是很不好处理的，弄得不好，就会组合松散，手法重复，表现雷同单调。王维《辋川集》诗二十首，采用类似《史记》的"互见法"来写景。"互见法"是司马迁独创的一种述史方法，亦即苏洵所言"本传晦之，而他传发之"，即将一人事迹、一件史事，分散在数篇之中而交互出现，彼此互补。王维的《辋川集》通盘考虑，周密构思，二十个景点一景一咏，虚实动静而相映成趣，情景物理而参错互见。

王维越到晚年，越是热衷于山水田园诗创作，越是喜欢表现闲居生活中闲逸萧散的情趣，也越是擅长表现静谧恬淡的境界，而他的诗，也越写越短了，短到不能再短，淡到不能再淡，随意到不能再随意，真可谓"坐看云起时"的随意。这与他的人生态度有关，与他的思想性情有关，与他的审美趣尚有关。这里也有禅宗的因素，与禅宗宣称的"不立文字"思想有关。王维变禅宗体验为美学体验，是"得意忘言""知者不言"的智慧，是"默语无际，不言言也"的不落言筌。

譬如《杂诗》（"君自故乡来"），诗人将所有的情感与思想，全都凝冻在一朵"寒梅"上，也就是说，这朵"寒梅"成为一个意蕴深厚而韵味浓郁的人文关怀的情感聚焦。

譬如《辛夷坞》，诗人与辛夷花契合为一，有意无意地滤尽自我，将生命安顿在一片天然的自在里，实现了生命存在的自由舒展，摇曳出一种无为无碍的生命情致。

譬如《漆园》，连大儒朱熹都感到理解起来比较困难，这就要求摒弃非黑即白的思维，摒除俗念，息心静虑，摆脱物累，才能感受到那种不争无为而淡泊宁静的心境。

这些诗都到了"淡极无诗"的境界。因此，胡应麟说："摩诘五言绝，穷幽极玄。"（《诗数》内编卷六）因此，同样是明朝的陆时雍说王维诗"离象得神，披情著性，后之作者谁能之？"（《诗镜总论》）他还比较李白杜甫来说："世以李杜为大家，王维高岑为傍户，殆非也。摩诘写色清微，已望陶谢之藩矣。"他认为："世之言诗者，好大好高，好奇好异，此世俗之魔见，非诗道之正传也。体物著情，寄怀感兴，诗之为用，如此已矣。"他们欣赏"离象得神，披情著性"的诗，而不看好"好大好高，好奇好异"的诗。王维诗语近情遥，言浅旨远，寄至味于淡泊，寓激情于婉约，真正是"言有尽而意无穷"的境界，不像杜甫喜作险语，不像李白擅求奇崛。

　　钟嵘《诗品》说陶诗"文体省净，殆无长语。笃意真古，辞兴婉惬。每观其文，想其人德。世叹其质直"。这段评价，偏于说陶渊明其人。苏轼有一段评论陶渊明诗的话，很值得玩味。他说陶诗"质而实绮，癯而实腴"，而曹植、刘桢、鲍照、谢灵运、李白、杜甫等人"皆莫及也"。那么王维如何呢？苏轼没有说。苏轼是个诗文书画无所不精的大才，他是陶渊明的隔世知音，而有隔代唱和，得《和陶诗》一百零九首。他的陶诗"质而实绮，癯而实腴"论已成陶诗定评，是对陶诗最权威的评价，对中国古典诗歌、中国美学的影响极大。苏轼的原话是："吾于诗人，无所甚好，独好渊明之诗。渊明作诗不多，然其诗质而实绮，癯而实腴，自曹、刘、鲍、谢、李、杜诸人皆莫及也。吾前后和其诗凡百数十篇，至其得意，自谓不甚愧渊明。今将集而并录之，以遗后之君子，子为我志之。然吾于渊明，岂独好其诗也哉？如其为人，实有感焉。"（《子瞻和陶渊明诗引》）这是苏轼在被放逐途中写给其弟的信里说的，其所说的莫及之"诸人"中，不包括王维。应该不是无意的遗漏。也就是说，苏轼认为在"质而实绮，癯而实腴"方面，王维也不一定"莫及"陶渊明。苏轼也是王维的隔代知音，他认为："味摩诘之诗，诗中有画；观摩诘之画，画中有诗。"（《东坡题跋》卷五《书摩诘〈蓝田烟雨图〉》）这也是王维诗画的千古名评，亦是最权威的评价。他甚至认为，王维的画超过了"画圣"吴道子。王维的画名不如吴道子，而说吴道子的画不如王维的画，似乎就他苏东坡也。他的理由是："吴生虽绝妙，犹以画工论。摩诘得之于象外，有如仙翮谢笼樊。吾观二子皆神俊，又于维也敛衽无间言。"（《王维吴道子画》）王维画"得之于象外，有如仙翮谢笼樊"，意谓王维画已得象内精神而有象外之旨，如同仙鸟飞离樊笼而超脱于形迹以外。因此，他认为王维画"亦若其诗清且敦"，意思是，王维的画像他的诗一样清逸而不失厚朴。所谓的"敛衽无间言"，就是说，王维的画如他的诗一样让我说不出一句异议的话来。苏轼曾经说过："诗画本一律，天工与清新。"（《书鄢陵王主簿所画折枝二首》其一）王维的诗好，是因为他的诗中有画；王维的画好，是因为他画中有诗。苏轼的诗画观，是要求诗与画都要有"得之于象外"的形上意境，看起来朴实其实很清丽，看起来简约其实很丰满。司空图《与李生论诗书》说："近而不浮，远而不尽，然后可以言韵外之致。"闻一多认为，司空图就是专门为王维一派"制造理论"的，而"承他衣钵者在宋有严沧浪（羽），在清有王渔洋（士祯）"。王维诗追求尽可能省净简约的形式、尽可能清新晓白的语言，而却能够让人在言外、意外、韵外思而得之，得到深厚渊远的诗意。因此，他的诗便越来越短小，也越来越平淡了。

　　王维是如何使诗简约至极而又隽永至极的呢？海外著名学者叶

维廉诠解说："王维的诗，景物自然兴发和演出，作者不以主观的情绪或知性的逻辑介入去扰乱眼前景物内在生命的生长与变化的姿态。"王维诗中"景物自然兴发和演出"，亦即物各自美，原生态呈现，这是禅宗审美，更是老庄的审美。徐增亦云："花开草长，鸟语虫声，皆天地间真诗。"（《而庵诗话》）也就是说，"既已认可山水自身具足，便无需多费辩词"了，可不假词采，而以微显著，以极其简淡的笔墨造成整体上的浑成感，自然灵气恍惚而来去，清气充盈，静气淋漓，篇幅越简则越见隽永精彩，语言越淡亦越发蕴藉淳厚。

王维的那些辋川五绝，短小到极致，平淡到极致，素简到极致，真朴到极致，也严谨精致到极致，非要让人"于言外得之"而不行。然而，也因为他的不少诗太过内敛，太过含蓄，甚至太过模棱，因此，很难让人成为一个"够资格的读者"。所以，要读懂王维，还是要有点准备的，有了准备就能够读出深意，读出静美，读出幸福的快感来。我们说的准备，除了要有相当的文学修养，还要有一定的禅学修养与老庄知识的储备，特别是还要具备淡泊而从容的心境。

王维崇尚至简，这种崇尚反映了王维的道德观与价值观，体现了他的人性自觉，也成为他的人生态度与生活方式。王维淡泊节俭，衣食住行无不从简，以极简为高尚，以极简为大美，以极简为幸福，他也在极简中找到了幸福的源泉，且能够尽情享受极简的福流。王维的极简崇尚与行为，取决于他的精神高度，取决于他的人生智慧，也规范了他的审美趣尚，决定了他的诗美形态。

正可谓：

寡欲清心苦懋修，尚崇至简但寻幽。

婆娑且得两三树，除却雅言都不留。

第五章

仁人爱物的君子情怀

可以负责任地说，王维是一个很有悯情也很有爱心的人。

王维自幼熟读儒家经籍，也饱受庄禅浸染。在修齐治平精神的感召下，王维一生极重内外兼修的道德提升，以个人修养为中心，以家庭伦理和仁爱伦理为基础，表现出以德善为先、以家国为重的生命自觉与精神向度，表现出"忠孝同本""行孝尽忠"的兼济理想和家国情怀。以其为人处世考察，王维虽不能算是个兼济天下的良臣，至少也是个独善其身而具有仁人爱物之思想的雅人。

中国文化重生而贵和，王维的好生之德不仅不网，而且不钓。也就是说，不随意虐待和伤害生命，与所有生灵和谐相处，敬畏生命，关爱生命，与人为善，也与物为善，万物与我并生，我与万物为春。

王维"极目无氛垢"，其诗属于诗教中温柔敦厚的一路，多桃源山林，多阳光灿烂，多无欲无争、清心寡欲的生活情状，细读深味，还是能够让人感受到他的思想深度与阳光精神的。然其性格内向，行事低调，其诗恪守温柔敦厚的诗教原则，不擅在诗中用高调豪言来标榜，更不把忧国忧民的思想放在口头上，很少有体念苍生的思想直白，很少涉及民瘼题材，尤其没有"朱门酒肉臭，路有冻死骨"的描写，因此，也给人有"对于民生漠不关心"的错觉。

王维的精神生活很富有，他的情感世界也很细腻，心灵触觉特别敏感，人伦离合，人世变故，非常易于让其感动。其诗笼罩着一种爱自然、爱生命、爱人生也爱苍生的爱意，然在其安时处顺而超然物外的外表里，也隐藏着淡淡的悲悯情味，饱含了人类对自身生命思考而引发的孤寞与感伤。

我们认为，王维追求"忘己爱苍生"的人格理想，以及施义布仁的善行善举，即便是放在当下考量，也是让人不能不肃然动容的。

一、何以只是问梅

王维有一首问梅（"君自故乡来"）的诗，似乎也成为一桩公案。

非常有意思的是，此诗弄得刘大杰先生很是难堪。刘大杰是著名的文学史专家，他初版的《中国文学发展史》，选入此诗，并作了一番比较认真的批评。然而，他在后来的修订再版中，却将此诗删去，也将这番评论删去。这是为什么呢？

此诗是王维《杂诗三首》的第二首，全诗云：

> 君自故乡来，应知故乡事。
> 来日绮窗前，寒梅著花未？

诗四句二十个字，平淡自然，纯是口语，纯是游子询问故乡来人的大白话。大意是，贵乡邻您刚从家乡来，肯定熟悉家乡的近况。您来的时候，画窗前的那株蜡梅开花了没有？

刘大杰在其著名的《中国文学发展史》中把此诗作为一个批判的靶子，严肃地批判说：你王维也太不近人情了，"对于民生漠不关心"，"见了乡人，不问民生的疾苦，不问亲友的状况，只关心窗前的梅花，可知这派诗人，除了他个人以外，对于现实社会，是完全闭着眼了"。

我们引述的这个版本，是原版，1940年初稿，1948年出版。刘大杰在谈王维的五绝诗时，一连引了六首，分别是《鹿柴》（"空山不见人"）、《木兰柴》（"秋山敛余照"）、《辛夷坞》（"木末芙蓉花"）、《鸟鸣涧》（"人闲桂花落"）、《山中》（"荆溪白石出"）与《杂诗》（"君自故乡来"）。接下来就这样分析道："五言小诗，因字句过少，在诗体中，最难出色。而王维以过人之笔，在这方面得到了很高的成就。"在此番高评后，他特意拿"君自故乡来"诗来说事，说出了这些很不正常的话。看得出，他是硬要在"思想性"上说出点什么不是来。然而，这段"思想性"很强的评判，却在后来的修订再版里被删去。初版与修订版比较，其中引诗部分唯独删掉了《杂诗》一首，那段"思想性"的批判，也全部删去。

看来，作者是已经发现他的这番话说得不妥了。他在1962年的"重版前记"里说："本书自一九五七年修订出版以后，各方面垂教甚殷，使我得益不少。"刘大杰解读的反响，一定是比较的大。梁实秋读后，就十分不满，认为刘大杰对王维"实在责备太过"，即以题为《寒梅著花未》的文章批评。梁先生认为"刘大杰批评王维也堕入了一般庸俗的邪见"。他感到非常不可思议的是，"以为凡是文学作品皆千篇一律地反映民间疾苦，否则便是无视于现实社会"。他从文学创作的角度立论指出："殊不知文学范围很广，社会现象复杂，文学创作不能限于某一单独题材。我们评论作家，也不应该单凭一首小诗来论定作者全部的性格。"梁实秋认为像王维身处开元盛世，很难要求他询问"来日朱门前，有无冻死骨"之类的话。他认为，"五言绝句，局面很小，容不下波澜壮阔的思潮，只好拈一星半点灵机隽语，既不可失之凝滞，亦不可过于庄严。像王维这首杂诗，温柔潇洒，恰如其分，不愧为绝唱。凡是有过离乡羁旅经验的人，谁不惦念其家园中的一草一木，人情所系，千古无殊"。一首二十字的思乡诗也都要反映出人民的疾苦来，这也确实是个无理要求，只要是略有点文学修养的人，都不会有此大跌眼镜的解读。

其实，刘大杰也是个鉴赏大家，杰出的文学批评家。也就是说，诗的好与不好，他也不是看不懂的。那么，为什么刘大杰有这样很不专业的"曲解"呢？时代使然也。刘大杰受阶级斗争思维所掣肘也。在诗歌充当阶级斗争工具的年代，文学史成为"现实主义和反现实主义斗争的历史"。刘大杰的《中国文学发展史》诞生于"国难"时期，他在1957年的"新序"中说："当时生活非常穷困，一面教书一面写，断断续续地写了六七年。那六七年正是抗日战争的国难时期。""新中国成立后，由于自己对马克思列宁主义的初步学习和看到了一些从前没有看到过的史料，关于中国文学史的某些问题，已有不同看法。"新中国成立初期，共产党的政权刚刚建立，阶级斗争为纲，强调文学为政治服务，为阶级斗争服务，时代需要的是斗争精神，需要积极置身的革命热情，文学史写作也是"现实主义"与"人民性"的价值取向。刘先生在书中还毫不留情批评，说"王维是封建社会某种官僚士大夫的典型。他具备着内佛外儒、患得患失、官成身退、保全天年这些特点。他对于现实感到不满，也有不愿同流合污的心情，但对于统治阶级的态度，始终是妥协的、动摇的，缺少斗争的力量"。刘先生对王维的"判词"，与1962年出版的北京大学文学史（"红皮书"）如出一辙，属于统一口径，都是用阶级斗争的审美观，以"现实主义"来取决诗歌优劣，而把王维作为革命干部来要求了。

我们通读刘大杰先生的初版文学发展史，感到他对王维的评价也是很高的，而这一段话的出现，似乎是"硬塞"进去的，很有点不甚和谐。他能够在王维这么多的诗中选出这六首来，说明他对《杂诗》也是很认可的。

王维的《杂诗》，白描记言，笔墨极其省净，极其单纯，天然去雕饰，完全是生活的自然状态，可谓淡到无诗。诗人运用借问法，诗中反复出现"故乡"一词，以一种儿童式的天真与亲切，质朴到不用任何技巧，质朴到连平仄的诗律都不讲，实际上却是一种最高级的技巧。赵殿成评按诗曰："陶渊明诗云：'尔从山中来，早晚发天目。我居南窗下，今生几丛菊。'（略王介甫诗）与右丞此章同一杼轴，皆情到之辞，不加修饰而自工者也。然渊明下文缀语稍多，趣意便觉不远，右丞只为短句，一吟一咏，更有悠扬不尽之致。"古人认为陶诗且不如此诗也。

关于"故乡事"，那是可以开一张长长的问题清单来的。故乡要问的事太多太多，初唐著名诗人王绩写过一篇《在京思故园见乡人问》，从朋旧童孩、宗族弟侄、旧园新树、茅斋宽窄、柳行疏密一直问到院果林花，仍然意犹未尽而"羁心只欲问"。罗宗强《唐诗小史》里指出："王维是一位在意境创造中追求情思与景物的净化的高手。"他在将二诗比较后认为，"他（王绩）把见到故乡人那种什么都想了解的心情和盘托出，没有经过删汰，没有加以净化。因此，这许多问，也就没有王维的一问所给人的印象深"。这种评价，属于懂诗之知言也。王维特别善于将情思和境界高度净化，诗中将记忆中故乡的种种景象尽可能删减，删减到无法再删减，净化到无法再净化，将交集的百感也尽可能净化，只留下一点情怀，只留下窗前那一树梅花，这就是将思念意象化与典型化的诗歌特技。钱锺书先生也将二王的诗比较而论，认为二诗放在一起比较，"鲜明地衬托出同一题材的不同处理"，钱先生的《七缀集》中有这样的比较：

> 王绩相当于画里的工笔，而王维相当于画里的"大写"。王绩问得周详地道，可以说是"每事问"（《论语·八佾》）；王维要言不烦，大有"'伤人乎？'不问马"的派头（《论语·乡党》）。王维把王绩的调查表上问题痛加剪削，删多成一，像程正揆论画所说"用简"而不"为繁"。张彦远说："笔才一二，像已应焉。离披点画，时见缺落。"程正揆说："意高则笔简，繁皱浓染，刻画形似，生气漓矣。"

有客自故乡来，王维急不可耐地问梅。宋顾乐《唐人万首绝句选》评此诗："以微物悬念，传出件件关心，思家之切。"诗中的这个"微物"，为什么是梅呢？王维为什么不问枣呢？像鲁迅那样去写枣树，一棵是枣树，另一棵也是枣树。为什么不像贺知章问柳呢？问那个"不知细叶谁裁出"的柳。为什么不问柿、不问兰、不问菊呢？

久为异客，忽然遇上来自故乡的熟人，什么都不问，就问那株寒梅。"来日绮窗前，寒梅著花未？"仿佛故乡值得怀念的，就是窗前那株寒梅。似是出乎常情，而在常理之中。诗人独问寒梅，梅成为一种借代，以局部代整体，形象化为一朵美丽的思念，十分含蓄而浓烈地聚焦了对故乡的回忆与眷恋。以"寒梅著花未"的询问，传神地表达了诗人乡思的急切，迅速点燃乡思之情，是欲了解故乡风物人事。"折花逢驿使，寄与陇头人。"（陆凯《赠范晔诗》）"明朝望乡处，应见陇头梅。"（宋之问《题大庾岭北驿》）寒梅成了寄托思乡之情的特定意象。问梅，其实暗在用典，梅之意象中含有特定的乡关含义。这株绮窗前的"寒梅"，也就不再是一般的自然之物了，而成了故乡的一种象征，成了无限思乡之情的载体。诗人问梅，体味精妙，含情无限，乡愁无限，给人以无穷遐想，也自然引发他人的情感共鸣。

　　我们不能因为王维诗中没有出现"朱门酒肉臭"，就认为他不问政治，不关心现实。其实，杜甫也不是所有诗都写"朱门酒肉臭"的。白居易就认为杜甫在暴露社会阴暗面方面不如他，杜甫诗中"朱门酒肉臭"之类的新乐府诗，"亦不过三四十首"。李白更不行，"索其风雅比兴，十无一焉"（《与元九书》）。杜甫存诗一千五百余首，其写"朱门酒肉臭"的比例，也就是几十分之一。

　　王维诗，非常讲究诗的艺术，多含蓄婉曲的笔法，不直接反映现实，更不屑于对自然实物作写生性模仿，而将意象提炼到具有最高概括力的程度，意象相洽，意象浑融，创造出恍惚缥缈或清空简远的意境，特别是他的那些五绝精品，更是禅趣十足，哲味浓郁，不深玩细读而难解深意也。

二、不网不钓之仁

子思在《中庸》中提出了"天地位焉，万物育焉"的"中和"思想，可以看作是中国古代思想家生态智慧的集中体现。《孟子·尽心》中则进一步发挥说："君子之于物也，爱之而弗仁；于民也，仁之而弗亲。亲亲而仁民，仁民而爱物。"这里所说的"物"，朱熹注曰："物，谓禽兽草木。爱，谓取之有时，用之有节。"对自然生物，也要有仁爱之心，这是儒家的仁德观，也是中国传统的生态观。王维的《白鼋涡》诗，写"不网不钓"，反映的就是这种"仁德"观，成为儒家"仁人爱物"的"仁"学观的形象诠解，表现出中国文化伦理本位的立场。诗中的这种真诚仁爱的道德精神，源自诗人敬畏天地、敬畏生灵与敬畏生命之仁心，源自其个体的忧患之悯情。他的这首诗是这样写的：

> 南山之瀑水兮，激石滴瀑似雷惊，人相对兮不闻语声。翻涡跳沫兮苍苔湿，藓老且厚，春草为之不生。兽不敢惊动，鸟不敢飞鸣。白鼋涡涛戏濑兮，委身以纵横。主人之仁兮，不网不钓，得遂性以生成。

《白鼋涡》诗题下自注"杂言走笔"，描写出非常优越的生态环境，一切皆处于不生不灭的生态中，所有的生物皆循规蹈矩而不敢妄动，"兽不敢惊动，鸟不敢飞鸣"，连春草都为之而不敢妄生。非不敢也，是不为也，不做违反自然的活动，生态万类表现出互不干扰、各得其所的生态意趣，人与自然呈现出和谐相处的物我两适的生存状态，即"万物并育而不相害，道并行而不相悖"（《礼记·中庸》）。

诗中"白鼋涡涛戏濑兮，委身以纵横"二句，写万物并育而不相害的生态环境，也是诗人借白鼋以自写，写其远离浮华而我适自然的自由状态与惬意心情，如白鼋之戏濑，即庄禅委顺自然、适意人生的态度与境界，同时也是写消解了物种的优越感而混同万物的生态体验。"与天和谐，谓之天乐"（《庄子·天道》），诗人追求"天乐"之乐，而这是人与自然极其和谐之乐。王维将这种和乐，建筑在"仁"的基础之上。所以和谐，是以生命为重，不仅重人类之自身，也重自然界生物万类的生命。

此诗最后云："主人之仁兮，不网不钓，得遂性以生成。"诗篇卒章显志，和盘托出其以仁为本而怜爱万物的悲悯思想，这从根本上说就是顺其本性，在与自然的深度交往中尊重自然、亲近自然、回报自然。所谓"遂性"，顺其本性也。《庄子·在宥》曰："以遂群生。"王维认为，"得遂性以生成"的前提是"不网不钓"；而"不网不钓"，则取决于"主人之仁兮"。《论语·述而》曰："子钓而不纲，弋不射宿。"钓鱼而不用大网捕，射鸟而不射巢中之鸟。孔子认为要谨奉周礼的规定："天子诸侯无事则岁三田：一为干豆，二为宾客，三为充君之庖。无事而不田，曰不敬；田不以礼，曰暴天物。天子不合围，诸侯不掩群。天子杀则下大绥，诸侯杀则下小绥，大夫杀则止佐车。佐车止则百姓田猎。獭祭鱼，然后虞人入泽梁。豺祭兽，然后田猎。鸠化为鹰，然后设罻罗。草木零落，然后入山林。昆虫未蛰，不以火田。不麛，不卵，不杀胎，不妖夭，不覆巢。"(《礼记·王制》)天子诸侯的田猎，也有极其严格的规定，不可不依礼行事而群捕滥杀，不杀幼兽，不取鸟卵，不杀怀胎的母兽，不杀未成年的鸟兽，不毁坏巢穴。

中国古代哲人早就有了生态危机感，如用"暴殄天物"(《尚书》)、"网张四面"和"竭泽而渔"(《吕氏春秋》)等话语，批评穷其奢欲而破坏生态的行为。孔子所谓的"畏天命"，从根本上说就是要求人类在与自然的交往中敬畏生态，尊重自然。儒家"仁人爱物"的"仁"学观其实就是儒家生态价值体系，就是伦理本位的立场。《孟子·梁惠王上》曰："斧斤以时入山林，材木不可胜用也。"《荀子·王制篇》亦曰："圣王之制也：草木荣华滋硕之时，则斧斤不入山林，不夭其生，不绝其长也。鼋鼍鱼鳖鳅鳣孕别之时，罔罟毒药不入泽，不夭其生，不绝其长也。"中国古代哲人讲究仁义施及草木鸟兽虫鱼，提出了按时而合理地利用自然，以保持生态平衡的主张。王维诗中所谓的"主人之仁兮"，即要求按照生态伦理与圣人的道德标准，怜悯生物万类，保护生态环境。白鼋涡中的白鼋，因无人钓捕而有"委身以纵横"的天乐。这种"得遂性以生成"的生活方式和生存状态，亦即到达"天人合一"的至高和洽之境界。

中国文化重生而贵和，实际上就是从生命体验方面来阐述人与自然的关系，来解释人的悲悯意识。王维的好生之德是：不仅不网，而且不钓。敬畏生命，不要随意虐待和伤害生命，与所有生灵和谐相处，这种超越古之圣人的关爱生命的理念，是佛家"同体大悲"的悲愿深心。

王维的《戏赠张五弟諲三首》，题中的这个"戏"字很有意味，很机智地表明了王维的仁德立场与悲悯态度。诗之其三曰：

> 设罝守麀兔，垂钓伺游鳞。此是安口腹，非关慕隐沦。吾生好清净，蔬食去情尘。今子方豪荡，思为鼎食人。我家南山下，动息自遗身。入鸟不相乱，见兽皆相亲。云霞成伴侣，虚白侍衣巾。何事须夫子，邀予谷口真。

张諲与王维兄弟相称，他也不是个等闲之辈，精诗擅画善书，且通《易经》，王维说他学富五车，"染翰过草圣，赋诗轻《子虚》"。王维"戏赠"，其实很认真，也别有深意。诗比较着写："吾生好清净，蔬食去情尘"，而你则"设罝守麀兔，垂钓伺游鳞"。诗的中心意思是，我离你远点，不跟你玩儿啦，这种钓鳞捕兔的事，不应是隐者做的，有伤"隐沦"，有失仁慈。虽然我们都是好兄弟，我们都有隐逸之志，然却存"异操"，不如还是离得远点吧。换言之，即便是好朋友，我也不能容忍你"守兔""垂钓"而没有"隐操"。而这三首诗，前两首与第三首，也是比较写的。赵殿成《王右丞集笺注》里这样评点说："前二篇，美张能隐居乐道，物我两忘，与己合志。后一篇，嗤张之钓弋山中，只图口腹，与己异操。"此评切中肯綮，上升到"志"与"操"上来论说。

王维的仁人爱物所生成的悲悯情怀，以远离好朋友的抉择，来委婉批评好朋友，来表达仁人爱物的"隐操"。王维十分看重万物的原生态的自性，重视情境的生态特点，其体验自然的方式不声张，不惊扰，更不会粗暴地破坏生态平静，而以混同于山水的状态获得山水的愉悦，与万物生态建立了一种精神关系，仿佛自己也成了自然界的一员，与鸟兽林泉同类，与天地万物相通，诗人在物我同一的和谐境界中找到了自然本真状态的自我。《庄子·山木》说：孔子"辞其交游，去其弟子，逃于大泽，衣裘褐，食杼栗，入兽不乱群，入鸟不乱行。鸟兽不恶，而况人乎"。孔子困于陈蔡间，七日不火食，经太公任的劝导，而远避于大泽中，与鸟兽善处，以至于其入鸟群而鸟不惊，入兽群而兽不乱。人融入动物群体中，人与动物和平相处到互相信任的一种状态。庄子的"与麋鹿共处"（《庄子·盗跖》），"与天和谐，谓之天乐"（《庄子·天道》），即说的人与自然的和谐之乐，说的"天人合一"的至高和洽之境界。人与物融，天人合一，无争无碍，融为一体，既有世界万物皆空所化的生命本质，又有大德曰生的生命常态，还有与物齐一的和谐，可谓仁人爱物、慈悲为怀的悲悯大情怀也。法国学者史怀泽也有敬畏生命的说法："有思想的人体验到必须像敬畏自己的生命意志一样敬畏所有生命意志。他在自己的生命中体验到其他生命。"天地与我同根，万物与我同体，人与万物相互尊重不相伤害。仁人爱物，更遑论杀生了。

王维《纳凉》诗，不大为人关注，然也有人说是"五言绝佳"之作，确实是"格调既高，而兴寄复远，即古人诗中亦不能多见者"（何良俊《四友斋丛说》）。全诗如下：

　　乔木万余株，清流贯其中。前临大川口，豁达来长风。涟漪涵白沙，素鲔如游空。偃卧盘石上，翻涛沃微躬。漱流复濯足，前对钓鱼翁。贪饵凡几许，徒思莲叶东。

　　诗共十二句，笔墨多在写景上，写出了一幅"万物群循"的极美生态画，一切皆自由，一切亦自然，万木献荫，长风豁达，游鱼自由如在天空中翱翔。其人也极度自由，或偃或卧，或翻涛沃躬，或漱流濯足。真个是"顺之以天理，应之以自然"（《庄子·天运篇》）的自然和谐。然而，"我心素已闲"的诗人，却还是"前对钓鱼翁"。

〔北宋〕米芾（传）　王维诗意图立轴

应该不是诗人对垂钓也发生了兴趣，联系其一贯思想看，他是非常不看好网钓的。真个是大煞风景，于自然山水里出现了一个垂钓者。诗结尾二句告诉我们，他是惕心于那些无辜鱼们，为仁心所驱使，而非常扫兴地被隐于水边的钓翁所牵引了过去，被网钓吸引过去的，再也没有了闲心，也没有了纳凉闲兴。这个钓者，可不是他的张諲老弟，他无法干预，然亦无法不心惦那些懵懂上钩的鱼儿们。"贪饵凡几许，徒思莲叶东"二句，十分耐人寻味。这里用了两个典：其一，汉辞赋家庄忌《哀时命》赋曰："知贪饵而近死兮，不如下游乎清波。"其二，汉乐府《江南》歌曰："江南可采莲，莲叶何田田，鱼戏莲叶间。鱼戏莲叶东，鱼戏莲叶西，鱼戏莲叶南，鱼戏莲叶北。"而"凡几许"的意思是，也就是几个。万幸的是贪饵上钩者不多。然而，还是让人怀念起那种明丽美妙的时光来，一望无际的碧绿的荷叶，无忧无虑的鱼儿，在莲叶之间游来躲去，在欢声笑语中追逐嬉戏，充满了欢乐，充满了自由，也充满了爱意。"徒思"的"徒"，"但""只""空"的意思。意思是这时他只能白白地思念起那鱼荷嬉戏的美好。言外之意是，这里没有了这种美好。钓者破坏了诗人的兴致，整个环境不和谐了，诗人内心不和谐了，诗的前半部分与后半部分也不和谐了。王维诗写万物遵循生态自然运作的法则，将自然界看作是审美快感的最终来源，表现出他的生活理想、生活目的与生活方式，也反映了他的道德水准与仁爱之心。

儒家倡导仁爱和谐的理想社会，且把这种道德范畴扩展到自然界，从"仁民"而"爱物"。王维敬畏生命，在日常生活中来培养自己的同体大悲的爱心，以超功利的审美体验来理解自然万物，反映了他与自然万物同生共运的敬畏观与生态观，也表现出与人为善也与物为善的悲悯情怀。

三、孝悌亲亲而先家肥

王维是个"恋家情结"特重的人。"家"是家国情怀的逻辑起点。"家"也是中国文明构成的总体性范畴。以天下为己任的报国观念，来自人生开始的"家"。

中国人普遍恋家，这主要是几千年来儒家思想的影响。中国人从对家的眷恋，上升到对故乡的认同，再进一步上升到对国家和民族的认同。"家"是建构社会制度和伦理的基石，儒家文明对社会伦理、政治以及经济关系的建构，始终是从"家"出发，形塑家国一体的秩序体系，构成了"忠孝同本"的社会伦理和意识形态。

"家"也是影响社会与政治构成和变动的主体，与国以及信仰、伦理、社会等纽带连接。在儒家伦理体系中占有根本性奠基地位的"孝"，也就成了维系宗法家族关系的强大的精神纽带。《论语·学而》曰："孝悌也者，其为仁之本与。"《孝经》曰："夫孝，德之本也。""孝悌"是维系"家"观念的情感基础，是孔子仁学的社会关怀的直接表现。家国天下，既是理想，又是情怀。中国古代的家国情怀，建立在人的自然情感基础之上，从父慈子孝、兄友弟恭到心怀天下、报效国家，把以血缘关系为纽带的天然亲情推己及人，并由家及国拓展和上升为关心社会、积极济世的责任意识和伦理要求。而治国安民，则是对血缘亲情的放大，因此，儒家甚至将尽孝和处理好兄弟之间的关系，当作从政的一种表现。做人首先要学会孝顺父母，尊敬兄长。孝悌为齐家，孝悌是修齐治平的基础。

《旧唐书》特别说到王维"事母崔氏以孝闻"。《旧唐书》还说王维"闺门友悌，多士推之"。修身齐家治国平天下，首要是修身。王维给人最突出的印象就是极重自修，先做好自我，从自我做起，从最根本处做起，从孝顺父母、敬爱兄弟做起，将行"孝"尽"忠"自然结合在一起。王维其父早亡，十五岁的他就知道为寡母分担家庭责任，孤身一人到长安寻求发展，类似于当下的"北漂"。因为才艺超凡，他在京城的日子很风光，也很滋润，成为王公大臣的座上客，《旧唐书》说他，"凡诸王、驸马豪右贵势之门，无不拂席迎之，宁王、薛王待之如师友"。然而，独身在外，最是思念家中老母与兄弟。儿行千里母担忧，他所特别不忍心的是自己在外而让家人担心，因此每到节日，其思乡念亲之情尤甚，《九月九日忆山东兄弟》诗反映的就是他的这种感情。

王维的《九月九日忆山东兄弟》诗，字法、句法、章法无有不妙。古人不仅看好其情感的表达，还特别看好其表达的情感，而皆以《诗经·陟岵》来比。古人将"《诗》三百"视为"经"，视为后代诗歌的"法帖"，而把王维此诗与之比论，属于很崇高的评价了。唐汝询《唐诗解》曰："摩诘作此，时年十七，词义之美，虽《陟岵》不能加。史以孝友称维，不虚哉！"沈德潜《唐诗别裁》曰："忆山东兄弟即《陟岵》诗意，谁谓唐人不近三百篇耶？"黄培芳《唐贤三昧集笺注》曰："情至意新。《陟岵》之思。此非故学《三百篇》，人人胸中自有《三百篇》也。"古人认为，无论是作法还是情感，"虽《陟岵》不能加"，亦即可以一比，不在其下，情意仿佛。孔子推崇备至的"《诗》三百"，乃"六经"之首，成为儒家的"元典"，成为儒家"以文化成"的"诗教"。《毛诗序》："故正得失，动天地，感鬼神，莫近于诗。先王以是经夫妇，成孝敬，厚人伦，美教化，移易俗……"而古人将王维的诗与《诗经》比，其诗也十分崇高了。

"《诗》三百"里的《陟岵》，被誉为"千古羁旅行役诗之祖"（乔亿《剑溪说诗又编》）。此诗最初表现征人思亲主题，也将这种感情表现得极其缠绵悱恻，开创了古诗思乡的一种独特的抒情模式。《诗经·魏风·陟岵》曰：

> 陟彼岵兮，瞻望父兮。父曰：嗟！予子行役，夙夜无已。上慎旃哉！犹来无止！
>
> 陟彼屺兮，瞻望母兮。母曰：嗟！予季行役，夙夜无寐。上慎旃哉！犹来无弃！
>
> 陟彼冈兮，瞻望兄兮。兄曰：嗟！予弟行役，夙夜必偕。上慎旃哉！犹来无死！

远望当归，长歌当哭。我一人在外心念家人而登高远望，仿佛看到了我爹我娘与我兄长，仿佛听到他们在叮嘱我独自在外要好自珍重而不能有什么闪失。全诗重章叠唱，直抒思亲之胸臆，一唱三叹，痛切感人。"上慎旃哉"的意思是说：可要特别谨慎啊！可要加倍小心啊！可要千万珍重啊！而这样的叮嘱，反复在耳畔萦绕，一意三复，言之不足而长言申意。

明明是作者思念家人，却于恍惚中感到家人在思念他。这是个"诗从对面来"的美学原理。以诗创设了一个幻境，从对面设想亲人念己之心。《诗经·陟岵》把过去、当下、未来所悬想的情景具现出来的修辞格，叫做"示现格"①。王维也据实构虚，其"以想象与怀忆融会而造诗境，无异乎《陟岵》焉"。王维的《九月九日忆山东兄弟》

---

① 钱锺书：《管锥编》，三联书店 2011 年版，第 193 页。

思乡念亲，在表现方法上与《陟岵》确有相似之处，诗人不直接言说自己一人在外非常忆念兄弟，而是设想兄弟们非常忆念一人在外的自己，从对面说来，属于避实击虚法。其诗云：

> 独在异乡为异客，每逢佳节倍思亲。
> 遥知兄弟登高处，遍插茱萸少一人。

诗情全由"独"引发，也皆在"独"上落实。"每逢佳节倍思亲"，万口流传的新警之句自然带出。九九重阳，作者其时在华山之西的长安，心念华山以东的家乡蒲县（今山西永济），题目非常朴实，实言记录。起二句，以"独"领起，直接破题，不经任何迂回，迅即形成高潮，出现了"每逢佳节倍思亲"的警句。平日里就想家，遇上佳节良辰加倍地想家，王维一上来就把"忆念"之情写足了，迅速推向情感高潮。这种写法往往容易使后两句难以为继，造成后劲不足，作者给自己出了个难题。三、四两句，如果只是按照一般性的思路，顺势思念怀人，顺着"佳节倍思亲"的流向作直线式的延伸，则会流于平直而缺乏新意，而"续"以狗尾。此诗之妙，更在后两句，妙在虚写思乡，转出新意，高潮再起。三、四两句，意思是说：遥想远在山东而此时定在登高游乐的家乡兄弟，你们也定会因我未能同插茱萸而愈加想念远在长安的我。好像遗憾的不是自己，反倒是兄弟会因为没有自己的参加而遗憾。诗情曲婉，忆念愈烈，乡愁愈加难熬矣。我所以特别思念家人，是因为家人非常思念我而让我非常不好意思。王维心中似有一种深深的愧疚感，越到节日愧疚感越甚。自己小小年龄，孤身一人独处异乡，肯定让家人特别放心不下而牵肠挂肚，他为此而深感愧疚，深感于心不安，为自己让家人牵挂而心里过意不去。

诗人不直接言说是自己忆念亲人，而以"遥想"来呈现其所忆念的亲人，设想所忆之亲人们倍加忆念自己，因此，这种忆念加倍强烈，也加倍感人。王维最喜欢用"遥想"法，他的怀人类的作品多采用以我推人的写法，明明是我忆念他人，却推己及他人，反说他人忆念于我，写思念从对方落笔与设想，忆念之情尤加深切。"遥知汉使萧关外，愁见孤城落日边"（《送韦评事》），诗意深沉反复，诗情萦纤跳宕，曲折有致而缠绵蕴藉。霍松林先生解读《夜雨寄北》诗时说，这是写身在此地而想彼地之思此地，同时也写时在今日而想他日之忆今日。王维早就这样做了，把二者统一起来写，亦即从对面设想亲人之念己之心也。王维多愁善感，情感世界很细腻也很丰富，心灵触觉特别敏感，因此，人伦离合、人世变故非常易于让其感动，其诗也具有很强的悲悯味儿，饱含对人生与生命思考而引发的独寞与感伤。

古人评诗，总喜欢以《诗经》作标尺，将后人的优秀作品与风雅相比。王维的好多诗，都让人这么比了。《陟岵》采用的是《诗经》中常见的叠章复沓法，而王维的忆山东兄弟则是七绝短章，在形式上不是复沓重唱，然其情感上辗转推进，高潮迭起而极有远致，具有极强的抒情性，具有特大的想象空间，而短中见长，特见功力，亦尤其有魅力、感染力。

我们以为，王维的忆兄弟诗，所以特别感人而脍炙人口，自然与其技术高超有关，更是因为其悌孝情感的纯淳而强烈。唐人窦蒙注《述书赋》说王维，"闺门之内，友爱之极"。小小年纪，一人在外打拼，还惦挂着家中寡母与一群年幼的弟妹，反映了他强烈的家庭责任感。写此诗后不久，他就将大弟王缙带了出来，两个人一道游宦京城。王维的《偶然作六首》其三，估计写于他解褐之后，得官右拾遗前。诗写他心惦弟妹的矛盾心情，王维在诗里说：

> 日夕见太行，沉吟未能去。问君何以然？世网婴我故。小妹日长成，兄弟未有娶。家贫禄既薄，储蓄非有素。几回欲奋飞，踟蹰复相顾。

诗中说得明明白白，他所以不能潇洒而"奋飞"，是因为"家"的原因，"小妹日长成，兄弟未有娶"，而家里的条件又不怎么好，长兄为父的责任感，让他受困"网婴"而陷入"几回欲奋飞，踟蹰复相顾"的沉吟中。从王维诗中看，他无意于仕宦，如果不是考虑到寡母在堂、兄妹尚幼的话，他早就如竹林七贤而隐居太行了。想到尚未长成的兄妹，想到并不十分宽裕的家庭，强烈的家庭责任感，让他的出世之想，转化为一种负罪心理，转化为一种深刻的忏悔，转化为一种进退两难的愧疚，这也是王维一直以来最微妙的隐痛。

王维人虽然在外做官，然心系于家。其母与其兄妹，让他不由自主地心生牵挂。王维的《观别者》，触景生情，自然想到高堂老母。这首诗也让古人比以《诗经》，说是可与《诗经·蓼莪》比美，还可以与《诗经·燕燕》比美也。王维《观别者》曰：

　　青青杨柳陌，陌上别离人。爱子游燕赵，高堂有老亲。不行无可养，行去百忧新。切切委兄弟，依依向四邻。都门帐饮毕，从此谢宾亲。挥泪逐前侣，含凄动征轮。车徒望不见，时时起行尘。余亦辞家久，看之泪满巾。

　　吴乔《围炉诗话》卷三曰："王右丞五古，尽善尽美矣。《观别者》云：'不行无可养，行去百忧新。切切委兄弟，依依向四邻。'当置《三百篇》中与《蓼莪》比美。"《蓼莪》写的是不能孝养父母而痛苦不堪的心情：

　　瓶之罄矣，维罍之耻。鲜民之生，不如死之久矣。无父何怙？无母何恃？出则衔恤，入则靡至。父兮生我，母兮鞠我。抚我畜我，长我育我，顾我复我，出入腹我。欲报之德，昊天罔极！

　　诗共四章，此为中间二章，是诗的高潮部分。作者自述，凄厉激切。如果我连父母都没有了，没有父母可"怙"可"恃"了，无依无靠，"瓶空"而"罍耻"，活着还有什么意思呢？反复言"我"，词繁句复，尽写父母养育的深情大恩，自己想要报父母恩德，上苍又偏偏让我时在役中而不能终养尽孝。

　　古人认为王维《观别者》也写的是这种情感，同样写的是不能孝养父母的痛苦心情。王维诗十六句，只有最后二句写"观"者，前面全写所"观"。古人评曰："观别者与自家送别，益觉难堪，非深情人不暇如此题。"（明钟惺、谭元春合编《唐诗归》引）意思是，不是自家送别，而王维能够"看之泪满巾"，确非一般情深之人，而一般情深者也不做此题也。因此，"说他人，其切乃尔，己怀可知，《阳关》所以绝句"（唐汝询《汇编唐诗十集》）。古人认为，能够写出这样的诗来，其怀可知，这也是为什么王维能够写出绝作如"阳关三叠"的原因。

周振甫《诗词例话》里则说，王维《观别者》诗中的写景部分，其以景写情的高妙，可比"瞻望弗及，泣涕如雨"（《诗经·邶风·燕燕》）。《燕燕》被王士祯推举为"万古送别之祖"，临歧惜别，情深意长，令人怅然欲涕。提到《诗经》的这些篇章，就想到哀而不伤、一唱三叹、温柔敦厚等一类的词语，这样作比，充分肯定了王维其人性情，突出了他至情至性的人性特点。"非深情人不暇如此题"，而王维做此题，且"其切乃尔"，亦可见其乃不是"非深情人"也。王维作为一个旁观者，见贫士临行恋母情状，竟然动情以至于泪满衣襟，心善而言慈，定然是因为感同身受的结果。

"不行无所养，行去百忧新"二句，写"别离人"处于两难之矛盾中，这也正是王维之自写，他以不孝而自责也。王维十五岁便离家去京城自谋生计，愧于不能事母尽孝。他的《送崔三往密州觐省》，写的也是这种愧疚感，诗曰：

南陌去悠悠，东郊不少留。同怀扇枕恋，独念倚门愁。
路绕天山雪，家临海树秋。鲁连功未报，且莫蹈沧洲。

此诗题目"觐省"标明，这是送人回家探亲的。王维于诗中说了些激励的话，意思是要崔三忠孝两全，齐家治国两重。"同怀扇枕恋，独念倚门愁。""同"就是你我。就是说我们都怀有还家行孝终养之念。此处用"扇枕恋"典，典曰"事亲色养，夏则扇枕席，冬则以身温被"（《晋书·王延传》）。王维诗里的意思是，我与你同，也希望能够像古人那样"扇枕恋"事奉母亲，以至于能够消释母盼子归的"倚门"之愁。尾联二句，希望崔三摆正位置，先要报效祖国，立功边地，然后再考虑退隐，回家尽孝。

这是很典型的忠孝两全的家国情怀。王维虽然也只是在送别朋友时顺带提起，没有在什么诗里专门标榜，而他现实中的出色表现，让其在事亲孝道上千古留名。王维"事母崔氏以孝闻"。王维孝敬母亲崔氏，为了让其母潜心修佛，专门购置辋川别业修作佛堂。《旧唐书》特别说到其"居母丧，柴毁骨立，殆不胜丧"。丁忧时的王维已到知天命年，三年守制丁忧，他饱受丧母悲痛的折磨，沉浸于"殆不胜丧"的极度哀伤之中，以至于"柴毁骨立"不能自持。从王维对其母的感情里，可见其至孝的天性。

王维与其大弟王缙的关系一直特别密切，王缙自小跟随老哥出来闯荡。王维晚年时，王缙外放蜀州刺史，《别弟缙后登青龙寺望蓝田山》里写他与老弟分别后的深重落寞与惆怅。在老弟别后不久，王维就上《责躬荐弟表》，其表中曰："伏乞尽削臣官，放归田里，赐弟散职，令在朝廷。"他希望辞去自己的官职，而换取老弟回朝任用。王维"孝悌之至，通于神明"，皇帝很快就满足了王维的请愿，还对其举给予了"乃眷家肥，无忘国命"的高度评价。《礼记·礼运》

曰："四体既正，肤革充盈，人之肥也。父子笃，兄弟睦，夫妇和，家之肥也。"肃宗皇帝认为王维极重兄弟情谊，有自贬之愿，这是一种难得的家国情怀，一种很值得倡导的孝悌之道。王维之"乃眷家肥"，建筑在"无忘国命"的基础之上。他的这种处世行事，主要是源自儒家修身、齐家、治国、平天下的精神，是他儒释道思想交融而生成的人生价值取向与家国情怀。

《论语·学而》："弟子入则孝，出则弟，谨而信，泛爱众，而亲仁，行有余力，则以学文。"王维以孝悌为先的家国情怀，源自他"家国同构"的思想意识，源自他"忠孝同本"而"行孝尽忠"的社会伦理的认同。而他则以个人道德修养为中心，以仁爱伦理为基础，以报效家国为目标，事事以德善为先，处处以家国为重，进而实现其"修齐治平"的兼济理想和报效心志。

四、忘己而爱苍生

王维曰："达人无不可，忘己爱苍生。"此二句出自《赠房卢氏琯》诗。这是王维赞美房琯的，大意是：通达之人无所不宜，自然恤爱黎民百姓，而全然不会考虑自己。全诗如下：

> 达人无不可，忘己爱苍生。岂复小千室，弦歌在两楹。浮人日已归，但坐事农耕。桑榆郁相望，邑里多鸡鸣。秋山一何净，苍翠临寒城。视事兼偃卧，对书不簪缨。萧条人吏疏，鸟雀下空庭。鄙夫心所向，晚节异平生。将从海岳居，守静解天刑。

　　或可累安邑，茅茨君试营。

　　房琯时任虢州卢氏县令，"政多惠爱，人称美之"（《旧唐书·房琯传》）。房琯乃唐朝宰相房融之子，年龄略长于王维。安史之乱后，房琯随唐玄宗入蜀，拜史部尚书、同平章事。后深受肃宗器重，委以平叛重任。然其不通兵事，且用人不当，在咸阳陈涛斜大败而归。房琯被贬，杜甫疏救而弄丢了才做了几个月的右拾遗。房琯治军不行，却很有政声。

　　《赠房卢氏琯》诗作于开元二十一年（733），房琯时任卢氏县令，王维时年三十三，似无实职，闲居长安。房琯虽然只是管辖"千室之邑"的小县，然以礼乐教化治理，弦歌声高，政通人和。辖区内相安无事，百姓安居乐业，没有流民，没有闲人，没有懒汉，没有偷抢，没有捕钓，没有争斗，没有争讼，宁靖恬静如同世间桃源。诗里自然也有些"溢美"成分，不过所言也与史载相吻合。最后六句是自写，通过写自己的企羡之情来赞房琯社会治理的政绩，奖掖里含有几分善意揶揄，意思是说，你老兄把这个地方治理得这么好，很是让我心向往之，真想摆脱名利桎梏，致虚守静，而不想有什么事功发展了，到这里来找个地方盖几间茅屋，过上隐姓埋名的隐居生活。

　　其实，旧交事业有成，让王维非常欣赏，也非常羡慕，非常希望自己也有个用武之地而施展身手，也实现"达人无不可，忘己爱苍生"的境界。赠房琯诗一年后，开元二十二年（734）秋，王维以《上张令公》诗谒张九龄。开元二十三年（735）春，王维为张相所赏识，被擢而出任右拾遗。

王维所以诗谒张九龄，也是因为非常崇拜张相"动为苍生谋"（《献始兴公》）的德操。王维一生为官，三十五岁之后，便一直官在朝廷。然其诗文中，真找不到什么辅弼与匡济之心志的表述，也没有致君尧舜、海县清一的豪言。而他的不少送别诗里，倒是有不少善政悯民的理想与愿心。这些诗，由于风景写得太好太美了，人们读它的时候，注意力往往被那些景物描写吸引了去，譬如《送梓州李使君》：

　　　　万壑树参天，千山响杜鹃。山中一夜雨，树杪百重泉。
　　　　汉女输橦布，巴人讼芋田。文翁翻教授，敢不倚先贤。

同僚相送，别开生面，施补华说王维诗"起处须有峻嶒之势"，所举例子中就有《送梓州李使君》。其实，王维诗的起处多很讲究，例子也很多。古人说此诗乍看"竟是山林隐逸诗"。原来是"欲避近熟，故于梓州山境说起"（吴乔《围炉诗话》）。诗的前四句写得太好，古来好评如潮，如"天然入妙，未易追攀"，"落笔神妙，炼意最深"云云。其实，此诗通篇皆好，王夫之评曰："明明两截，幸其不作折合，五六一似景语故也。意至则事自恰合，与求事切题者雅俗冰炭。右丞工于用意，尤工于达意，景亦意，事亦意，前无古人，后无嗣者，文外独绝，不许有两。"（《唐诗评选》卷三）此评赏诚非虚夸。真可谓人以为容易，不知其意匠经营惨淡也。诗的前四句与后四句，乍看起来似为"两截"，因为颈联的作用，合二为一，亦妙合无垠也。

颈联选取汉女输布、巴人讼田之二典事，"汉女""巴人""橦布""芋田"的事象，"意至则事自恰合"，这就不是一般的"切题"了。以全诗观，前二联悬想梓州山林奇胜，是切地；颈联叙写蜀中民风，是切事；尾联用典，以文翁拟李使君，官同事同，是切人。颈联既是写风俗，又是写使君，写李使君就任梓州刺史以后的政务职事，自然引出治蜀之事与勉励之意。李使君，即李叔明，先任东川节度使、遂州刺史，后移镇梓州。文翁在汉景帝时为郡太守，政尚宽宏，力主兴学，诱育人才，使巴蜀日渐开化，成绩斐然。诗的最后一联，希望李使君追随先贤文翁，重在教化蜀民，恪尽职事，善政勤政，做个善辨冤案、体察民情而恩泽百姓的清官。

王维撇开送别现场不写，或者说存心避开现场不写，而去着力描绘蜀地梓州的奇秀，及与之相关的民情和史典。诗人在以欣羡的笔调描绘蜀地山水景物之后，于诗的后半部分转写蜀中民情和使君政事，即蜀地妇女以橦布向朝廷交税，巴人常为农田事发生讼案。此送别诗之妙，写惜别，却重在劝勉也。又譬如《送李判官赴东江》诗曰：

> 闻道皇华使，方随皂盖臣。封章通左语，冠冕化文身。
> 树色分扬子，潮声满富春。遥知辨璧吏，恩到泣珠人。

此诗与前同，也是个"为民请命"的题旨。朋友离京赴外州做官，似乎是带着任务去的"辨璧吏"，去置办玉璧，采购珍珠。"泣珠人"之典出自《搜神记》，说是南海之外有鲛人，水居如鱼，鲛人之泪凝冻成珠。此典后常用作蛮夷之民受恩施报。王维希望"恩到"东南沿海，恩到那些以捕鱼采珠为业的土著居民。诗的尾联二句说：我知道你这次远去负有置办玉璧的使命，肯定不会仗势欺压那些以玉璧谋生的当地百姓，而会把朝廷的恩泽带给边远南方的人。

王维希望朋友为蛮夷之地造福的思想，是诗的亮色。这类送别诗还有《送邢桂州》等，诗里都寄希望于去为官的朋友，要将百姓民生问题解决好，恩到黎民百姓。王维自己不曾有过外放的机会，他除了几次出使，便一直在朝廷做官，类似秘书或秘书长之类的工作。然而，我们从他的这些诗来看，他凡事皆从国家利益出发，从朝廷角度来考虑，表现出特有的善政悯民思想。他在《与魏居士书》所说："君子以布仁施义，活国济人为适意。"他认为，所谓君子，就是要有家国情怀，就是要以慈爱之心关怀众生而感到快乐。

《荀子·修身》曰："内省而外物轻矣。"王维本来就淡泊物质，没有什么物质追求，不仅不奢侈消费，也不吝惜守财，不做欲望的囚徒。晚年的他，正心修意，守默自律，倍加心忧天下，关怀民生，在布仁施义、活国济人上表现出超乎寻常的热情。

王维的《请施庄为寺表》，与《与魏居士书》几乎写于同时。他《请施庄为寺表》里说自己无力助上中兴，而欲将辋川别业捐献给国家，实现其"效微尘于天地，固先国而后家"的意愿，完成其"上报圣恩，下酬慈爱"的人生理想。《请施庄为寺表》中云："臣遂于蓝田县营山居一所。草堂精舍，竹林果园，并是亡亲宴坐之余，经行之所。臣往丁凶畔，当即发心，愿为伽蓝，永劫追福。"意思是，我要捐献的这处辋川山庄，是为孝敬母亲购置的，曾是家母崔氏宴坐经行之所，如今老母刚离世，我欲捐出别业而改作佛寺，保佑大唐风调雨顺，祈福天下平安吉祥。据史载，王维的这座别业，是在宋之问别业基础上重新营造，把20余里长的辋川山谷，修造成耕、牧、渔、樵的综合园林，依据辋川的山水形势垒奇石而植花木、筑亭台而造阁榭，建构了20余处景观，形成了动静照应、虚实相生的形势，生成了主宾和合、声色攸关的意境。由于王维的巧妙经营与诗意点化，形成巧夺天工而独特美妙的园林景观，成为中国古代园林的经典，成为造园的神话而名动古今。王维诗中频繁出现辋川，频繁出现他在辋川的活动，辋川别业也是王维一生最钟爱、最眷恋、最是不可须臾离开的地方，成为他最适意的心灵寓所，也成为他诗歌高潮的发祥地。王维上表，"伏乞施此庄为一小寺"，献出辋川山庄，实现了他施义布仁的一种人生适意。

王维"上报圣恩，下酬慈爱"的感恩图报，亦是他忠孝同本而家国同构的思想表现，表现出"有国大体"的强烈社会责任感。如果说他施献别业还主要是"上报圣恩"的话，那么他施献职田则侧重于"下酬慈爱"了。他在《请回前任一司职田粟施贫人粥状》里所云：

　　臣比见道路之上，冻馁之人，朝尚呻吟，暮填沟壑。陛下圣慈怜愍，煮公粥施之，顷年已来，多有全济，至仁之德，感动上天，故得年谷颇登，逆贼皆灭，报施之应，福祐昭然。臣前任中书舍人、给事中，两任职田，并合交纳，近奉恩敕，不许并请，望将一司职田，回与施粥之所。于国家不减数粒，在穷窘或得再生。庶以上福圣躬，永弘宝祚。仍望令刘晏分付所由讫，具数奏闻。如圣恩允许，请降墨敕。

从表题与内容看，这应该是王维的第二次呈表请献了。也就是说，他的第一次请献失败，皇帝未准允。王维总结第一次上表失败的原因，大概是因为并施"两任职田"了，皇帝"不许并请"。因此，他再次上表，不"并合交纳"，但施一处司职田。王维曾任中书舍人和给事中二职，按照唐朝的禄制，此二职均为五品上，五品官六顷田。王维原来上表要将两处职田一并请施，一下子要献出十二顷田。再次上表，执意请施，仅献一处职田，王维恳求朝廷允请。王维说他实在是恻隐之心动，"臣比见道路之上，冻馁之人，朝尚呻吟，暮填沟壑。"王维心系灾民疾苦，恳切"望将一司职田，回与施粥之所"，亦即欲周济穷苦，作布施粥饭之用。皇帝为王维的仁心诚意所感动，圣恩允许，而降墨敕。王维也因此而终于实现了利济苍生的愿心。此献中或许杂有自我救赎的成分，然而，这样的自我救赎也是非忧国忧民到至深处者所不能为也。大文化人梁实秋深为折服而感动不已地说："千载而下，读后犹感仁者之用心。"这是因为古来这样的仁者也不多，这样的义举更是太少了。

这种以家国为重而慷慨捐献的善举，源自王维的家国情怀，源自他修齐治平的政治担当。王维的忧国忧民，还真不是停留于口头上的，是为真正的"仁者"。仁人爱物是儒家思想的核心，也是仁者追求的人生最高境界。《论语》里讲到仁处达百余次。仁的本身也是审美的。王维忧国之真，忧民之切，悯情深至，然其为人低调，不事张扬，其诗中更不擅高调豪言来标榜，而多写去欲返真、陶乐天籁的精神自由，表现澄静自守、忘怀虚物的人生境界，很容易被人误读。如果再是个预设立场而作有罪推定的话，那肯定就认为他不问政治，不关心现实，也没有恻隐之心的了。

细读深味王维的诗，即便是那些辋川小品山水，也蕴涵了他以家国为怀的思想境界与价值取向。他在修齐治平精神的感召下，以个人修养为中心，以家庭伦理和仁爱精神为基础，德善为先而以家国为重，追求"忘己爱苍生"的人格理想，而将个人情感与爱国情感融为一体，将个体价值的实现与国家民族的命运联结在一起，表现出一种仁人爱物的生命自觉，一种道德完善的精神向度。我们说王维也是个具有忧国忧民思想而并非"对于民生漠不关心"的诗人，应该也没有溢美与拔高。

〔唐〕王维　千岩万壑图（局部）

正可谓：

维摩情性多仁悯，孝悌为先千古名。

施义自非饶舌事，达人无己爱苍生。

第六章

隐忍不争的仁者柔德

　　王维性格温良，柔德守拙，清静无为，待人处事的最重要特点就是隐忍退让。

　　隐忍退让，不是懦弱，而是王维的一种人性自觉，也是一种生命的弹性、人生的韧性与生存的智慧。

　　所谓与世无争的"不争"，是老子的核心思想。《老子》曰"唯不争，故无尤"；《老子》又曰"天之道，不争而善胜"；《老子》还说"夫唯不争，故天下莫能与之争"。王维不争，而人莫能与之争也。

　　"偶寄一微官，婆娑数株树"，追求精神自由而超过物质享受，亦官亦隐，以退为进，消解了仕隐间的界限，突破了仕隐非此即彼的不相容性之旧圉。这是典型的"坐看云起"的思维智慧，其行藏出隐全然以适意为生命目的，在保证主体人格清高素洁和心灵高度自由的情境下，以不妨碍正常生活为前提，尽情地享受生活，实现诗意存在的意义，不为隐而隐，更不为仕而仕，无仕隐之执着，也无仕隐之界限，仕隐两可，仕隐两全，隐得自由，也仕得自然，充分显示出王维的生存大智慧，这也对中国文化产生了极其特殊的意义。

　　王维是个向内心深度开掘的旧式文人，在他身上有着很典型的隐逸文化的表现，自甘孤独，适意寂寞，天如何人也如何，无可无不可，乐天知命，安时处顺，重视生命的意义。其不争而柔胜的思想，形成了其见义智为的"仁者之勇"，陷贼而不丧义，遇害而不辱仁，以自残抗争而全臣节，也成为大唐社会所十分欣赏的一种政治立场与斗争方式。

王维本来就淡泊名利，虽不能说是个见了名利唯恐避之不及的人，但他不争强好胜、不争名夺利、不邀功请赏，一生为官，人在官而心在隐，尽心尽责却不奔竞钻营，最难得的是他从来不把官当官做。王维以"与世淡无事，自然江海人"来赞美同僚，其实这也是他的生活理想，是他诗意居住的生存追求。王维晚年"功成身退"的思想日甚，亦官亦隐，且不断上表意欲"解衣"，而将"功成身退"赋予了全新的内容与形式，形成了盛唐所特有的"功成身退"的政治风度。我们还真不能简单地以"消极"来非议，说他是消极人生也。

一、要官做也能做官

王维很是循规蹈矩，是个奉公守法的旧式封建士大夫。他自幼熟读儒家经籍，深受儒家修齐治平精神感召，亦具有以天下为己任的报国观念，形成了"忠孝同本"的伦理思想，始终怀有治国安邦的政治理想。然而，王维肯定不是个心独兼济、志切匡扶的良臣，但却是个以德善为先、以家国为重的清官。范文澜先生在《中国通史简编》里却说王维品质"恶劣"，说他贪官恋阙，"其实他不是禅也不是道，只是要官做……王维、王缙的品质一样恶劣，所以都是做官能手"。这个评论，语含鄙夷与讥讽，让人觉得不只是有失公允，简直是别有成见的苛责。不能因为"要官做"，也不能因为是"做官能手"，就品质"恶劣"。用"恶劣"来定性王维，就意味着他是采用了非常不正当的手段、非常不正常地获得了非常不光彩的官位。如果这不是有罪推定的话，至少是张冠李戴了。

王维原本就很淡泊，根本也不屑于钻营，真要说到"要官做"，让范先生能够抓到现行的，也许就是一首他写给贤相张九龄的诗吧。《上张令公》诗曰：

> 珥笔趋丹陛，垂珰上玉除。步檐青琐闼，方幰画轮车。市阅千金字，朝闻五色书。致君光帝典，荐士满公车。伏奏回金驾，横经重石渠。从兹罢角牴，希复幸储胥。天统知尧后，王章笑鲁初。匈奴遥俯伏，汉相俨簪裾。贾生非不遇，汲黯自堪疏。学易思求我，言诗或起予。当从大夫后，何惜隶人馀。

这首诗写得堂堂正正而不低三下四，前十六句写张相，语语有来历而绝不肉麻胡夸；后六句写自己，字字有分寸而不枉自标榜。"当从大夫后，何惜隶人馀"意思是，我是想来做事的，而不是为了做官。也就是说，只要能够在贤相麾下贡献自己的才华，职位高低我是不计较的。

王维拜右拾遗后，又上《献始兴公》，题下原注云："时拜右拾遗。"这是感恩言志之作，表达他受聘的心情，表白他的衷心谢忱，也盛颂张九龄反对植党营私和滥施爵赏的政治主张。然而，诗的中心意思是：我出仕为官是有原则的。《献始兴公》诗曰：

> 宁栖野树林，宁饮涧水流。不用坐梁肉，崎岖见王侯。鄙

哉匹夫节，布褐将白头。任智诚则短，守任固其优。侧闻大君子，安问党与雠。所不卖公器，动为苍生谋。贱子跪自陈，可为帐下不。感激有公议，曲私非所求。

诗的前八句自我表白，整个的意思是：我宁可栖隐荒野林，宁可饮取山涧流，而绝不为一餐膏粱而屈节谒王侯。我虽地位低贱，却是个守本分有气节的人，宁可一辈子布衣短褐也不失节；我虽才疏而智浅，但是要说守节不移而固本不苟的话，那可是我最重要的优长。这八句诗，语柔见刚，话中有话。虽然他所面对的是当朝宰相，且是自己的恩公，然其还是很生硬地说，我可不是给您献媚来的。

诗的后八句，以赞美承接，表述也非常艺术，以第三者旁听的口吻赞美张相不徇私情、天下为公的贤明。后四句很自然地转向陈情张相的本意。我是敬佩您正直贤明、不徇私情的人品，才想为您所用的。诗人十分恭敬虔诚地问：像我这样的人，配做您的下属吗？如果任用我是出以公心的话，那是让我非常感动而激奋的；假如是因为照顾性质而有所偏私，则不是我所希望的。"当从大夫后，何惜隶人馀。"我也只是为了效力国家，哪里还管他官职大小呢？

这哪里是我们想象中"跑官要官"者的嘴脸。诗中凸显出来的是一个坚持气节、不善圆通而刚直不阿的书生形象。诗人所反复自我表白的是：我有我的价值观，我有我的道德操守，我有我的人格尊严，我是绝不会为了出人头地而去阿谀权贵巴结王侯的。换言之就是，如果要我低三下四地去讨好您张相而获得一官半职，我也是不会去做的。王维坚守其道德底线，不管入仕与否都不去丧失自己人格。纵观历史，环顾周边，这样的不卑不亢有多少人能够做到啊！王维的"献诗"，显示出他绝不苟且的节操，也为我们提供了研究王维思想与人品的极好资料。微官献诗，能够写得这样气骨高朗而声色凛然的，在唐诗中委实罕见。

王维就这么一次"要做官"的诗谒，被范文澜先生抓了个正着。李白"遍干诸侯"，杜甫"朝扣富儿门，暮随肥马尘"，不知道多少次"要官做"，范先生却见而不语。陈贻焮《杜甫评传》中说："李白遍干诸侯，希求汲引，观其《与韩荆州书》《上安州裴长史书》等，谀人、自炫，言辞无所不用其极，令人读之生厌。"李白出川前就开始干谒，出川后以安陆为中心，南至江夏、荆州，北到襄阳、洛阳甚至太原，四处干谒投书，踏破权贵达官门槛，"他到五十岁时方才与吴筠以隐居道士的资格被召见"[1]。杜甫呢，他终生坚持"奉儒守官"的人生准则，现存干谒诗三十余首，如《奉赠韦左丞丈二十二韵》《奉寄河南韦尹丈人》《赠翰林张四学士垍》《又作此奉卫王》等，满纸谀辞与自夸，无所不用其极，其自负程度不在李白之下，他所献的三大礼赋更是"以雄才为己任"，分明是直接向皇帝要官做。

王维诗里也写到他"要官做"的，然其却是很有原则的。王维《留别山中温古上人兄并示舍弟缙》诗曰：

　　解薜登天朝，去师偶时哲。岂惟山中人，兼负松上月。宿昔同游止，致身云霞末。开轩临颍阳，卧视飞鸟没。好依盘石饭，

---

① 胡适：《白话文学史》，东方出版社1996年版，第204页。

屡对瀑泉渴。理齐少狎隐，道胜宁外物。舍弟官崇高，宗兄此削发。荆扉但洒扫，乘闲当过歇。

　　诗作于开元二十三年（735），就是他《上张令公》后，得张九龄青睐而拜右拾遗，即将走出嵩山至东都赴任，与山中温古僧人告别。题目上兼示其弟王缙，而诗中"舍弟官崇高"句，可见此时王缙已得官。崇高，唐时的登封县（今河南登封），其弟时在登封为官。这在其弟《东京大敬爱寺大证禅师碑》里也有自述："缙尝官登封，因学于大照（普寂禅师）。"此诗开篇"解薜登天朝，去师偶时哲"二句，非常值得关注，这是王维的为官原则。薜，即指薜荔野草编织的衣服。入仕曰解薜，即脱去布衣。天下有道则仕，无道则隐。此二句的意思是说，张九龄乃一代明相，因为张九龄执政，我才脱去隐服，而去与这些圣哲名贤为伍。然而，王维还是感到对不起温古，也辜负了山间美景，而有"岂惟山中人，兼负松上月"之叹惋。

　　诗的最后二句"荆扉但洒扫，乘闲当过歇"，理解上有歧义。陈铁民先生认为，荆扉，指温古在嵩山的住处（《王维集校注》）。笔者以为，此"荆扉"应指舍弟王缙的住处。"荆扉"是自谦的说法，只有对自家的住处可以这么说，对其弟住处这么说应该也无妨。按照上下文的意思看，王维是在对其弟说：两京距离登封不远，你那里平常可要收拾干净，我有暇时还是要常来常往的。过歇，同义复词，过亦歇，即我还是要抽闲常到你这里来的。王维临行前好像很恋恋不舍的样子，非常眷念隐居山中的日子，人还没走，就想着还要过过山中的日子。"理齐少狎隐，道胜宁外物"二句，应该是自写，意思是为官也是隐，大隐小隐在道理上是一样的，关键是修道而内心宁静，能够不受外物所困。

　　王维出山，风光无限，在张九龄身边工作，很得器重，也很受眷顾，经常出席一些与他身份不合的宴游活动，甚至还出席规格极高的三师（太师、太傅、太保）、三公（太尉、司徒、司空）、左右丞相的宴聚，其《暮春太师左右丞相诸公于韦氏逍遥谷宴集序》的记载仿佛于王羲之的《兰亭序》。不久王维"衔命辞天阙"出使西域；不久王维又"知南选"而去考察州级官员。他在事业上发展还很不错的时候，却又不明不白地自隐南山了，一定是山中对王维来说真有不可抗拒的引力。天宝元年（742），王维四十二岁，隐居不足一年时间，便又走出了南山，由殿中侍御史转左补阙，工作性质由监察纪检、弹劾敦促，一变为掌供奉讽谏、扈从乘舆，进入了中央决策机关，在皇帝身边工作，成为宰相的跟班。然而，一晃就是五六年过去了，已到天宝五载（746），他还是个侍御史，从六品官。王维的朋友苑咸，为他抱不平，欲施援手帮他一把。苑咸时为官中书舍人，正五品，兼管中书省事务，参与机密，起草诏书，是权倾朝野的当朝宰相李林甫"代为题尺"的书记。其人多才多艺，精书通梵，他称王维为"当代诗匠"，在《酬王维》里奉王维"为文已变当时体"。诗的结尾说："应同罗汉无名欲，故作冯唐老岁年。"意思是说，你王维像罗汉什么名欲也没有了，可是再不晋级也就老如冯唐也。王维《重酬苑郎中》诗的后半部分曰："仙郎有意怜同舍，丞相无私断扫门。扬子解嘲徒自遣，冯唐已老复何论。"诗大意是：我能够在君王身边工作已很知足了，时常为没能尽职报恩而深感惭愧。至于说我不能升迁则是我自己的能力问题，岂敢抱怨朝廷而怨天尤人呢！感谢阁下您对我同情而有送官美意，然我也不会去老脸厚皮地扫雪相门。今有此"重酬"诗给您，无非是解嘲而已，冯唐已老还有什么升迁奢望呢？送官上门的好事，王维都婉言拒引，真不会做出为谋取一官半职而摧眉折腰的苟且来。这怎么是"要官做"呢？分明是人家主动给也不要。

　　而要说王维"是做官能手"，我们倒以为是个实事求是的评价，还真不是抬举王维。王维一生仕途还比较顺，四十年为官，三十年在朝廷，没有被外放，即便是陷贼后也没受处分。他还反复上表引退，官阶反而不断升高。真是难为王维了，要把官做成这样子，确实不容易。铁打的朝廷流水的官。在朝廷做官，能够三五年不被贬出，就很不容易了。朝廷命官，常常是进进出出的。我们熟悉的诗人白居易、刘禹锡、柳宗元、韩愈等，无不如此。王维自为张九龄发现而任职朝廷后，三十年一直在中书省门下省，而大部分时间需要与李林甫周旋。这确实也让人感到他真是会做官，是个做官的能手。

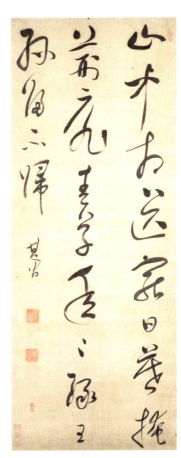

〔明〕董其昌　王维五言绝句诗

儒家的"修齐治平"思想，就是要人去"要官做"，同时，也要人成为"做官能手"。其实，唐代士子，谁不想做官？不要说李白杜甫了，就连被赞为"红颜弃轩冕"而布衣一生的孟浩然也很想要做官，几次出山活动，只是没有做到官而已。于唐朝，人要官做，不是件丑事；而成为做官能手，也肯定不是件坏事。然而，以是否"要官做"、是否"做官能手"，来衡量人品行是否"恶劣"，这种逻辑现在看来真是不值一驳的荒诞。

二、见义智为的仁者之勇

王维在人们心目中，温文尔雅，偏于懦弱，没有斗争性，缺少强大的政治进取力。然而，他有他的坚守，他有他的柔德，他有他的处世方式与生存智慧，他的诗也有其委婉谲曲的表述。王维的《息夫人》，据说是一首即兴的诗，是一篇赴宴的命题作文。唐人孟棨《本事诗·感情》载：

> 宁王宪贵盛，宠妓数十人，皆绝艺上色。宅左有卖饼者妻，纤白明晰，王一见属目，厚遗其夫取之，宠惜逾等。环岁，因问之："汝复忆饼师否？"默然不对。王召饼师使见之。其妻注视，双泪垂颊，若不胜情。时王座客十余人，皆当时文士，无不凄异。王命赋诗，王右丞维诗先成云："莫以今时宠，宁忘旧日恩。看花满眼泪，不共楚王言。"王乃归饼师，使终其志。

这则诗本事，赞美王维敢于直言的正义，讽刺宁王夺人之妻的霸道。宁王何许人？唐玄宗李隆基之兄是也。其早年曾被立为太子，后来睿宗在传位问题上久不能决时，他"敢以死请"，"累日涕泣固让"而得成。故宁王死后被追赠"让皇帝"。宁王精通音律，技艺高超，最擅吹紫玉笛，尤其熟悉西域诸国的音律歌舞，据说他能据乐音而判知政治盛衰与社会兴废。这则诗本事，先是渲染饼师夫妇相见时让人动容泣下的场面。"王命赋诗"，给在场的诗人出了个大难题。而"维诗先成"后，竟让宁王良心发现，从善如此而将饼妻"乃归饼师"。故事美化王维，简直是神化，塑造了一个同情弱者而不畏权势的王维形象，一个很有正义感也很有血性的王维形象。王维的《息夫人》诗，塑造了一个烈女子的形象，一个受侮辱、受迫害而貌似懦弱却很坚强的女子形象，面对强暴虽不能一死殉节，却不忘旧恩，隐忍抗争而绝不辱从。闻一多先生认为，这也是王维的自写，一诗成谶。

这种忍辱柔争的抗争方式，似是王维一贯秉持的道德观与价值观，用他的话说，这就叫作"仁者之勇"。王维十九岁时读史有感，写成《李陵咏》，为李陵蒙冤愤愤不平，说李陵"深衷欲有报，投躯未能死"。意思是李陵没有舍生取义而选择"引决"，是为了找机会报国。他欣赏与赞美的，也就是这种"仁者之勇"的政治节义观。

天宝十四年（755）十一月，安史之乱猝发，身兼范阳、平卢、河东三节度使的安禄山，联合了同罗、奚、契丹、室韦、突厥等民族组成20万叛军，在范阳起兵。叛军南下，洛阳、潼关失陷，长安一片混乱，百姓逃散，玄宗携贵妃仓皇逃往蜀中。"万乘南巡，各顾其生"，朝中三百余官员扈从不及而"为贼所污者半天下"，这些为叛军所俘被"全盘接受"的唐王朝的大臣们，成了一个特殊的政治群体，王维亦在其中。关于他陷贼后的表现，新旧唐书等史料里多有记载，《旧唐书·王维传》载："禄山陷两都，玄宗出幸，维扈从不及，为贼所得。维服药取痢，伪称瘖病。禄山素怜之，遣人迎置洛阳，拘于普施寺，迫以伪署。"这段文字颇为客观，并未苛责王维，且说其以自残抗争。王维对自己的这段斗争经历也曾多方陈说，其《大唐故临汝郡太守赠秘书监京兆韦公神道碑铭并序》中有一段文字说：

> 将逃者已落彀中，谢病者先之死地，密布罗网，遥施陷阱，举足便跌，奋飞即挂。智不能自谋，勇无所致力……君子为投槛之猿，小臣若丧家之狗。伪疾将遁，以猜见囚。勺饮不入者一旬，秽溺不离者十月；白刃临者四至，赤棒守者五人。刀环筑口，戟枝叉颈，缚送贼庭，实赖天幸，上帝不降罪疾，逆贼恫瘝在身，无暇戮人，自忧为厉。公哀予微节，私予以诚，推食饭我，致馆休我。

王维借为韦斌作碑铭的机会而为自己辩白，以赞韦斌而自赞。王维已做好杀身成仁的准备，其自残后病得不轻，十天勺饮不入，十个月（按："月"疑为"日"之误）尿屎在身。这哪里是在自残，分明是要自尽。如果他不是做好了牺牲准备，是绝对不会对自己下此狠手的。如果没有难友韦斌的精心护理，他也不可能从鬼门关折转回来。王维说"公哀予微节"，意思是说，韦斌所以能够这么照顾他，是因为欣赏他忍辱抗贼的节义之举。

《论语·卫灵公》曰："志士仁人，无求生以害仁，有杀身以成仁。"儒家极重死的社会性，讲究舍生取义，以忠孝节烈作道德定位，而义与死成为矛盾的对立统一。自宋理学兴起后，节烈逐渐成为中国社会独特的道德价值观。然而，即便是以死作为效忠之极致的节烈，也是包括自残在内的，也就是说，自残也是一种节烈表现。晚岁时危，益见臣节，王维陷贼，威武不能屈，以自残抗争，坚守儒家道统的道德观和价值观。他"食君之禄，死君之难"（《谢除太子中允表》）的政治立场是坚定的，他忍辱智斗的斗争精神与意志品格是感人的，而他所采用的"仁者之勇"的斗争方式，死拖硬抗地苦苦周旋，以拖待变，也让他全其臣节。王维是这样解释他的这种抗争策略与抗争方式的，其为韦斌所作碑铭的开篇写道：

> 坑七族而不顾，赴五鼎而如归，徇千载之名，轻一朝之命，烈士之勇也。隐身流涕，狱急不见，南冠而絷，逊词以免，北风忽起，刎颈送君，智士之勇也。种族其家，则废先君之嗣；戮辱及室，则累天子之姻。非苟免以全其生，思得当有以报汉，弃身为饵，俛首入橐，伪就以乱其谋，佯愚以折其僭。谢安伺桓温之亟，蔡邕制董卓之邪，然后吞药自裁，呕血而死，仁者之勇，夫子为之。

　　王维用"仁者之勇"赞韦斌，其实也是自赞。《旧唐书·韦斌传》载："（天宝）十四载，安禄山反，陷洛阳，斌为贼所得，伪授黄门侍郎，忧愤而卒。及克复两京，肃宗乾元元年，赠秘书监。"韦斌与王维同样遭遇，其临难所采取的也是王维忍辱智斗的"仁者之勇"。"仁者之勇"者未必就比慷慨赴死的"烈士之勇"、自杀成仁的"智士之勇"逊色。碑铭里曰："公溃其腹心，候其间隙，义覆元恶，以雪大耻。"韦斌已做好死的准备，只是没有"赴五鼎而如归"或"刎颈送君"，爽快一死而已。在某种程度上，"仁者"似比"烈士""智士"来得更不容易。碑铭中曰："皇帝中兴，悲怜其意，下诏褒美，赠秘书监，天下之人谓之赏不失德矣。"意思是说，皇帝也欣赏这种"仁人之勇"的"臣节"，天下人也都认为皇帝对韦斌的处理是"赏不失德"也。也就是说，即便是政治上的苛求，韦斌也是值得赞美的。

　　因此，王维也是没有什么可苛责的。事实上，王维"仁者之勇"的"臣节"，也深为皇上所称美，而受到朝廷"特赦"的奖掖。《资治通鉴》"唐纪"载："至德二载十月，广平王俶之入东京也，百官受安禄山父子官者陈希烈等三百余人，皆素服悲泣请罪。"所有接受伪职者皆收系大理、京兆狱。至德二载十二月，"上从（李）岘议，以六等定罪，重者刑之于市，次赐自尽，次重杖一百，次三等流、贬。壬申，斩达奚珣等十八人于城西南独柳树下，陈希烈等七人赐自尽于大理寺；应受杖者于京兆府门"。唐王朝对三百"罪臣"的处理，也是论罪行刑的，或弃市，或赐死，或重杖，最轻的还要判以流放。而三百"罪臣"中，只有王维一人未被问罪。郑虔被流贬台州。他也是个诗书画奇才，唐玄宗曾在其画上以"郑虔三绝"题赞，其陷贼遭遇大致与王维同，据说还有立功表现，却没能幸免。王维不仅未被判罪，还官授太子中允，旋加集贤学士，迁中书舍人，改给事中，官至右丞。这分明是充分肯定了王维陷贼中的表现，简直是将他作为义不失忠的英模在表彰。

应该说王维也是有点"愚忠"的。王维身陷魔窟时，唐朝已名存实亡，玄宗出逃，政府流亡，数十万部队土崩瓦解，数十位大唐名臣悍将销声匿迹，数以百计的官员降敌伪署。李亨虽在灵武称帝，其手下只有郭子仪和李光弼还拥有数万人马。王维除了自残抗争外，还"潜为诗"表达其独心向唐的心迹，他在危难中还作《凝碧诗》，简直拼着掉脑袋的危险。

王维的这种"仁者之勇"的"臣节"，也受到了同僚的赞美，杜甫《赠王中允维》赞美他是"一病缘明主，三年独此心"。杜甫盛赞王维的坚贞气节，毫不暧昧对王维的政治态度给予充分肯定，尤欣赏王维独心向唐的节义观，也非常欣赏王维见义智为的"仁者之勇"，理解王维对生命的敬畏和尊重，反对违反人性与人道的道德绑架。杜甫是个道德正统观很深的士子，其思想特点是忠君爱国、维护皇权，一生奉儒守官。如果王维真有什么有辱国格与人格的污行，杜甫是肯定不会有此诗辩的。因此，王嗣奭有杜甫"此诗直是王维辩冤疏"（《杜臆》）的说法，意谓此诗简直就像是为王维辩冤的奏章。陈仅在其《竹林答问》中也说："太白、摩诘皆受从贼之谤。摩诘'凝碧池头'之诗俱在，少陵已为昭雪。惟太白从永王璘起兵，璘之叛当亦借讨贼为名，故太白悮从耳。但苦无确证。"而在王维故去五年后，杜甫仍然以"高人"称呼，似有"盖棺定论"

的意味，不仅可见王维在政治上的清白，亦可见杜甫在为人上的真诚。

　　古哲人以为，柔者非卑弱之谓也，谦退而已。然太刚则折，太柔则靡。王维给人的印象太柔，其人似亦偏柔了点。然也不应淹去其义不失忠的清白，而在鸡蛋里挑骨头，说他陷贼没死就是失节。关于"节义"的问题，应已不成问题，不少忠贞之士曾为之辩驳。闻一多先生在《唐诗杂论》中曾不无遗憾地说："谁想到三十多年之后诗人自己也落到息夫人这样的命运，在国难中做了俘虏，尽管心怀旧恩，却又求死不得，仅能抱着矛盾悲苦的心情苟活下来，这种态度可不像一个反抗无力而被迫受辱的弱女子么？"闻先生是个很讲气节的学者，他也没说王维"失节"，只是说他性格懦弱，但不像李白"糊涂透顶"。他认为"太白在乱中的行动却有做汉奸的嫌疑，或者说比汉奸行为更坏"。"他无形中起了汉奸所不能起到的破坏作用"。闻一多比较而言，他把王维与李白，还有杜甫，都放在同一历史时段，放在具体的历史环境中作具体情况具体对待的具体分析，以道德判断而不作道德绑架。

　　王维的《息夫人》诗，竟成为"谶语"，真是戏剧性巧合。其实，王维诗取此题材，是其道德观与价值观所决定的，他自小就形成了这种"仁者之勇"观。《论语·阳货》："君子义以为上。"《孟子·离娄》："惟义所在。"儒家的道德标准与行为价值观，成为王维"仁者之勇"的道德原则，陷贼而不丧义，遇害而不辱仁。这种见义智为的斗争方式，义不失忠的政治坚守，也是古代道德社会所欣赏的一种柔德之美也。

三、偶寄一微官的思维

可以肯定地说，《辋川集》组诗里的《漆园》，是王维为他自己辩护而作的。估计是他的"亦官亦隐"受到人家的非议，人家不能理解，他需要解释。《漆园》诗云：

> 古人非傲吏，自阙经世具。
>
> 偶寄一微官，婆娑数株树。

这是《辋川集》组诗 20 首里的最后一首诗，题为《漆园》，写的是"漆园"这个景点，即辋川山庄里二十景点里的一个景点。王维将这个景点取名"漆园"，本来就很有意味。庄子曾为漆园小吏，主督漆事。或曰"漆园"乃古地名，庄子曾在此做官。不管怎么说，庄子与漆园密不可分，提到漆园就会想到庄子，"漆园吏"也成为庄子的别称。《史记》卷六十三《老子列传》附《庄周传》中说："楚威王闻庄周贤，使使厚币迎之，许以为相。庄周笑谓楚使者曰：'千金，重利；卿相，尊位也。子独不见郊祭之牺牛乎？养食之数岁，衣以文绣，以入大庙。当是之时，虽欲为孤豚，岂可得乎？子亟去，无污我。我宁游戏污渎之中自快，无为有国者所羁，终身不仕，以快吾志焉。'"也真是的，你庄子不干就算了，何必还要嘲讽来使，羞辱命官？这不是狂傲又是什么呢？因此，庄子也给世人留下了一个"傲"的印象，而多称庄子为"傲吏"。而庄子之漆园，也就成为失意文人所特别看好的失意"意象"。

"古人非傲吏"，王维开宗明义表明自己的观点：庄子不是傲吏。庄子明明是个"傲吏"，旷世"傲吏"，古来还真没人比他更"傲"的，简直是不可理喻的"傲"，傲到不能再傲的"傲"，然而，王维则说他不傲，说他不是傲吏，这自然就让人看不懂了。

诗的后三句，都是在为此而辩。为什么不是"傲吏"呢？王维说，是因为他自以为自己不适应这个活儿，便没接这个活儿。"自缺经世具"，意思是自知之明，自知缺乏经世之才具，而不想去揽相国这活儿。这是庄子对自身角色的清醒认识，也是对其当下站位的正确选择，而没有认知迷失和角色错位。这就是行为主体根据自身条件，选择了一种与众不同而适合自己发展的方式和路径来谋求发展。这是一种摆脱困境或培育优势的求异思维和生存智慧。怎么能够说是"傲"呢？这是第一点。

第二点理由呢？王维接着说："偶寄一微官，婆娑数株树。"于王维看来，这怎么能说是"傲"呢？怎么能说庄子是"傲吏"呢？他连漆园吏这样的微官都乐意去做，难道能够说他"傲"吗？只是庄子有庄子的追求，庄子有庄子的人生之大智慧。弄个合适自己而不需要太费力的微官做做，兼得"婆娑"之生意而逍遥自在。庾信《枯树赋》中有"此树婆娑，生意尽矣"的说法。王维以婆娑喻树，取枝叶纷披而生机勃勃之意，喻指山林之隐居，是他效法庄子所谓"傲世"的人生理想。其实，这是王维在借题发挥呀！王维为什么会有此创作感发呢？一定是他王维亦官亦隐的行举也遭人诟病，被说成是"傲"了，被当成"傲吏"了，于是便借庄子以自写自喻，表白自己的隐居，绝无傲世之意，也非满足现状而不思进取，而是一种自甘淡泊的人生态度。而这种摆脱物累心役的精神超越，则是一种鱼与熊掌两者兼得的生存智慧。

王维用《漆园》来辩解，以庄子之"非傲吏"来为自己正名。这就是说，我绝对没有什么傲世之意，而是自知做不出什么大事来，才有"偶寄一微官，婆娑数株树"的选择。抑或就是在告诉世人，我也像庄子，物质可以简单，精神必须富足；享受并不看重，自由大于一切。

王维师法庄子，转化成为仕隐两全的智慧。王维的这种生存智慧，一般人还看不懂，不能理解。大儒朱熹喜读《漆园》等辋川诗，然而读出了两大遗憾：一是"以为不可及"，即其中境界他不能达到；一是"举以语人，领解者少"，即其中深意一般人不易理解。

这么通俗浅近的诗，为什么看不懂呢？这是因为非黑即白、非此即彼的思维两极，不能理解这种"亦官亦隐"的人生态度与生存智慧。同样是追随漆园高风，王维就不是魏晋风流的那一种。著名历史学家柳诒徵的《中国文化史》一针见血地指出：魏晋人"旷达之士，目击衰乱，不甘隐避，则托为放逸"，其实乃"故作旷达，以免诛戮，不守礼法，近乎佯狂"。柳先生认为，魏晋人放浪山水不是一种真正的闲适，而是狂狷，是一种以破坏礼法为手段的怪诞佯狂。这种放达形式，根本谈不到适意会心，而是一种非正常性的内心蹂躏，是一种无可奈何的自戕性对抗，是非到万不得已而不如此的人性自贱与人格扭曲。著名禅学大师铃木大拙说："禅要一个人的心自在无碍，不能戕害精神本来的自由。"比较起魏晋人来，王维才是真正读懂了庄子的人，体悟到庄子的精髓。"偶寄"而已，"婆娑"适意，物质与精神两可，亦无可无不可的悠哉乐哉。他顺应天命而安于自然之分，从闲逸和虚静中找到了安顿生命的方式和人生原则，而生成高蹈超逸的主体精神，表现出以安命养性为宗旨的"漆园"境界和生命自觉。王维的《漆园》诗，集中地表现了诗人恬退隐逸的生活情趣和自甘淡泊的人生态度，尽最大可能地保持了人的自然本性——"微官"与"婆娑"兼得，物质与精神并重，简单物质而富足精神，顺其自然而自足自适，即已近乎庄子的"圣人"境界。因此，王维的这种思维方式、思想境界与生活状态，确实"领解者少"矣，更不用说做到这一点了。朱熹也是实话实说，他能够理解，但是不能做到。

　　其实，王维还真不是个消极事功的人。即使是到了晚年，他还是有事功心的，他对朋友也是有这方面的要求的。乾元二年（759），王维五十九岁。唐时天子或居长安，或居洛阳，其不在长安或洛阳时，则置留守，以大臣充，好友韦陟以礼部尚书充东京留守去洛阳任职，王维赠诗《送韦大夫东京留守》。王维的送别诗，喜欢于诗中对被送之人提出些希望，这首诗也如此。这个韦陟，是王维的莫逆之交，已经是四五十年的老朋友，真可以"故人"相称了，二人的关系不是亲兄弟而胜过亲兄弟。韦陟其弟就是韦斌，也是唐朝名臣，王维陷贼自残后亏他悉心照料才保得性命。韦陟属于贤才能臣，是唐肃宗钦点的辅弼人才，深受重用。而韦陟也自谓必得台辅之位，如今却以礼部尚书去洛阳充留守，心里不是十分愉快的，我们于王维诗中可见，他可能是有些情绪的。故而，晚年极少写长诗的王维，这首诗写得少有的长，要说的话太多，可见韦陟的心结不易解也。王维诗曰：

> 人外遗世虑，空端结遁心。曾是巢许浅，始知尧舜深。苍生讵有物，黄屋如乔林。上德抚神运，冲和穆宸襟。云雷康屯难，江海遂飞沉。天工寄人英，龙衮瞻君临。名器苟不假，保厘固其任。素质贯方领，清景照华簪。慷慨念王室，从容献官箴。云旗蔽三川，画角发龙吟。晨扬天汉声，夕卷大河阴。穷人业已宁，逆虏遗之擒。然后解金组，拂衣东山岑。给事黄门省，秋光正沉沉。壮心与身退，老病随年侵。君子从相访，重玄其可寻。

诗写得很艺术，开头结尾都写自己，从自身说起，现身说法，开导韦陟。开篇的"人外遗世虑"四句很有意味，一上来就检讨自己。大意是说：自己仿佛是个世外之人，多有不切实际的虚幻之想。曾因一己之私而欲效巢父许由避世隐居，现在才知道，应该像尧舜那样为天下谋利益，才是功德无量而品行高深。这明显暗含对韦陟的开导。结尾"给事黄门省"六句，大意是：我虽仍在门下省担任给事中，但已是日薄西山之人而没多大出息了，昔年雄心也已逐渐泯灭，且又年迈多病。你走后我们接触的机会就更少，很难与阁下携手求道访游了。这些话都说到送别上去，表现出难分难舍的别离之情。中间部分二十二行，大写天子盛德，希望韦大夫以国家为重，不失天赐良机，"天工寄人英，龙衮瞻君临"，为天子分忧，尽人英之责，创"穷人业宁""逆虏遗擒"之奇功，然后再作"拂衣东山岑"的退隐。其中"慷慨念王室，从容献官箴"二句，是写韦陟奋不顾身而建言献策，可能暗指其冒死救杜甫的事件。至德二载（757），杜甫上疏救房琯，触怒肃宗，诏付三司推问，韦陟时为三堂会审的主审法官之一，为杜甫开脱，而有忤肃宗之意，肃宗由是疏之，其入相之事因此泡汤。韦陟死后，代宗皇帝才追赠其为尚书左仆射（左相）。

〔唐〕王维（传）　长江积雪图

王维晚年还规劝隐者魏居士出仕，而作《与魏居士书》。魏居士乃魏徵之后，绝意仕进，深隐不出，"裂裳毁冕，二十余年，山栖谷饮，高居深视，造次不违于仁，举止必由于道。高世之德，欲盖而彰"。王维赞美魏居士有古贤之德行，但并不看好这种只重隐名的逸行。他在《与魏居士书》中不仅批判了逃俗避世的许由之流，也否定了南朝以来被"人德"化至极的陶潜。王维认为陶渊明"养粹岩阿，销声林曲"(《晋书·陶潜传》)，是"忘大守小"。意思是没有家国为怀，只顾自身独洁守拙，只是贪图个人自由与享受。王维说："君子以布仁施义、活国济人为适意。纵其道不行，亦无意为不适意也。"意思是说，所谓君子，就是要能够布施仁德而实行正义，拯治国家而度济苍生。全然不去考虑活国济人的理想能不能实现，纵使理想不能实现也没有什么不愉快的。也就是说，真正的高人，当以报国拯民为初心，以出世之心看待入世之事，处理入世问题，所谓"无行作以为大依，无守默以为绝尘，以不动为出世也"。一切都不黏着而无挂碍，不为隐而隐，不为仕而仕，无仕隐之执着，也无仕隐之界限，居官如在隐，既处理好社会政治问题，也保证主体人格清高素洁和心灵高度自由。这就是王维的政治情操，是他的政治智慧，是他的价值标准，也是他的思想境界。

王维半官半隐，或亦官亦隐，时代不是主要的原因，真不能说他是因为看透了官场黑暗，患得患失而取逃避之下策。王维在皇帝身边工作，成为宰相的跟班。他想做官了，就出来；不想做官了，就隐居。他官隐两便，可官可隐，不为隐而隐，不隐而隐，隐而不隐，欲隐而仕，欲仕而隐，进退容与，心隐而无论在朝在野都是隐。于王维看来，"长林丰草，岂与官署门阑有异乎？"(《与魏居士书》)他的不争隐忍的生存智慧，消弭了自然之理与仕宦之事的界限。所谓无可无不可，生活与审美无甚区别，仕与隐也了无界限，泛舟弹琴，咏歌赋诗，玄谈禅诵，以审美的态度生活，而以生活的姿态审美，根本不需要像陶潜那样解印绶而归田园，也没有必要像谢灵运那样觅蛮荒而宿山林。王维兼融儒释道三教之精髓，而使自己在处理社会政治事务上找到了哲学依据，以出世之心而作入世之事，以老庄之风度而作佛禅之体验，以乐天知足的态度与自然默契相安。王维一生虽在官场，然正道直行，不卑不亢，无须曲意逢迎，更不以丧失人格为代价而钻营奔竞，鱼与熊掌兼得，亦官亦隐而进退容与，守道独行而不招负时累。老子曰："天之道，利而不害；圣人之道，为而不争。"因此，王维的这种亦官亦隐不能简单地解释为这是王维对政治心灰意冷而走上了一条回避现实的道路。《论语·先进》里的"侍坐章"，孔子与四弟子谈理想志向，这段文字很有文学性，很有现场感，生动再现了孔子与弟子的个性与思想。子路志在强一大国，冉有则欲富一小邦，公西华只想做个祭祀司仪。三者之志的性质相同，皆欲在仕途上发展，而皆不为夫子看好。孔子还"哂"子路，认为他不懂"为国以礼"之道，且"其言不让"，不懂得谦虚。待曾皙说出其志（"浴乎沂，风乎舞雩，咏而归"）后，夫子喟然叹曰："吾与点也！"这是因为曾点的理想，与孔子"仁政""礼治""教化"的政治主张相符。每读此章，总让我们自然想到王维与李白、杜甫，想到三者的志向理想。王维大类于曾皙，不汲汲于荣禄，属于孔子喟然之叹"吾与"的人也。

四、拂衣其实也不易

"偶寄一微官"，其实就是"功成身退"思想的诗意表现。中国古人崇尚"功成身退"的思想，认为此乃"天之道也"，将此作为一种应该尊崇的古训。古来宏抱之士，皆以"功成身退"为尚，作为人生的最高境界，然真正能够这样做的人也是列举不出多少来的。"偶寄一微官"的思维特点，表现出以退为进的行为方式，王维诗中，时见如"自缺经世具"（《漆园》）、"苦无出人智"（《赠从弟司库员外绿》）、"自顾无长策"（《酬张少府》）之类，这正是他"功成身退"思想的一种委婉反映，是他智慧处理仕隐的一种积极作为，即以退为进的一种周旋艺术，然世人则多认为他是不思进取的消极，文学史上也这么说，说是他一生前半积极而后半消极。

其实，王维早年就有"济人然后拂衣去，肯作徒尔一男儿"（《不遇咏》）的表达。济世救人之功成，便毅然决然地弃官潇洒而去，这是王维诗中极难见到的大言与狂态。其诗曰：

> 北阙献书寝不报，南山种田时不登。百人会中身不预，五侯门前心不能。身投河朔饮君酒，家在茂陵平安否。且共登山复临水，莫问春风动杨柳。今人作人多自私，我心不说君应知。济人然后拂衣去，肯作徒尔一男儿。

王维现存诗约四百首，真正具有"刺时"意味的诗作，严格说来，也就是《不遇咏》与《济上四贤咏三首》《赠刘蓝田》《田家》等几首。《不遇咏》诗写于"济州官舍"，直接或间接诉说自己生活困窘，似乎不像出于王维的手笔，诗中的那个王维也不像是那个坐看云起的王维。可能是因为他与岐王贵主们走得太近了的缘故，王维被借故而外放到千里之外的济州。被出济州，是王维人生第一个大挫折，人在不遇时，多激愤，多牢骚，多说一些不能平静的话。此诗为七古，共十二句，四句一转韵，直抒胸臆，以第一人称自写。从"身投河朔饮君酒"句可知，此诗是王维喝了酒后写的。王维是个极少写自己喝酒的人。因为喝了点酒，说话就有了酒气，似也语无伦次了，开篇便倒戟而入，不是按部就班，一上来就直通通地连用四个"不"字。四句紧扣"不遇"之题，分别写四种"不遇"的情形：向朝廷上书陈述政见，却没有任何答复；退隐躬耕，却因天时不顺而没好收成；因为不能挂名朝籍，朝廷的盛大集会没机会参加；又因为不愿屈尊自辱所以不巴结权贵而跑官要官，诗人身处如此境遇，真个是困顿失意、祸不单行、倒霉至极。也许是"酒精"的作用，借酒发威，慷慨任性，看似懦弱的王维，其实也刚烈不阿、愤激不平，还真个是宁可沉沦困顿，而绝不摧眉折腰的血性之人。

　　诗的第二个四句是逆接，落笔当下。他感激主家置酒款待，而有了"身投河朔饮君酒"的交代。但也是仅此一句而已，旋即又引发了他的乡关之思，孤身在外，家在京城，风尘阻隔，家人们可都平安？诗以欢愉反衬，越见悲情。"且共登山复临水，莫问春风动杨柳"二句复宕开一笔，我们姑且一起登山临水，流连赏玩吧，莫要辜负了这大好的春光。这是诗人自我调整，不愿沉浸于孤愤哀怨之中。这也是不让主家扫兴，跟着自己弄得个不好的心情。然而，这看似超然，仿佛从怨愤中拔离，而其仕途失意、流落他乡的悲情，却倍加一层的酸楚也。

　　诗的第三个四句，写诗人的价值观与人生理想。"今人作人"二句，肯定有所特指，表现出主客二者对这种自私自利、忘恩负义现

象的共愤与同仇。诗以"济人然后拂衣去，肯作徒尔一男儿"二句
收束，气吐长虹，响遏行云，豪气与风骨俱出。像这样慷慨任气、
磊落使怀的豪放，倒像是李白骄横的风格，是李白的习惯用语。这
个不出大言的王维，想必真是喝了酒，也把强烈的愤世嫉俗精神表
现得十分淋漓而直露，说出了李白非常喜欢说的话。李白诗中时常
有如"功成拂衣去，摇曳沧州旁"（《玉真公主别馆苦雨赠卫尉张卿
二首》）、"功成谢人间，从此一投钓"（《翰林读书言怀呈集贤诸学
士》）、"功成拂衣去，归入武陵源"（《登金陵冶城西北谢安墩》）、
"终与安社稷，功成去五湖"（《赠韦秘书子春》）、"待吾尽节报明
主，然后相携卧白云"（《驾去温泉后赠杨山人》）等。非常遗憾的
是，李白一生基本上没有做到官，翰林还是个待诏，还只有年把
的工夫，因此谈不上什么身退。像李白这样性格的人，功成了也
未必会真的能够身退。李白以做官为人生的唯一目标而近乎疯狂
地追求，于唐代诗人中也真不多见。他放在嘴上喊的号子就是"济
苍生""安社稷"。他自诩要"申管晏之谈，谋帝王之术，奋其智能，
愿为辅弼,使寰区大定,海县清一"。王维一生,也就是这么一次"不
遇"的失意，也就有了类似李白经常失意时而经常表达的意思，看
来，王维也不是个天性能静的人，而只是他擅于自我把控，自我
控制的能力比一般人强。王维一生，基本上是在顺境中度过的，没
有那么多的失意与失意的激愤，没有像李白那样经历一次次求仕的
挫折而饱尝政治上失败的苦涩与羞辱，而陷入无助的痛苦与无奈的
狂躁里。而就这么一次的失败，生命的痛感就在心理失衡的状态下
爆发，王维的诗也就写出了像李白那样的屡屡不遇的苦恼与忧愤来。

　　古人所信奉的"功成身退"思想，源于道家。老子曰"功成而弗居。夫唯弗居，是以不去"，"持而盈之，不如其已；揣而锐之，不可长保。金玉满堂，莫之能守；富贵而骄，自遗其咎。功成身退，天之道也"。老子认为，世间万物都有其发生与运行的规律，总处于一种变化运动的状态，而在一定条件下，都有向其反面转化的可能。换言之，任何事物的发展，都不会是某一种状态，也不可能停留在某一个状态。与其保持盈满状态，不如适时停止；与其锐势长久，不如适时藏锋。即便金玉满堂，谁也无法长守；因富贵而骄横，更是自取其灾祸。功成身退，见好就收，才符合自然规律，才可避知进而不知退的祸害。居功而不能自傲，知进而不能不知退。然人在名利当盛时，又有谁舍得主动放下而急流勇退呢？古往今来，能够功成身退者，也就是范蠡、张良几人而已。

　　王维少年时整天出入豪门高宅，中年时进入中央智囊团，荣华富贵，光鲜艳亮，也算是个饱尝过"功成"滋味的人，何况他原本就性情淡泊，容易有"身退"的想法，也容易有"拂衣"的冲动。唐代时尚"吏隐"之风，宋之问诗曰"宦游非吏隐，心事好幽偏"（《蓝田山庄》）。杜甫也对"吏隐"津津乐道，有"浣花溪里花饶笑，肯信吾兼吏隐名"（《院中晚晴怀西郭茅舍》）、"闻说江山好，怜君吏隐兼"（《东津送韦讽摄阆州录事》）、"吏隐适性情，兹焉其窟宅"（《白水县崔少府十九翁高斋三十韵》）等诗句。这种"吏隐"，虽不是"功成身退"，却也有"功成身退"思想的影响。王维的《晦日游大理韦卿城南别业四首》诗，开篇就以"与世淡无事，自然江海人"来盛赞别业主人。这个韦卿，即韦虚心，大理卿，掌管邢狱的官员，从三品。

盛唐达官贵人崇尚隐逸之风，自命为衣冠巢许、丘壑夔龙，追求物质与精神的双重享受。王维《韦给事山居》诗云：

幽寻得此地，讵有一人曾。大壑随阶转，群山入户登。

庖厨出深竹，印绶隔垂藤。即事辞轩冕，谁云病未能。

印绶与垂藤同举，即亦官与亦隐之并赞也。身居绝世佳境，深壑随自家楼阶而转，于屋里即可登群山，所食珍鲜皆出自深山老林，绶带官印隔悬于古藤之中。"即事辞轩冕，谁云病未能。"子曰："君子病无能焉，不病人之不己知也。"王维暗取此典，意谓：根据自身情况而辞官归隐，并不在乎人家说自己是不是无能了。于王维看来，仕即隐，隐亦仕，根本不存在六朝文人以入世为俗、以出世为高的偏见。

王维就是这样，不计较别人说什么，也不在意别人怎么说。有人就说他亦官亦隐是"患得患失，官成身退"。此话说对了一半，未必是"患得患失"，但肯定是"官成身退"。安史之乱后，朝廷对王维，不仅不嫌不疑，似还更加赏识，愈加重用，不断地为他加进爵。朝廷封王维为太子中允，王维上《谢除太子中允表》请辞，诚恳地希望朝廷收回成命，他认为让他"尚沐官荣"是赏罚失准，而有悖"政化"之风。不久，皇帝又让王维"充集贤殿学士"，王维复上《谢集贤学士表》请辞，又说这个任命不合适，说自己不够"集贤"的资格，说是"臣抽毫作赋，非古诗之流；挟策读书，无专经之业"。又不久，王维自上《责躬荐弟表》，希望去己职而让他的老弟回朝廷任官。王维反复提出辞官归隐的要求，应该是出于维护国家利益、维护唐廷权威的理由，应该也受"功成身退"思想的支配。林语堂《苏东坡传·序》里，转述了一则"苏东坡最佳的名言"，这话是他跟其老弟苏辙说的："吾上可陪玉皇大帝，下可以陪卑田院乞儿。眼前见天下无一个不好人。"这是用来说明苏轼为人特别豁达的，解释为什么他不断地遭到贬官流放而满不在乎的原因。王维的性格也许不一定有苏东坡那么豁达，似也与苏轼有很多共同的地方，最大的相同点就是都有见过大世面的人生经历。王维为官四十年，三十年在皇帝身边工作，什么世面没见识过，什么高官没接触过？王维与苏轼也有很不相同的地方。王维是自觉要求身退，而非被迫害、被排挤、被流贬，应该也不是"道不行，乘桴浮于海"（《论语·公冶长》）的隐退。王维晚年"功成身退"的思想日甚，不仅不钻营奔竞，且不断上表谢恩请退。这与其说是他受佛禅出世思想的影响，不如说是道家学说的作用。王维尊崇"夫唯弗居，是以不去"的自然规律，积极践行"功成身退"的政治风度，遂行其"济人然后拂衣去"的人生理想。人世自然，无可无不可，仕隐两如，虽居官而犹在隐者也。王维的《早秋山中作》诗曰：

无才不敢累明时，思向东溪守故篱。

岂厌尚平婚嫁早，却嫌陶令去官迟。

草间蛩响临秋急，山里蝉声薄暮悲。

寂寞柴门人不到，空林独与白云期。

此诗作于天宝九年（750）前后，王维已到知天命年，年且五十，安史之乱发生时王维五十五岁。诗以自惭开篇，紧接下来便是自省式的悔悟。从"无才不敢累明时"句可见，他已有了"急流勇退"的想法。一"累"字，道出了诗人心灵深处的深深负疚感。他已经强烈地感觉到他自己应该"功成身退"了。前四句是写自己因无才而欲主动归隐却不能归隐的懊恼。尚平不嫌早，陶令但觉迟。此二典事，生动反映了诗人盼望全身而退的急切心情，似已到了忍无可忍的地步。在正常人看来，尚平与陶潜已够超脱的了，摆脱尘网也已够早，也够坚决的了，然诗人则不是"厌"就是"嫌"。后四句，则是写自己终于走进山中而拥有了安然淡泊的心情。虽然没有退身，依然在官，然而，过上了亦官亦隐的生活，隐处山中，远离尘嚣，但听秋虫树声，与迟暮的白云和萧瑟的空林为伴。颈联互文，选取"蛩响"与"蝉声"，其寓意丰赡，可以多向解读，如果还是扣住"无才"解，则是一种享受瞬间自由的快意，似乎也夹杂有微微的悲意于其中。因而也

〔清〕王时敏　仿王维江山雪霁图

有了如同陶潜的那种"久在樊笼里"而"复得返自然"之后的惬意。庄子有"蟪蛄不知春秋"（《逍遥游》）之说，也不能简单解释为时间太短暂。在深谙庄禅经义的王维眼中，时间之短暂与时间之流逝只是物自体觉的假象，对于超越时空的大道来说，一切都在即现即灭中。王维似乎是在为自己处理世俗问题上的高明而沾沾自喜，同时，也在为自己没有能够及早迈出隐退这一步而懊恼莫名。

　　应该说，这是一首心理诗，写自己的心路历程。诗中可见，诗人已经不以物累，过上了半官半隐的"吏隐"生活，甚至已体验到了这种亦官亦隐生活的无比适意。王维这么急于要走入山林，除了他"无才"的愧疚感，除了他好静的天性，本能地反感繁华市嚣而引发怀归的极度焦灼，还有就是"功成身退"思想的影响。王维《渭川田家》诗的写作时间，应该与《早秋山中作》差不多，也是自责归隐太迟的，其诗曰：

　　　　斜阳照墟落，穷巷牛羊归。野老念牧童，倚杖候荆扉。雉
　　雊麦苗秀，蚕眠桑叶稀。田夫荷锄至，相见语依依。即此羡闲逸，
　　怅然歌《式微》。

古人对此诗的评价极高，说是堪称陶诗嗣响，而主要侧重于对其高超写景技巧的关注。前八句皆写景，王夫之则说"前八句皆情语，非景语"（《唐诗评选》卷二）。这是因为其诗中之景皆饱含深情，所有的景语皆情语。诗开篇即言"归"，诗的核心亦在"归"，黄昏时节，万物皆归。诗人纯用白描，深情地描绘出一幅田家晚

归图。人皆有所归，田野上的一切生命皆有所归，诗人以一种旁观者的姿态观归，看人家归，归是人家的，归是温馨的，于是而有"即此羡闲逸，怅然吟《式微》"的钦羡与怅惘。诗以人之有归而反衬我之无归，以人归之及时而反衬我归之失时，反衬自己尚未找到归宿而归隐太迟的孤寂与郁闷。王维对这种无忧无虑的"闲逸"，好生羡慕这种安闲自在的田园牧歌式的诗意生活。最后一句的"歌《式微》"用《诗经》典。《诗经·式微》："式微式微，胡不归？"意思是，已是黄昏，天也开始暗了，应该早点回去了。诗人的归隐之意已经很强烈了。

王维的《酬郭给事》作于安史之乱前夕。从题目看，是与同事郭给事之间的唱和应答。给事，即给事中，唐代门下省的要职，掌宣达诏令，驳正政令之违失，地位显赫。王维此时也官拜此职。诗曰：

> 洞门高阁霭余晖，桃李阴阴柳絮飞。
> 禁里疏钟官舍晚，省中啼鸟吏人稀。
> 晨摇玉佩趋金殿，夕奉天书拜琐闱。
> 强欲从君无那老，将因卧病解朝衣。

此类应酬诗的写法，往往是称赞对方，而感及自身。郭给事之赠诗，肯定是说王维如何有才、如何显达、如何有前途。因此，王维在酬诗里也"酬"答说，哪里哪里，你才是真有才，你才是真显达，你才是真有前途。诗的前六句写郭给事，后两句自写。一、二句先写郭给事的显达。前句写其深得恩宠，后句写其桃李满天下，门生故吏个个飞扬显达。三、四句说其能力强，办事效率高，本来政务最是繁忙，然却钟疏人闲，鸟鸣境幽。五、六句正面写郭给事恭谨敬业，早晨盛装朝拜，傍晚捧诏下达。尾联"强欲从君无那老，将因卧病解朝衣"二句陡转而自写，说自己既老且病，心有余而力不足，无法相从而为朝廷出力。欲"解朝衣"，就是说我准备"功成身退"啦，也不恋栈了。这是全诗的主旨，明确地表达了诗人急流勇退的思想。或许，其中也有让同僚宽心而无须设防自己的意思，不过，我们可以十分肯定地说，王维虽然嘴上这么说，而其也还是爱岗敬业的，肯定不会拆烂污。这因为他不是个拆烂污的人，而如果真是拆烂污的话，他也不能混到这一步，混到想要辞官都辞不了。王维《酬张少府》诗曰：

> 晚年惟好静，万事不关心。自顾无长策，空知返旧林。
> 松风吹解带，山月照弹琴。君问穷通理，渔歌入浦深。

这首诗是谈穷通问题的。有个年轻人向王维讨教穷通的问题，王维说，我不告诉你，你自己去琢磨吧。其实，前六句已经挑明了，已经明确告诉对方了，也就是"以不答而答之"。王维的意思是，所谓穷通，于我来看，无所谓穷，也无所谓通，正像无所谓仕，也无所谓隐。"松风吹解带，山月照弹琴"写"解带"与"弹琴"之二细节，一任松风解带，我自深山月下弹琴，闲到极致，也极其传神，恰切南宗"无是无非，无住无往"（《坛经》）的任运无心。

这首诗为我们揭示了王维的真实思想，这可与《漆园》参读，也是典型的"行到水穷处，坐看云起时"的思维与境界。王维在这些诗里所表达的意思是，不是朝廷认为我不行，更不是朝廷要罢我的官，而是我自己认为自己不行，是我自己觉得已经符合"身退"条件而欲自"解朝衣"。

王维才五十多点，为什么早早就有了"解朝衣"的想法呢？此时的王维，虽然不能说是年富力强，但也不是年老力衰；虽然不是官运亨通，但也不是屡遭打压；虽然不是左右逢源，但也不是横遭暗算。其工作不可谓不得心，际遇不可谓不顺心，环境也不可谓不称心，怎么就不想干了？似乎是从王维知天命之年开始，他似已无意于仕途，退朝之后，常焚香独处，以赋诗咏怀、参以禅诵为事。这怎么来解释呢？王维说他已是"胜事空自知"，而且有了"一悟寂为乐"的充分体验，清心寡欲、见素抱朴的庄禅义理，占据了他思想的上风，成为他的主导思想，与时迁移而不以物累，追求无欲无争、功成身退的生活目标。其实，儒释道三家里，皆有类似"功成身退"的思想。"功成身退"是中国人的生存智慧。然而，"济人然后拂衣去"，其实也真不容易，不仅欲拂衣者难下这个决心，世俗也感到不好理解，更不是"小车不倒只管推"的现代思维所能够接受的了。

王维是个有"修齐治平"理想的人，要官做，也是个做官能手，其官也做得兢兢业业。然而，他做官却从不把官当官做，正心修意，守默自律，而实现其"布仁施义，活国济人"的理想。然其亦深受老庄、禅宗思想的浸渍，人世自然，清静无为，无可无不可，既不认为在朝者就庸俗而可鄙，也不认为野逸者就独洁而高尚。于山林里可以做到独善自养，他于魏阙中也能够实现，而创造了仕隐于两难中的大智慧，消解了仕隐间的界限，突破了仕隐非此即彼的不相容性旧囿，形成了盛唐所特有的"功成身退"的政治风度，而赋予"功成身退"以全新的内容、形式与境界。

仕隐两可，仕隐两全，隐得自由，也仕得自然，亦官亦隐，充分显示出王维的生存大智慧，也对中国文化产生了极其特殊的意义。因此，要官做就说是"恶劣"，而要解衣就说是"消极"，也真是存心陷王维于两难也。

真可谓：

亦隐亦官犹两成，温良恭俭事无争。

拂衣自古本柔德，进退穷通无住行。

第七章

坐看独往的闲极状态

真难有像王维这样热衷于"闲"的，更找不到写"闲"可以与之媲美的。

王维的诗多写"闲"，闲也成为王维诗歌的永恒主题。

王维的诗中多"闲"字，而很多没有"闲"字的诗也照样是闲意弥漫，闲情十足。"行到水穷处，坐看云起时"二句写闲，闲到极致，成为王维人生最大智慧的形象诗化。水穷云起，起坐行卧，如行云流水而同样了无滞碍，行于所当行而止于不可不止，水穷而不虑心，云起而不起念，一切皆从容不迫、不紧不慢、随缘适意，极度自由而自然任运，不知西东而自然西东，举止极其高雅，情态极其优逸，无可无不可，天如何人亦如何，表现出来的是一种超然物外的"闲"，也是一种让人玩味不尽的"道"。

王维为何嗜"闲"如斯？他的这些闲诗有什么思想和艺术的价值呢？王维的这些闲诗有"穆如清风"而直抵人心的温馨。诗写他的无所用心，写他的无所事事，写他体验到安逸洒脱、怡然自乐的闲适心情，最大限度地淡化了人的社会性与功利性，而又最大可能地强化了人的自然性，强化了"随缘任运"的自由性，表现出一种道法自然的闲适意境。

"一悟寂为乐，此生闲有余。"悟是禅，是生活，更是人生。悟而得闲，颖悟发慧，思想就更加空旷而深邃，精神就特别自由而广大，审美触觉也非常敏锐而灵觉。因此，这种"闲"，比较起魏晋风度来，是一种真正的潇洒，是以极度自由为高蹈形式的人生境界，而不需要纵酒而借助酒精麻痹精神，来增强生命的快感；也不需要游仙而自我蒙蔽，来逃避生死得失的困扰；更不是以慢世逃名的形态抵销失意，来故作清高。

闲，成为我们特别熟悉而亲切的形象，在王维诗中频繁出现，也成为一种特殊含义的隐语。王维最大的人生智慧，就是无可无不可。他似乎始终保持着一种天如何人亦如何的超然自得，以"坐看云起"的从容与洒脱，不滞于物而超乎尘俗，将生命从有限的时空里超越出来，而生命的本能和效价也被提升到审美的品位，展示出人性的全部瑰丽，表现出悠然自得而达观宁静的仪态风神，人生也处于无处不闲而无所不闲的极闲状态，从而与他的"少年精神"形成了互补。

一、何以坐看云起

"行到水穷处，坐看云起时"，最能够体现王维的人生智慧与生命风采。"这大概是中国古诗中内涵最为丰富、意境最为美妙的佳联之一。它不仅是纪实，也是人生态度的象征。"（骆玉明《诗里特别有禅》）顾随先生对此二句更是推崇备至，他比较而评曰：

　　"山重水复疑无路，柳暗花明又一村"（《游山西村》）与王维《终南别业》之"行到水穷处，坐看云起时"颇相似，而那十四个字真笨。王之二句是调和，随遇而安，自然而然，生活与大自然合二为一。陶之"采菊东篱下，悠然见南山"（《饮酒》）亦然。采菊偶然见南山，自然而然，无所用心。王维偶然行到水穷亦非悲哀，坐看云起亦非快乐。[①]

　　陆游的"山重水复"二句，我们一直认为写得太好了，既是写景，也饱含哲理。然而顾随先生却认为"那十四个字真笨"。这是比较而言的，是比较的结果，比较王维的"行到水穷处，坐看云起时"这十个字来"真笨"，亦即不自然，不融合，不能无所用心，最关键的还是他这十四字"太用力，心中不平和"。顾先生又拿陶渊明来与王维比，他认为陶诗"亦然"。就是说，陶、王比较而不相上下。一正一反的两处比较，突出了王维此二句诗的无与伦比。

　　"坐看云起时"二句，出自王维的《终南别业》：

中岁颇好道，晚家南山陲。兴来每独往，胜事空自知。
行到水穷处，坐看云起时。偶然值林叟，谈笑无还期。

　　王维的这首诗，虽然平白如话，却诗意饱满，理趣横生而耐人寻味，古来真个好评如潮。

[①] 顾随：《顾随诗词讲记》，叶嘉莹记录，中国人民大学出版社2009年版，第92页。

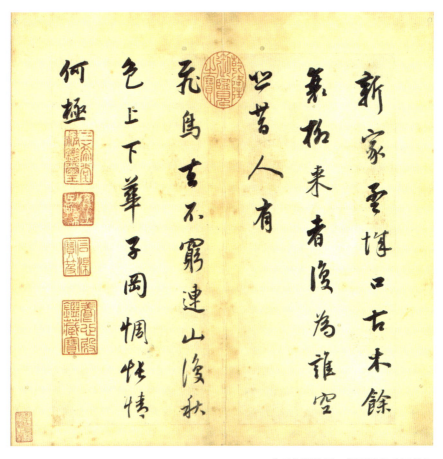

〔明〕董其昌　辋川诗册（局部）

　　此诗旨在表现诗人进入山间而悠闲自得的心境，没有具体描绘什么山川景物，反倒是长于言说。其纯口语性的叙述，是一种很轻松的谈话风，仿佛是在与二三知己闲聊，闲聊他去终南别业的山居感受，还有点炫的意味。盛唐殷璠的《河岳英灵集》选本里，此诗入选，然题作《入山寄城中故人》；宋《文苑英华》本题同。我们以为，还是这个题目更好些。因为，这首诗很能够让人读出"寄"人的意味。

　　其实，这首诗就写一个字"闲"，夸张地写闲，也把闲写得很夸张，夸张到极致。看看书，游游景，不刻意地去游走，高兴什么时候去游走就什么时候去游走，高兴到哪里游走就到哪里游走，高兴游走到哪里就游走到哪里，一切听由兴致，一切都随缘，一切都听任自然，一切都无可无不可，真是闲到了极致。

　　应该说，这写的是王维的真实状态。然而，肯定不是天天都是这样的状态，甚至不是经常如此状态。如果天天这样或经常如此，就没有了这份冲动，就没有了创作灵感，也就没有了"寄城中故人"的必要。也就是说，这种感觉是可遇不可求的，是难得才有的，是值得向城中故人炫的。这是一种胜意，一种胜事，"胜事空自知"也。胜事者，美事，快事，闲适事也。这种胜事是"入山"后才有的体悟与感知，其中之妙亦唯有自知，"如饮水者，冷热自知"（《大白经疏》）。因为"胜事自知"，悟得世事变化无穷之理，方有此不可言传的"化机"也。兴致来时，每每独往山中而游行闲走，快意美感，唯有超然之心才能神会。

　　起句"中岁颇好道"之"好道"，很值得玩味，"好道"亦成诗眼。从诗的构思来看，前二句是因，后六句是果。诗起句就告诉人，我自中年开始，就更加注重庄学禅道的修炼了，应该也包含着修炼到了相当的境界。也在告诉人，我所以入山，所以独往，所以行游自由，就是因为"好"了"道"。因为好道，而趋静入山，而"晚家南山陲"也；因为"好道"，而兴来独往，而空知胜事，而行当所行，而坐看云起，而谈笑无归。唯有好道，方可有这许多无心遇合的偶然。王维的《终南别业》，分明就是在写"道"，也妙在写"道"，写出了没有玄言和禅语的人生之"道"、生命之"道"、休闲之"道"、处世行事之"道"。

"中岁颇好道"之"道"是个什么"道"？也就是说，王维所好的是个什么"道"呢？一般而言，都将这个的"道"，注为"佛家之道"，解作"佛家学说"。为什么这个"道"就一定是佛道呢？为什么要将这个"道"分得这么清呢？为什么就不可以是儒释道三教之"道"呢？儒释道三教皆趋静，皆爱自然，皆重和谐闲适。王维亦庄亦禅，或儒或道，这不仅是王维思想的特征，也是唐代三教交互的特点。

诗里的"兴来每独往"的"独往"，暗用语典。《庄子·在宥》曰："出入六合，游乎九州岛，独往独来，是谓独有。"《列子·力命》也说："独往独来，独出独入，孰能碍之？"《文选》："独往，任自然，不复顾世也。"兴来每独往，不是爱山水爱到极致的人，断不会对山水有如此兴致，难怪黄山谷说王维"定有泉石膏肓之疾"，也就是说他爱山水已经成癖，而不可救药。王维的离群独往、胜事得意，以及此诗后四句所展现的水与云的自然变化，与其独游的自得之乐，还有其偶遇的闲谈之乐，应该说，更多的是庄之玄趣。而"行到水穷处"也是庄子的思想，顺其自然而与自然合一，不为物累，不为形役，淡泊超然，随遇而安，随遇皆道，追求独立自由的逍遥境界，而其无目的的合目的性，自然而然，触处可悟，人与自然山水合二为一。

诚然，王维的这种行之所当行而止之不可不止的无所滞碍，也应和了南宗"无住"之旨，可从"无我"的观念来解释。徐增说此水穷云起"于佛法看来，总是无我，行无所事"（《说唐诗》）。因为王维全家信佛，其本人更是精通佛理禅义，因此，也就很容易让人从佛禅方面来解。而事实上这种水穷云起的描写，也确定很适合以佛禅的随缘观、性空论来解，而常被南宗用来示法开悟。应该说，这种山水行乐里，也有儒家"咏而归"的思想。孔子《论语·先进》篇将"浴乎沂，风乎舞雩，咏而归"作为最高的政治理想，追求"乐而归"的畅怀放逸、平等和谐的生活。俞陛云说水穷云起"可悟处世事变之无穷，求学之义理亦无穷"（《诗境浅说》）。水穷云起，尽是禅机；林叟谈笑，无非妙谛。

因为"好道"，天性淡泊而独好自然的王维，更加散淡悠闲，更加敏感于事物变化的神奇与美妙，也更加善于在机缘凑泊的遇合中感受到人生的乐趣。尼采说："只有作为一种审美现象，人生和世界才显得合情合理。"王维入山，消融于山的深度里，也消融于时空和外物的深度里，无意于时空的存在，似也无意于自己的存在。"偶然值林叟，谈笑无还期。"岂止是林中与老叟之遇是偶然的，全诗皆在写偶然，写的是处处都是无心的偶然：兴来独往是偶然，随兴漫游是偶然，水穷云起是偶然，遇见林叟笑谈而忘返也是偶然。一切都没有事先的设计，没有预期的目标，无需苦心经营，唯其如此，行于所当行，而止于不可不止。而这种偶然性，亦即随任自然，随缘适意，也才是真正的闲，才是真正的闲到极致。

"行到水穷处，坐看云起时"二句，是闲到极致的一种独特感受，一切皆从容不迫，不紧不慢，随缘适意，不求人知，心会其趣，兴致来了就独自信步漫游，走到水的尽头而不能前行，便坐看行云变幻。水穷何碍？水穷而不虑心。云起何干？云起而不起念。只有过程，没有结果，也不问结果，无论水之穷否而内心自在平静，没有目标，没有心机，不知何往，不知所求，一切都很偶然，一切都是自然，一切又都是因缘，一切无非适意，一切都无可无不可，一切皆不"住"于心，无念进退，不起世虑。这与阮籍的"途穷哭返"不同，阮籍"恸哭而返"，是因为触到内心，"世路维艰"而感伤，乃放不下世情。这与王子猷"兴尽不入"也不同，王子猷"何必见戴"，是因为顾虑重重，乃怕破坏兴致。"水穷"而路阻，丝毫不能破坏王维的兴致，还是那份好心情。"水穷"我便止步不行，坐下来看云起云散，不亦快哉！乘兴而游，无所滞碍，真正是超然物外，体现了诗人随任之性。没有空间意识，能走到哪里就走到哪里；也没有了时间概念，想走多久就走多久。诗人写的是一种心情，写的是他自己闲到极致的洒脱，是绝去执着的自由心境与闲适状态。这一首诗写的是生活，写的是游历，写的是闲情逸致，因其自然接通或对应了佛理禅机，而让历代好诗者参悟玩赏不已。

作为诗来说，古人特别欣赏《终南别业》的妙手天成，一无斧凿痕迹。如果以平仄律衡量，此诗应该属于古调。因此，高棅编的《唐诗品汇》与赵殿成的《王右丞集笺注》皆将此诗编在古诗卷中，认为"自是唐人古诗，不可谓律"。然沈德潜《唐诗别裁》却将此诗收在近体诗五律里。施补华《岘佣说诗》也将其作为五律来论，他说："五律有清空一气不可以炼字炼句求者，最为高格。"他认为这就是"所谓'羚羊挂角，无迹可求'"。

我们以为，还是将此诗作为五律来看比较好。严格意义上讲，此诗不合格律。此诗韵用平声，还算合辙合韵。中间两联对仗，虽不很工，却也可算是宽对。但是，平仄却严重不谐，几乎没有一句是正格，最多也只能作为拗体来看。或者只能算是古律，古诗与律诗杂糅的诗体，然其不求美则美矣，无须工而工也。施蛰存《唐诗百题》说："这是一种古体与律诗杂糅的诗体，也是从古诗发展到律诗时期所特有的现象。"这种说法不无道理。然而，我们宁可把它作为律诗来看。高步瀛《唐宋诗举要》就认为："此等作律诗读则体格极高；若在古诗则非其至者。"此论见解很独到。意思是说，宁可将其作为五律看，貌似自由散漫，然无意求工却意趣盎然，而如果将其作为古体看，齐梁诗里不乏佳作，就无所谓"体格极高"，也就不见得为奇了。

譬如崔颢的《黄鹤楼》，为古人所特别推崇。诗乃散文写法，不拘常规，不守格律，前四句散调变格而后四句整饬归正，属于古体散调。这明明是首不合律的七言律诗，却说成是唐诗第一律。南宋严羽第一个这么说，他是矫枉过正，也是有他的道理的，不是认为诗不需要讲格律，而是欣赏自然，不刻意雕琢，认为诗意和意境比格律更为重要，认为开元天宝以后的诗刻意所为，就不要多去学了。真可谓不可无一，不能有二。这样的作品多了，也就没有意义了。而如果不把《黄鹤楼》作为七律看，其在古诗中也就没有什么大不了的。

我们以为，王维是按照五律来写的，信手拈来，没有硬拘平仄，其诗起承转合，也如行云流水般的自由自在，时空切换，形迹无拘，也像其出游一样，想怎么走就怎么走，能走到哪里就走到哪里，活现出诗人的内在气质、高人风度与此在状态。故而，此诗形成了随意洒脱的突出特点。这种表达的本身，也就是一种"行到水穷处"的随意，随缘与随适，如行云流水而同样了无滞碍，天机所到，自在流出，"行所无事，一片化机"（沈德潜《唐诗别裁》卷九）。可以想象得出，诗人创作时的状态，行止洒落，妙手偶得，可遇而不可求，绚烂之极而归于平淡也。而于"坐看云起"的王维，无所谓律体无所谓古体，无所谓形式也无所谓内容，你说五古就五古，你说五律就五律，譬若水穷云起，行止自然亦任其自然。

"行到水穷处，坐看云起时"，属于一种天趣，写的是一种超然物外的闲，是一种让人玩味不尽的"道"。诗不直言其闲逸，而意则愈见其闲极。

王维诗多写闲，也擅写闲，闲也成为王维诗歌的永恒主题。他少年时写闲，中晚年也写闲，每一时期都有"闲"的人性自觉。他在山中田园写闲，他在宫廷别业也写闲，每一处地都有"闲"的心灵满足。

　　　"兴阑啼鸟换，坐久落花多。"（《从岐王过杨氏别业应教》）
　　　"松风吹解带，山月照弹琴。"（《酬张少府》）
　　　"闲门寂已闭，落日照秋草。"（《赠祖三咏》）
　　　"篱中犬迎吠，出屋候柴扉。"（《赠刘蓝田》）
　　　"倚仗柴门外，临风听暮蝉。"（《辋川闲居赠裴秀才迪》）
　　　"披衣倒屣且相见，相欢语笑衡门前。"（《辋川别业》）
　　　"山中习静观朝槿，松下清斋摘露葵。"（《积雨辋川庄作》）

诗人着力写闲的感悟，写其体会闲的心性，写息心静虑的平和心态，写物我天人而同构冥合的闲适关系，放大了人与自然山水融洽的生机和韵律，含而不露，雍容婉转，表现出对于意象与意境高度娴熟的高超运用，真可谓"但见性情，不睹文字"。王维保持着一种超然自得的自由与闲适，不知西东而自由西东，一举一动皆为"坐看云起"的自由状态，以不滞于物的超乎尘俗的人格精神，与悠然自得而达观宁静的仪态风神，显示出合情合理的生命意义，展示人性的全部瑰丽，突出了自由自在的极闲状态。

"行到水穷处，坐看云起时"，所以深为历代诗家所盛赞，正是诗中所表现出来的闲到极致的自由精神与禅悦哲味。王维写的是生活，是生活的闲情，是生活的极端自在性，而不是在写禅，然不是写禅却让我们读出了禅悦来，感受到浓郁的禅意。这也正可用以反证，禅就是一种生活，是生活的感悟，而不是道理，更不是讲道理，也不是让你来全盘接受人家讲的道理。禅宗的精神，是要在现实人生的日常生活中认取。而我们对于王维诗中闲的审美，也应该成为我们生活与生命的一种本能需要，成为我们的一种奢侈的精神消费，成为我们诗意存在的一种休闲形式。

二、此生闲有余

闲，是个很高的人生境界。身无事，心无事，身心俱无事，才是真正的闲，才是真正的人生福报。然而，闲也不是所有人都能享受的，或者说不是随便能够享受得到的。朱光潜先生在《文艺心理学》中谈读王维诗的感受说："'万物静观皆自得，四时佳兴与人同。'你只要有闲功夫，竹韵、松涛、虫声、鸟语、无垠的沙漠、飘忽的雷电风雨，甚至于断垣破屋，本来呆板的静物，都能变成赏心悦目的对象……你陪着王维领略'兴阑啼鸟散，坐久落花多'的滋味。"无论怎么忙，我们还是应该摆脱"尘劳""形役"，腾出点"闲功夫"来陪王维领略闲的滋味的。

王维坐看云起，起坐行卧，举止高雅，无不体现一个闲字。王维说："一悟寂为乐，此生闲有余。"一旦有所领悟，思想变得空旷了，变得深邃了，也变得自由了，整个的人生境界也大了，处于无处不闲而无所不闲的恬淡渊泊。王维说的"此生闲有余"的这个"闲"，是有条件的。他的《饭覆釜山僧》诗曰：

晚知清净理，日与人群疏。将候远山僧，先期扫弊庐。果从云峰里，顾我蓬蒿居。藉草饭松屑，焚香看道书。燃灯昼欲尽，鸣磬夜方初。一悟寂为乐，此生闲有余。思归何必深，身世犹空虚。

这首诗，为我们提供了研究王维晚年生活的文献资料，可以与新旧唐书等史料互证，参照来读。《旧唐书·王维传》曰："维弟兄俱奉佛，居常蔬食，不茹荤血，晚年长斋，不衣文彩。……在京师日饭十数名僧，以玄谈为乐。斋中无所有，唯茶铛、药臼、经案、绳床而已。退朝之后，焚香独坐，以禅诵为事。"精神上充实了，生活才能简单，活得才会舒心，才可能有更多的闲适与情趣。

此诗写的是王维忙着接待僧人而获得顿悟的经过。从题目看，施饭食给覆釜山的僧人，亦即招待远道而来的僧人。饭僧谈玄，是王维晚年生活的一个重要组成部分，而今日他所迎来的是来自远方的高僧，故而特别殷勤而隆重。诗的开头四句，是自写，写自己饭僧前准备工作的忙碌。接下来六句，写覆釜山的数僧人。这些远道自"云峰里"来的覆釜山高僧，真是不同凡俗，他们对物质的需求极低，异常虔诚，也异常专注，入夜已是初更天，还没有休息，还在看道书、诵佛经。这是在写来僧，也是为了写自己，写自己受到感染、受到开化的"悟"。诗的最后四句写禅悟。"一悟寂为乐，此生闲有余。"寂，寂灭，佛教用语，意为度脱生死，进入寂静无为、涅槃再生的境地。此二句意谓：一旦觉悟了"寂灭"之佛理，此生就倍感闲余安宁了。诗人在与高僧们的交流中，享受空门、山林的幽寂之乐，参证了"凡所有相，皆是虚妄"（《金刚般若经》）的禅宗要义，彻悟到真正的乐事乃寂灭与涅槃，明心见性，即事而真，达到了超现实的"湛然常寂"的境界。王维觉得，禅宗圆通静达的启悟，使其除去了一切世俗妄念的执着，因此，现实中的生命与物质，便显得并不重要了，生成了"思归何必深"的生存智慧。这样的收束，类似谢灵运诗的玄言"尾巴"。其实，王维诗中也有些这样的玄言"尾巴"，因为他也太想将自己的禅悟禅悦直白地表达出来，并传达给世人。

"一悟寂为乐，此生闲有余"的禅悟，通过宗教体验与审美体验，来实现"悟"的目的，明心见性，而到达"闲"的境界。一旦顿悟，其乐无穷，整个的人生也就处于无可无不可的闲适。因为"闲"，而归寂，因为归寂，而物我如一，即物即真的"思与境偕"。这在佛禅上叫"寂照"，对于诗人来说，就是以宁静之心来观照万物寂然的本质，对自然山水的自主、原始存在以无条件、无心智活动的彻底认可和具现，直探生命之本源。

因此，王维一生几乎都在追求这种闲的境界，实现"此生闲有余"的意愿。王维的《归嵩山作》诗曰：

> 清川带长薄，车马去闲闲。流水如有意，暮禽相与还。
> 荒城临古渡，落日满秋山。迢递嵩高下，归来且闭关。

诗写于早年，王维优哉游哉地走向嵩山隐地。嵩山位于东都附近，是禅宗的发源地，是禅宗东土初祖达摩修成正果的圣地，达摩于嵩山少林寺面壁修行十年。"车马去闲闲"，闲字重叠，从容自得貌，极其闲静悠逸的样子，诗人已非一般地闲，归隐如还家，车马从容，不紧不慢，一路上所看到的都亲切可爱，平川清朗，悠游来归，流水有意，归鸟伴飞，真个是"江山如有待，花柳更无私"（杜甫《后游》）。心闲看什么都闲，看什么都顺心。寒山秋水亦恬淡淡泊，荒城古渡亦安详从容，秋晚迟暮，不仅没有苍凉孤寂的况味，反而增添了萧疏闲淡的生意。诗人忘机相待而从容淡定的神态，超然物外而萧闲幽远的风度，是很少能够在其他人的诗中看到的。"归来且闭关"，他用闭关，来实现"闲"的预期。他也因此而获得一种解脱，进入了自由闲适的自足天地。

闲，是一种超越了百无聊赖的恬淡渊泊，是摆脱了"尘劳""形役"之后的隐逸恬适。王维是真的闲到极致了，他对田园生活的喜爱，

对享受平常人生活的满足，也在外在形式上表现为应时而行、天人
合一的境界和风采。

　　　"寂寥天地暮，心与广川闲。"(《登河北城楼作》)

　　　"落日鸟边下，秋原人外闲。"(《登裴秀才迪小台作》)

　　　"洒空深巷静，积素广庭闲。"(《冬晚对雪忆胡居士家》)

　　　"澄陂澹将夕，清月皓方闲。"(《泛前陂》)

　　　"秋色有佳兴，况君池上闲。"(《崔濮阳兄季重前山兴》)

　　　"闲居日清静，修竹自檀栾。"(《沈十四拾遗新竹生读经处
同诸公之作》)

　　　"落花啼鸟纷纷乱，涧户山窗寂寂闲。"(《寄崇梵僧》)

　　非常耐人寻味的是，王维的诗中反反复复地出现"闲"字，这
也展现了他萧闲平和的风度。千古诗人中，真难找到有诗人像王维
这样热衷于"闲"的，更找不到所造"闲"境可以与他媲美的。王维
为什么嗜"闲"如斯？这些闲诗有什么思想和艺术的价值呢？这与
王维的"高人"气质和形象有什么关系？王维为什么以"闲"为其人
生的最高境界呢？王维深谙"闲"滋味，人闲入静，心空万物，颖
悟发慧，超越了庸庸碌碌的小我之后而"万物皆备于我"(《孟子·尽
心上》)的悠游从容，其人精神自然也特别自由与广大。

　　闲，既是王维的美学观，也是他的人生观，是王维高人风采的
自我设计，是他的人格理想的诗意呈现，是他超越了功利追逐、超
越了韬光养晦的一种生存智慧，形成了王维无可无不可的行事风格。

"无事在身，并无事在心，水边林下，悠然忘我，诗从此境中流出，那得不佳？"（徐增《而庵诗话》）中晚年的王维，更加从容不迫，优哉游哉，"行到水穷处，坐看云起时"，对境起意，而又对境无心，其本心本体在对时空万物的感悟中物我两忘，闲适且惬意之极。

"人闲桂花落，夜静春山空。"（《鸟鸣涧》）王维闲到了能够听到桂花落地之音，闲到了但有花开花落而没有了自我，禅坐静观，心态超然，月移鸟飞亦心惊。

"涧户寂无人，纷纷开且落。"（《辛夷坞》）王维禅定入境，空山自适，闲到了无人，闲到了无心亦无思，与花为一而自开自落，无生无灭，一切皆因缘和合。

"独坐幽篁里，弹琴复长啸。"（《竹里馆》）王维或动或静，或长啸或弹琴，闲到了想怎么就怎么，儒雅至极的王维，也如狂狷至极的阮籍，生命精神呈现出真原面貌。

王维的心灵韵律与自然节律高度同步，闲适的

〔元〕唐棣　摩诘诗意图

人生内容与审美内容高度一致，而得以与自然外物神遇化合，同形同构，形成了其诗禅意饱满而境界空明的宁静之美。禅宗认为，自然的节律与人的心灵韵律是同步的。因此，走向山水，是王维生活的一种常态，也是他生命的一种常态，是他人性的自觉。王维《泛前陂》诗曰：

秋空自明迥，况复远人间。畅以沙际鹤，兼之云外山。
澄陂澹将夕，清月皓方闲。此夜任孤棹，夷犹殊未还。

诗人自放于秋夜，陶醉于万物，一无挂牵、一无待累的惬意，欣然自适而以至于忘我忘归，而在静极空怀的惬意中与万物同化，于晶洁辉光的虚空中自由往来，也反映出万物自由、各得其所的生态意趣。

王维走向山水，真不是失意或失志的消极，更不是慢世逃名，故作清高。走向山水，是一种生活，一种休闲，是他的审美态度和审美活动，以禅宗"触目而真"的精义为基点，而以庄子"大同而无己"的观念为归宿，与万物同春，追求"至人"的自由精神。无论是宗教体验还是审美体验，主体都能获得一种精神解脱，都能获得自由、轻松、愉悦、和谐的感受。诗人通过这种洞见物之性的审美体验，从而体悟到内心的澄明敞亮，触处成春，艺入化境。王维《登裴迪秀才小台作》诗曰：

端居不出户，满目望云山。落日鸟边下，秋原人外闲。

遥知远林际，不见此檐间。好客多乘月，应门莫上关。

　　云山满目，秋原广袤，人闲则万物皆闲，端居不出，闭关自守，不论外境如何热闹喧嚣，王维也能保持一颗宁静自在的平常心，也能够尽情享受禅悟后的愉悦和通脱。神游万物而物我同春，于精神层面获得了充分的自由，心无挂碍，清净有定，心平气和。王维似乎并不注重实际意义上的自然人世，而着重心理主体的建设，到达终极的意义和审美超越的高度。

　　王维诗中频繁出现的闲，成为一种特殊含义的隐语，构成了我们特别熟悉而亲切的王维形象。游历山水，混迹林泉，或者端居不出，闭关自守，人虽在尘世之中，依然要做到心超然于尘世之外，宠辱不惊，进退从容，飘逸而闲适，高蹈而洒脱。逍遥齐物的人生哲学及超然于物外的人生态度，让诗人纵情享受生活而生成了一种充分的满足感和闲适态，形成了他庄禅其表而儒道其内的"从心所欲不逾矩"的风仪，而与他的"少年精神"形成了互补。

三、闲者便是主人

　　"坐看云起"的情性与闲逸自在，最易与山水发生息息相通的感应，"我心素已闲"（《青溪》），心随境转，人与景谐，清川淡泊如我心，我心亦淡泊如清川。

　　言入黄花川，每逐青溪水。随山将万转，趣途无百里。声喧乱石中，色静深松里。漾漾泛菱荇，澄澄映葭苇。我心素已闲，清川澹如此。请留盘石上，垂钓将已矣。

　　黄周星评赏此诗曰："右丞诗大抵无烟火气，故当于笔墨外求之。"（《唐诗快》卷四）古人特别提示我们读此诗当于"言外""象外"寻绎。其实，王维诗多应于言外求之。王维为什么爱青溪如此呢？有什么言外之意可求呢？诗人入山必入黄花川，"每逐青溪水"。非常耐人寻味的是，青溪并不是什么奇景，更非什么名胜，然而，王维却对其如此感兴趣，不仅常来这里，且屡"逐"不疲。其中原因，王维诗已经告诉了我们，那就是"我心素已闲，清川澹如此"。此二句意谓：我之心性已如淡泊之清川，而清川亦如我之心性之淡泊。诗人之所以这么喜欢青溪，而对青溪百般赞美，是因为青溪"澹如此"啊，即"澹"如他自己，人溪俱"澹"也。我就是青溪，青溪就是我。诗人借青溪来为自己写照，写青溪即写自己，写他自己的心情。王维写他心中的那个青溪，也写出了他心中的青溪，而于青溪素淡的天然景致中，发现了自己，发现了自己与青溪一样的恬淡心境与闲逸情趣。或者说，诗人原本就有的素淡心性，恰好找到了一种吻合其素淡情感与心志的对应物，找到了一个可以会心解意的山水知音。而诗人深契与对应素淡青溪之物理，而生成了高度和谐一致的情境。

　　"随山将万转，趣途无百里"二句，表现出他随山万转而百里逐水的不竭热情与不败兴致，这亦可与王维的"危径几万转"互读。随山万转，逐水百里，非常形象而传神地道出诗人彻底自放于自然之中，以山水之性情为性情，与天地同流，与万物归一，人景物我，高度和谐统一。这也是"行到水穷处，坐看云起时"的意思，也就是其诗中经常出现的天如何人亦如何的生命体验方式。

诗的中间四句写景。诗人笔下青溪声色俱佳，仪态万千，既喧闹活泼，又素淡沉静。"声喧乱石中，色静深松里"二句，"喧""静"俱极深妙。"声喧"诉诸听觉，从听觉上写溪水在山间乱石中穿过时的动感；"色静"诉诸视觉，从视觉上写溪水在松色中流淌的静感。钱锺书先生在《七缀集》谈"通感"时举例说：王维的"色静深松里"，"用听觉上的'静'字来描写深净的水色"，"诗人对事物往往突破了一般经验的感觉，有深细的体会"。而这种突破一般经验的深细体会，只有其人亦静如松才有。于是，诗人大喜过望，遂发愿"请留盘石上，垂钓将已矣"。诗暗用了东汉严子陵垂钓富春江的典故，希望也能够以隐居青溪来作为归宿。

青溪，在王维笔下，美到极致；王维爱青溪也爱到了极致。诗人写动态中的青溪，写青溪的动态，表现出各种状态中的青溪形态，青溪也被赋予了自由个性和丰富情感。诗在写法上，突出了青溪喧闹而趋于平静的形态，突出了青溪娴静安谧的特质，显然是托物言志的写法。王维写青溪，固然是由于青溪的素淡沉静，恰合了他淡泊闲适的美学趣味，也是在借题发挥，有所寄寓。他的《过李揖宅》写道：

> 闲门秋草色，终日无车马。客来深巷中，犬吠寒林下。散发时未簪，道书行尚把。与我同心人，乐道安贫者。一罢宜城酌，

还归洛阳社。

　　古人说此诗"冲淡绝伦"，"然寄傲亦在此"。真是别具只眼，能够于笔墨之外而看到其中的"傲"。诗写人，写的是李揖，深巷亦即陋巷也，诗人经过李揖住所时，投以极其羡慕乃至钦佩的目光，先写主人的幽居环境，再以大写意写其人，抓住了人的性格特征写。徐增极其欣赏这个写法，说："先将李揖所居之处写四句，后将李揖行径意趣写四句。人称摩诘诗天子，天子者，凭我指挥无不如意之谓也，此真有天子气。"（《而庵说唐诗》）

　　王维为什么要写李揖？他欣赏李揖什么呢？诗中明白地告诉我们，因为李揖是个"与我同心人"，因为李揖与我皆"乐道安贫者"也。这个李揖，亦是太守级官员，安贫乐道，亦好老庄。李揖端居深巷，"散发时未簪，道书行尚把"，旁若无人，成为自己的主人。王维写的是一方天地，写的是一方天地里的主人。苏东坡《东坡志林》第四卷"亭堂"里说："江山风月，本无常主，闲者便是主人。"闲者便是主人，便是山水的主人，也便是自己的主人。

　　人只有在闲的时候才是自己的主人。人只有在闲的时候才最像是一个人。应该说，人的休闲，是开明盛世的产物。这种以自然情怀为情怀的休闲状态，不可能生成于一个政治动乱、经济凋敝的社会，不可能成为一群穷困潦倒者的精神状态。拙著《盛唐生态诗学》有云：

　　　　因为社会状况与山水丽质的共同作用，使人便具有了"闲"心而易于进入山水之"闲"境，也最易与山水发生息息相通的感应。换言之，如果战争频仍、政局动荡而人们生活无定、前途渺茫，那是想"闲"也闲不起来的。"闲"境，主要是萧散平淡的心闲，而不是一定要休官罢职的身闲。而且，似乎只有在身不闲而心能闲的状态里，才更能让诗人们感发生命的活力，让诗人的身心彻底进入生命本然自寂的状态，其诗性精神漂泊于宁静和平的山水之间，与自然产生同一生态节律而在自然山水中感悟生命的意义，充分享受生命的愉悦。也就是说，盛唐人的回归，主要不是为了逃避现实的压迫，不是对于现实政治的疲倦，而是人性与自然生态在本质上的呼应。盛唐诗人的心灵宇宙与自然的恬静惬然拍合而心融神释，一个个的都是十足的"闲者"。

王维诗中常有"时倚檐前树，远看原上村"（《辋川闲居》）的萧闲状态，写他的无所用心，写他的无所事事，写他体验到安逸洒脱、怡然自乐的闲适心情。这是一种绝对闲适的状态，是一种很高的人生境界。而王维以"闲"的方式获得了"闲"的状态，精神绝对放松，意志高度自由，比较起魏晋风度来，这才算是一种真正的潇洒，是摆脱了社会压力而以极度自由为高蹈形式的人生境界，是消解了内心忧愤"以游无极之野"的诗意状态。

诗是闲出来的。诗也最适合有闲者消费。有闲实际上是一种生活态度，也是一种生活质量。马克思说，贫穷与审美无关，忧心忡忡也与审美无关。马克思在《1844年经济学哲学手稿》里指出："忧心忡忡的穷人甚至对最美丽的景色都无动于衷，贩卖矿物的商人只看到矿物的商业价值，而看不到矿物的美和特性。"对于"忧心忡忡的穷人"与忙忙碌碌的商人来说，他们没有真正的闲情，因此，"最美的风景"对于他们也是没有意义的。只有能够闲适了的时候，才有权利享受审美。从审美方面来说，人要与现实建立审美关系，除了必须具有相应的物质条件外，还要有相当的艺术趣味。

我们当下所处的时代，也是一个"休闲"的时代，中国进入历史上最为繁荣富庶的时代，最为宁靖安定的时代，最为强大稳定的时代。我们这个盛世，真是比盛唐不知要"盛"过多少倍。我们不仅已经告别了贫困，物质高度丰富与繁荣，社会高度安定与和谐，我们的思想也已经高度的自由与开放，而渴望享受闲适所赋予的精神洒脱与超逸。

闲，不是真的无所事事，而是有了涵养自己也提纯自己的时空与心情。王维因为闲而静，因为静而空，因为空而形成审美意兴，进入审美化境，而生出世之姿，而感受到动静色空永恒之真谛。美学大师康德说："美是一种没有目的的快乐。"而这"没有目的的快乐"，就是美的最大意义，就是诗的最大意义，就是实现以闲为目的而消费闲适的生命意义。闲雅一直是华夏骨子里流淌的基因，而当我们真正走进王维诗里，心定神逸而灵慧自现，我们的人性精神与生存状态"那得不佳"呢？

四、入兴贵于闲

刘勰有"入兴贵闲"的说法。《文心雕龙·物色》曰："是以四序纷回，而入兴贵闲；物色虽繁，而析辞尚简；使味飘飘而轻举，情晔晔而更新。"创作过程中内心闲静，最易入兴，亦最易感发，这是一条重要的创作心理规律。

诗歌创作，不是说不闲不行，而是说能闲则更行。贵闲，即贵在闲。詹锳先生《文心雕龙义证》笺释"入兴贵闲"句，先引述刘永济《文心雕龙校释》里的一段评语："闲者，《神思》篇所谓虚静也，虚静之极，自生明妙。故能撮物象之精微，窥造化之灵秘，及其出诸心而形于文也，亦自然要约而不繁也，尚何如印印泥之不加抉择乎？"詹先生指出："四时景色很繁，又总是不断循环来往，但感物起兴却要极虚静，这样才可以在有意无意之间，抓住最感人的意兴。"骆鸿凯先生说："入兴贵闲者，盖以四序之中，万象森罗，触于耳而寓于目者，所在皆是，苟非置其心于翕然闲旷之域，诚恐当前好景，容易失之也。"其举例陶潜"采菊东篱下"诗，继续说："使非渊明摆落世纷，寄心闲远，曷至此乎？"而"闲"关乎诗人的创作，亦关乎读者的接收。

入兴贵闲说，说的是一种心态，是一种物我的关系。诗人于山水的观照，纯然发乎于山水形象本身的审美直觉。总的一句话，要有好作品，首先要闲下来。而能否闲得下来，与诗人的处境心情密切相关。而千古诗人中，王维是个"入兴贵闲者"的范例，最适合拿来作例子。《旧唐书·王维传》中说王维：

　　得宋之问蓝田别墅，在辋口。辋水周于舍下，别涨竹洲花坞，与道友裴迪，泛舟往来，弹琴赋诗，啸咏终日。尝聚其田园所为诗，别为《辋川集》。

我们从这份史料中，可以看到王维的真实生活，"他的生活态度是不知道生活而享受生活，他的生活态度极其自然，只求在平淡闲适生活中度过此生"（闻一多《唐诗杂论》）。诗人于物质生活上也没有什么特别的要求，而追求放怀自适的精神自由，泛舟弹琴，咏歌赋诗，玄谈禅诵。生活与审美，了无界限，生活即审美，审美即生活，以审美的态度生活，而以生活的姿态审美，洵为真正的"入兴贵闲者"。与歌德齐名的德国著名诗人席勒说："只有当人是完全意义上的人，他才游戏；只有当人游戏时，人才完全是人。"审美即游戏，以游戏的状态审美，而游戏的状态使人处于高度的休闲中，使人的天性得到最充分的诗性化，也使人全然"依乎天理"而任自然山水以其本来面貌自然呈现。这种以审美的直觉游戏，而以游戏的态度审美，应该是最佳的"闲"，也是最可宝贵的"闲"，最能够"入兴"的"闲"。诗人王维似乎就是这种状态，"泛舟往来,弹琴赋诗,啸咏终日"，完全是一种"游戏化"了的充分休闲状态。王维《辋川集并序》曰：

> 余别业在辋川山谷，其游止有孟城坳、华子冈、文杏馆、斤竹岭、鹿柴、木兰柴、茱萸沜、宫槐陌、临湖亭、南垞、欹湖、柳浪、栾家濑、金屑泉、白石滩、北垞、竹里馆、辛夷坞、漆园、椒园等。与裴迪闲暇各赋绝句云尔。

王维在序中说"与裴迪闲暇各赋绝句"，分明是在告诉读者，他的这些诗，具有"游戏"的性质，是"闲暇"时写出来的，写的也是一种极闲的生活状态。《辋川集》联袂组唱，约来裴迪，将辋川别业里的二十个景点，一景一咏，二人各写二十首，联袂而合成一集，闲暇得像是在做游戏。这个时期，王维确实是过了点好日子，简直是一种奢侈，虽然不是花天酒地，更非声色犬马，但是也算得上是一种养尊处优的生活，王维心情也大好，属于"此生闲有余"时期。这是王维创作的高峰期，出现了大量的好作品，他的好多代表作，就是在这段时间里完成的。

这个时期，约在开元末到天宝初年，主要是在748年前后三五年，王维四十五到五十五岁间。应该说，王维过的是一种贵族的生活，心平气和，无事在身，更无事在心。这些闲诗，是他在闲适状态下写出来的。"作品内容也十足反映出当时贵族的华贵生活。"（闻一多《唐诗杂论》）王维诗的一个重要主题就是闲。只有闲到那种程度，才能有这样的闲诗。他写休闲的诗，往往表现一种享受自然即享受人生的满足感，而这种闲适的景象、闲适的意境、闲适的心态，表现在诗歌的意境上即是浑融圆整，平和宁靖。钱穆在《中国文化史导论》中指出："我们若说中国古代文化进展，是政治化了宗教，伦理化了政治，则又可说他艺术化或文学化了伦理，又人生化了艺术或文学。"王维的这些诗，就是那种"人生化了艺术或文学"。

李白、杜甫的诗，也是"人生化了艺术或文学"。同样是盛唐人，李杜的生活与处境与王维大不同，其所入之"兴"、取材表现以及意境风格，也就大相径庭了。以杜甫为例，他的诗沉郁顿挫，以凄风苦雨为主要题材。然而，杜甫也有过一阵子"闲暇"的日子，他在这段时期的诗歌，题材与诗风也发生了很大变化。穷困潦倒了一辈子的杜甫，避难成都时，也在浣花溪畔建成草堂。草堂的位置背向成都郭，临近锦江，西北可见山巅终年积雪的西岭。杜甫《堂成》曰："背郭堂成荫白茅，缘江路熟俯青郊。桤林碍日吟风叶，笼竹和烟滴露梢。暂止飞乌将数子，频来语燕定新巢。旁人错比扬雄宅，懒惰无心作解嘲。"杜甫安居草堂，结束了流浪漂泊、居无定所的生活，也进入生活与心理的休闲状态。他的《田舍》诗写道："田舍清江曲，柴门古道旁。草深迷市井，地僻懒衣裳。榉柳枝枝弱，枇杷树树香。鸬鹚西日照，晒翅满鱼梁。"杜甫很为这段安宁悠闲的日子所陶醉。其《江村》诗曰："清江一曲抱村流，长夏江村事事幽。自去自来梁上燕，相亲相近水中鸥。老妻画纸为棋局，稚子敲针作钓钩。但有故人供禄米，微躯此外更何求？"草堂改变了杜甫的人生态度和生命精神，也改变了诗人对生活、生命与自然的理解。《客至》曰："舍南舍北皆春水，但见群鸥日日来。花径不曾缘客扫，蓬门今始为君开。盘飧市远无兼味，樽酒家贫只旧醅。肯与邻翁相对饮，隔篱呼取尽余杯。"这首诗备受人赏爱，诗人心情极好，快乐自得，悠闲自在，尽情享受着朴素的农舍生活，享受着优美的自然风景。正如钱穆先生在《中国文学论丛》中所说："中国文学之理想最高境界，乃必由此作家，对于本人之当身生活，有一番亲切之体味。"他非常重视生活的体味，重视心灵感应，"其所抒写，虽若短篇薄物，旁见侧出，而能使读者亦随其一鳞半爪而隐约窥见理想人生之大体与全真"。

　　大凡比较纯粹的山水田园诗，表现的是诗人以物观物的审美情趣，表现的是与物俱化而物我为一的境界，表现的是于物我亲密关系中的诗人休闲状态。而大凡写这种纯粹的山水田园诗的诗人，一般而言都是在比较休闲的时候而有比较休闲的状态。王维《辋川闲居赠裴秀才迪》诗曰：

> 寒山转苍翠，秋水日潺湲。倚杖柴门外，临风听暮蝉。
> 渡头余落日，墟里上孤烟。复值接舆醉，狂歌五柳前。

王维把"闲"字放到题目里去了，就像杜甫老是把"闷"字放到题目里去。诗中句句写闲，诗人内心与生态自然惬意一体，以此观照整个自然，既不是物的立场，也不是人的视阈，而是"即心即物"的意境。《红楼梦》里十分激赏"渡头余落日，墟里上孤烟"二句，然"倚杖柴门外，临风听暮蝉"二句则更妙，这是王维闲到极致的标志性动作，本该对仗而不强行对，"一气挥洒，妙极自然"，"初学人当讲究对仗，不能臻此化境"（《岘佣说诗》）。诗人闲到了无心，也无所用心，无须雕饰，无须刻板凑泊。这首诗能打动人心的，也是诗人所表现出来的安静意态与散淡闲情。或者倚杖柴门，或者临风听蝉，或者静观渡头落日，或者回望墟里孤烟，王维对于闲的外在追求，实际上是他以一种智慧的生存方式而实现了对于生命有限形式的无限超越。我们却很在意此中所具现的"闲雅"心态而形成的外在环境，因为生存环境的优越，诗人处于生存的极度自在之中，入境而起兴且有好诗则是极为正常的了。

王维说他"晚年惟好静，万事不关心"，其实也是说的一种闲，是一种与自然山水交流和浑融的入兴和专注。王维的《书事》五绝，神韵天成，意趣横生。诗曰：

　　　　　轻阴阁小雨，深院昼慵开。

　　　　　坐看苍苔色，欲上人衣来。

　　题目很有意味，"书事"，书的是什么事呢？无所事事，无事可书，便书写一种幻觉，一种宴坐式的体验，因此也是一种非常投入的闲。笔者《王维诗选》对此诗有这样的赏鉴：

　　　　此诗妙笔写"闲"。语不用一"闲"字，而诗中俱染"闲"意，俱是闲情，俱着闲色。由于人之闲，即便是白昼也懒得去开院门；因为人之闲，方有耐性独坐，而能够万念俱息，闭关凝定，进而虚怀待物，逼生出一种幻境。于是，诗人轻而易举地进入与物冥一的高峰体验时刻；于是，诗人生成了不辨何为现实之真而何为想象之幻的交感；于是，诗人达到真作幻而幻也作真的同一。是青苔之色欲上人衣来，还是人心潜入苔色？"欲上人衣来"这一神来之笔，巧妙地表达了诗人新奇、独特的感受，传达出欣喜、呵护的心情。诗人捕捉住触发灵感的诗意，通过移情作用和拟人手法，化无情之景为有情之物，苍苔之绿如灵性生物活泼上身。是青苔之色欲上人衣来，青苔虽然本为静景，然而青苔经雨水之润则鲜艳欲滴而生"上"之情态；更是人心潜入苔色，诗人入定生出幻觉，赋予青苔轻盈而活泼的动感，赋予它上得人衣的动态。诗人的视觉印象和清幽的身心感觉自觉重合，通过一种"欲上不上"的情状，夸张地反映了雨后深院一派清新幽美的景色，以人之极闲来写院落之极幽，而深院之极幽则有力地烘托出人之极闲。因为人之闲，而物我浑然一体，无迹可寻；因为物之幽，故使人忘却尘世的喧嚣，生活的荣辱，而愈发地闲了。这是一个很典型的物我相生的艺术境界，这种超悟对象的智慧之光，暗合庄、禅理谛。王维把在特定场合里获得的虚幻的"情境"暗示，凝练成"当下通向无限"的艺术玄妙，给人以积极而多向度的暗示。

诗人怎么写，写什么，与各自的遭遇有关，也与他们各自所处的年代乃至社会处境有关。冒春荣《葚园诗说》曰："故意在于闲适，则全篇以雅淡之言发之；意在于哀伤，则全篇以凄婉之情发之；意在于怀古，则全篇以感慨之言发之。此诗之悟意也。"而王维诗闲的主题与闲的内容，其祥和气象与雅致风格，既是他人性自觉的反映，也是时代接受的要求。王维"极目无氛垢"，其笔下无恶俗，反映的多是"雨后山川光正发，云端花柳意无穷"（《奉和圣制雨中春望》）的海晏河清的盛世气象。王维的山水田园诗，应该说他无论是什么题材的诗，多写社会的宁静和谐，多写国家的强盛和平，多写自己也写别人的安恬闲适，写得诗意十足，真正表现出盛世社会所特有的那种"桃源"境界。人道是，诗穷而后工。明人吴宽则说："穷而工者，不若隐而工者之为工也。"（《匏翁家藏集·石田稿序》）李杜诗乃"穷而后工"，王维诗是"隐而后工"，是"闲而后工"也。

中国古代诗歌的发展，似遵循着这么一个基本规律：越是社会不安定时期，诗歌的济用精神就越会被极端强化，而诗歌也就越得去担负那些主要不应是由诗歌来担负的责任。阶级斗争疾风暴雨的年代里，斗争哲学要求我们绷紧阶级斗争的弦而精神高度紧张，人们谈"闲"色变，"闲"甚至成了一种恶习劣行，一种思想品质问题。而我们也太多强调诗歌的功利性，强调它的旗帜、投枪的斗争性，太多看好"朱门酒肉臭，路有冻死骨"的揭露，太多希望诗人都有"安得广厦千万间，大庇天下寒士俱欢颜"的情怀，也太过张扬"安能摧眉折腰事权贵，使我不得开心颜"的逆反性旷达。因此，我们也太多放大了王维诗的消极面，太多曲解了其诗写"闲"写"静"写"空"的思想意义，而从生活情趣和人生态度上来对其加以清算，将其诗归入颓废与无聊，而对其人形成了避世颓废的错觉。

苏格拉底说过，清闲是一切财富中最难得的财富。确实也是，闲也不是一般人所能享受的，或者说不是随便什么人随便就能够享受得到的。闲，是个很高的人生境界。王维写闲的那些诗，是以恬静而欢喜的心情看待世间的一切，自然超脱的生活态度，这也是生活美学的本质，是美学的禅。时在盛世，读王维的《鸟鸣涧》这类写闲情逸致的诗，不仅没有格格不入的抵触感，反而感到格外亲切，格外温馨，格外享受。

真可谓：

> 对月弹琴动八风，落花啼鸟性清空。
> 人闲天籁千秋静，云起水穷歌啸中。

第八章

我已无我的虚静境界

静，是打开王维诗的钥匙，也是打开王维其人的钥匙。

王维生性好静，也很想静，事实上也确实很静，静得让人觉得没有了自己。

"心远地自偏"，也成为王维好静趋静也能够静的一种"精神定力"，成为其诗之静境朗现的一种修养功夫。心随物迁，必累其真；其真既丧，必然无静，也必然无察。王维以"闭关"的动作，隔绝世间喧闹与纷逐，闭关自修，闭关自静，不只是避开车马喧嚣，而是在自己的心底里修篱种菊。

静，亦成为王维打开世界的钥匙。刘勰说："陶钧文思，贵在虚静。"刘禹锡曰："能离欲，则方寸地虚，虚而万景入。"苏轼亦曰："静故了群动，空故纳万境。"构思创作唯静为贵。王维心空性虚，离欲虚静，而可容纳万境，而多纳静境，其诗多写静穆和谐的生态环境，多写平心静气的人际和谐，多写息心静虑的生命状态，其诗充满了静气，静到极致，比静还要静。

王维致虚守静，其诗亦贵在写静，"极静无思"的静，"极静无诗"的静。这已经不是物理意义上的静，更多的是精神性的静。这既是审美体验的静，也是宗教体验的静；既是艺术境界的静，也是哲学境界的静。故而，他诗中的这种静，静到人骨子里去了，具有深刻而深长的静寂意味，让人莫可名状而息心静虑。

静，是打开王维诗的钥匙。人只有在静的时候，或趋静欲静的时候，才对王维的诗特别感兴趣。古人说王维诗"读之身世两忘，万念皆寂"，说的是其诗的"静化"功能，就是说其诗具有"净化"的作用，具有精神疗救的意义。读王维的诗，在阅读中享受大美，涵咏性情，以自然林泉之趣为趣，进而改善精神生活、涵养精神气质，让人"调理性情"而心平气闲，宁静去躁，摒除俗念而息欲止贪，让人在充分地享受自然、享受闲适、享受宁静的审美快感中，成为一个真正的人，一个有趣的人。

一、没有牢骚语的真静

闻一多《唐诗杂论》中说："王维独创的风格是《辋川集》，最富于个性，不是心境极静是写不出来的，后人所谓诗中有画的作品，当是指这一类。这类诗境界到了极静无思的程度，与别家的多牢骚语不同，在静中，诗人便觉得一切东西都有了生命。这类作品多半是晚年写的。"这段话很值得我们玩味。为什么王维诗静，静到别人写不出来，是因为他的人静、他的心静，静到了没有任何牢骚的静。因此，他的诗，"与别家的多牢骚语不同"。

诗里没有"牢骚语"，也不容易；诗里没有了"牢骚语"，也才能真静。胡应麟最欣赏王维《辛夷坞》那类的诗，说那才是真的"静"，比较而言就是已没了"牢骚语"。他在《诗薮》里说："右丞《辋川》诸作，却是自出机轴，名言两忘，色相俱泯。又曰'千山鸟飞绝'

二十字，骨力豪上，句格天成，然律以《辋川》诸作，便觉太闹。"胡公将王维的《辛夷坞》等诗与柳宗元的《江雪》比较而论，二人的诗都是写静的，都静到不能再静，都是唐诗中写静的杰作。王维诗的静，所以静过了柳宗元诗的静，是因为柳宗元诗里有牢骚语而王维诗中没有牢骚语。

王维《辛夷坞》中的辛夷，是一种很美的花，它是一种叶子还没有长出花就先开的植物，其作为香料被屈原多次写入诗中。辛夷花每年迎着料峭春寒开放，绛紫色，形似广玉兰，生于树枝最末端，如生命的火焰高高燃起，给人一派勃勃生机的美感。

王维诗无描写，不说花美还是不美，但作平静的述介，很简明，也没有任何感情流露，只做纪实性报道。那些个辛夷花，红红地缀于花树的枝条顶端，默无声息地绽放于人迹罕至的深山，或开或落，花开纷纷，花落也纷纷。

诗意重心在"纷纷开且落"上，先说开落的环境，花开落于没有人迹的地方，开落于没有干扰也没有污染的环境中。这种环境，突出静寂，静到了没有人事，没有任何个人知性的介入，无人问津的静，依其天然的静，因其固然的静，也任其自然的静。

开落本来就是偶然的，就是无心的，就是生态的，就是静谧的，就是与美或不美无关的。自开自落，自生自灭，开也是落，落也是开，没有开的荣耀，也没有落的悲哀，不因为有人欣赏而开，也不因为无人欣赏而落，不以开来显示我在，也不以落来表明物无。开时自由自在地绽放，落也无怨无悔地飘落。花开花落，无心无念，归于寂静。所有的一切都静到了极致，是默无声息的沉寂，整个宇宙以及所有的喧嚣都被淹没在绝对的沉默里，完全体现了自然所内蕴的生命力的静，超越了物理意义之静的静。

诗止于感性，是感性与智性、神性的妙合。诗不是禅，禅却是哲学的诗，是诗的哲学。胡应麟说"右丞却入禅宗"，就是以此诗为例的。《辛夷坞》为历代诗论家所最欣赏的也是其中的禅意，因此，他们在谈诗中有禅时，举例都离不开这首诗。王士禛说王维的这类五言绝句"妙谛微言，与世尊拈花，迦叶微笑，等无差别"（《带经堂诗话》卷三）。拈花微笑的公案讲的就是顿悟，瞬间明白佛法的含义。读王维的这类诗，与之"等无差别"。这样比，是强调读诗需要参与悟，如同参禅要用最深密的内心去接近最高深的道义。禅是静到了极致。禅往往是以平凡的语言来言说一个平凡的生活场景，而给人以一种对生命、生活、人生的平凡的启悟。禅的本质是悟，我们在类似禅拈花微笑中，获得了"万念皆寂"的提示。读后不需要进行知性的分析，而让人有了静到极致的感觉。心中本来就有的那份静意给点染了，给强化了，就有了会意，而发生了内心的呼应。花开花落的自然，寓意无为的天道，木芙蓉自开自落，自生自灭，随缘应运，依乎天性，顺应自然，而归于虚静，归于寂灭。因此，胡应麟认为读这样的诗，"读之身世两忘，万念皆寂，不谓声律之中，有此妙诠"。这就是说让读者息心静虑，忘记了自我，摆脱了物累，弃绝了凡尘，摒除了俗念，真正地息机静虑，充分享受美、享受自然、享受闲适与宁静的惬意。

中国文化是个崇尚静的文化。儒释道三家"静"的观点，实质是将静观的态度和政教的态度合而为一。儒家是"恬静"的伦理观；

佛家是"寂静"的人生观；道家是"虚静"的自然观。因而，也形成了中国人审美以"静"而"助教化、成人伦"的美学逻辑。王维生性好静，尤其是他善解禅意，而又得益于禅助。禅助其静，其诗是有深度的简单，也简单得穷幽极玄。《辛夷坞》表现出来的是一种无心生灭、息机静性的机缘，是一种于大寂寞中寻悟到宇宙生命深处的大禅乐。这给人的顿悟就是，对于人生的一切境遇，心念不起，忧乐不生，自守真我，如是自得宁静，自得清明，而获得超稳定的内心平静，获得与大自然息息相通的爱怜与抚慰。

王维写的是静美，写的是静美的岁月，写的是静美的天道。这种"静"，是生命的最好姿态：既有沉寂，又有绽放；既能高标，也能低落；生如夏花绚烂，死如秋叶静美。木芙蓉自开自落，"无目的而合目的性"地自然自现，真个是"名言两忘，色相俱泯"也。

柳宗元《江雪》诗也写静，表现出了万籁俱寂的静，静到所有的山上都不见了鸟的踪影，静到所有的道路都没了人的行迹，静到那个江中独钓的蓑笠老翁，一动不动地蜷缩在大雪中，蜷缩在寒冷的一叶孤舟上。

然而，诗中有人，诗中更有钓。诗人用了一个钓的意象，透露出其内心不平的信息来。古诗意象里，钓具有特定内涵。大凡失意者，多隐于渔樵。大凡失意者，多有钓的期待。唐人之钓，也多含失意之后的幻想。孟浩然诗中的钓比较多，他的"闲垂太公钓，兴发子猷船"（《冬至后过吴、张二子檀溪别业》），虽然不能肯定其中就有以求引荐的意思，但是，他的《望洞庭湖赠张丞相》以诗"干谒"、以求引荐录用的意思则是很明显的。诗借洞庭湖说事，说得很艺术，先说"欲济无舟楫，端居耻圣明"的烦恼，再说"坐观垂钓者，徒有羡鱼情"的渴望。诗直言个人进身无路、闲居无聊的苦衷，表达了急于用世的苦苦期待之心。李白"狂歌自此别，垂钓沧浪前"，这里有万不得已而痛苦归隐的意思。白居易《渭上偶钓》，诗的格调不高，也是写失意心情的。先写"钓人不钓鱼"的姜太公，然后自写："况我垂钓意，人鱼又兼忘。无机两不得，但弄秋水光。"说自己意不在人，亦不在鱼的忘机心态，其实写得很露骨，即便不是明眼者也看得出他表面豁达，而实际上很心虚也很无奈。他退居渭上的一段时间里，精神颓废，感觉无望，写了不少"效陶体诗"，他也千方百计地走关系而想要走出来，走出被冷落被搁置的困境。这些有钓的诗，往往内心极不平静而"多牢骚语"也。

柳宗元也不例外，诗中的钓叟，是个隐士的形象，是个不甘心寂寞的隐士形象。《江雪》写一钓翁，离群孤绝，不畏严寒，全神贯注地垂钓于冰天雪地之中。画面之静，似亦静极。然而，古人读诗，眼睛真毒，一目了然，看到柳宗元不能平静的内心。或者说他尽管也想写静，尽管也写得很寒寂孤冷，仍是让人"便觉太闹"了。静是表面的，关键是内心不静，而心的不平静，是真正的不静，这个不静自然投射到诗里来了，虽然不是托物言志的写法。柳宗元笔下垂钓的环境，极其恶劣。钓者态度，也极其倔强。我们虽然不能说其中就没有归隐的意思，但更多的是"志不在鱼"的追求，是迫切希望得到别人的欣赏或理解，希望改变现状。联系柳宗元的身世际遇来看，他是个大才，是个大思想家，是在中国哲学史上占有一席之地的大哲学家，因为党争被排挤，常年被外放，被闲置在永州或柳州这种环境极其恶劣的地方。政治上失意的郁闷苦恼，又被瘴疠之地摧残得一身是病，但他为人倔强耿直，又不能像其"难友"刘禹锡那样的豁达，擅于自我心理调节，故而长期处于心理压抑状态。独钓寒江，有一种自赏意味，也是一种独洁孤立的强硬姿态，以一个孤傲不群而执拗勇毅的斗士形象，站到社会对立面，表现出绝不屈服的清高与孤傲，亦"多牢骚语"。

柳宗元还有一首看山的诗，可以与《江雪》比照看。《与浩初上人同看山寄京华亲故》诗曰：

海畔尖山似剑铓，秋来处处割愁肠。

若为化得身千亿，散上峰头望故乡。

题目显示，与僧人浩初一同看山，有感而作。禅宗著名的参禅三重境界是：看山是山，看水是水；看山不是山，看水不是水；看山还是山，看水还是水。柳宗元看山，似乎是参禅的第二境界，看山而不是山。柳宗元眼里的山，不是山，而皆尖如剑锋，是拔地峭竖的剑，是"割愁肠"而寸断的"剑铓"。柳州四野群峰，对"一身去国三千里，万死投荒十二年"的逐客来说，形象可怖，惊心动魄，而有利剑割愁肠之绞痛感也。看山是剑，因人而异；山之剑美，"因人而彰"。柳宗元的"物不自美"观，尤其是他长期被遗弃而遭致的心理变异，强化了观物的主观性，强化了审美的移情作用，强化了其笔下景象的怪异性，当其将个体特异的生命精神灌注到审美对象中去时，审美对象就有可能升华为诗人的灵性之象。他的《江雪》里，写凄神寒骨的环境，写孤寂独钓的老叟，也能够让人看出他孤傲不屈的生命精神，因此，古人说其"闹"。或者说，孤立地看还好，还是很静的，但是，比较王维的辋川诗来看，"便觉太闹"也。

盛唐人是"美在自美"观，特别是王维，"王维的诗，景物自然兴发与演出，作者不以主观的情绪或知性的逻辑介入去扰乱眼前景物内在生命的生长与变化的姿态"（叶维廉《中国诗学》）。著名的海外华人学者叶维廉对这一点极其欣赏，他自己创作的新诗也有这样的追求。《辛夷坞》写静，属于"物性原原本本地呈现"的那种，静到无我，不见情感意义，不见人事俗尘，但见花开花落。然而，诗人在诗中所表现出来的人与物化的意念和境界，并非是要人降低到生物水平，泯灭人的人文性，而是要超越特定的社会性的局域，以生成无目的之心，而遇合大自然的无目的。这种无心生灭的境界，是诗人对于宇宙与生命的诗意解读。

〔明〕文震孟 行书王维诗句轴

王维其意不在写花，更无意于花的美与不美，而是要突出人与自然万物同一的特性，突出诗人超越尘俗、不论人事的内心平静。

王维的《竹里馆》亦写静，诗人深隐幽邃，自由自在，或弹琴或长啸，唯恐让人知道他的形迹。同样是写弹琴，孟浩然则"欲取鸣琴弹，恨无知音赏"（《夏日南亭怀辛大》）。孟浩然弹琴为了人赏，因为无人能赏而有深"恨"以至于不能取弹，其心烦意躁可以想见。王维弹琴则怕有人赏，不希望有人赏，也不让人赏，也许他原本就知道难有人能够赏。这样比较，我们更能够感觉到王维诗的静意。他的心情原本就非常平静，故而他也隐得很深，在"深林人不知"的地方，以弹琴来表现一种远离尘俗的风度，那是脱离了虚浮的嘈杂之后，面向生命本源和世界本源的一种静态。

以苏轼的观点看，"其静有道，得己则静，逐物则动"。他在《江子静字序》里这么解释说："后之学者，始学也既累于仕，其仕也又累于进，得之则乐，失之则忧，是忧乐系于进矣。""故君子学以辨道，道以求性，正则静，静则定，定则虚，虚则明。物之来也，吾无所增；物之去也，吾无所亏，岂复为之欣喜爱恶而累其真欤？"王维是"得己"也。"得己则静，逐物则动"，比较柳宗元，比较孟浩然，王维静在"得己"也。故而，王维不大在乎"物"之来去，因而也不易失其真也。王维的《与裴迪书》里也说到心静的意义。王维趋静，裴迪也是个趋静的人，一般人都是趋闹，往热闹处去，看热闹去。"正则静，静则定，定则虚，虚则明"，诗静乃源自诗人主体之"静"。唐代山水诗"王孟韦柳"四大家，皆是写静的高手，皆多写静，而闻一多先生却说："王维替中国诗定下了地道的中国诗的传统，后代中国人对诗的观念大半以此为标准，即调理性情，静赏自然，他的长处短处都在这里。"闻一多先生肯定也是比较而言的，因为王维诗"与别家的多牢骚语不同"也。

二、心远而地自偏

最近读曹旭先生的新赠书，时有会心。他在《六朝诗学论集》里说："从人到诗，陶渊明的伟大及陶诗的好处，就是他用这种'精神定力'平衡自己；再令人愤怒的事，也可以化为淡淡一笑，或通过'酒'把烦恼融化掉，让他的人和诗'变得平淡'。我们读陶诗的时候，读到的经常是在他精神定力'管控'下的'平淡'。"曹先生谈陶渊明的"精神定力"，主要是以"从哪里来的"来拷问与发微的。笔者对陶诗没有研究，然无知亦无畏，窃以为，如果要我从陶渊明诗里检出一句来概括其"精神定力"，我选"心远地自偏"句。

我对自己的这个说法，也没有多少信心，便又翻阅陶渊明专家齐益寿的《黄菊东篱耀今古——陶渊明其人其诗散论》。齐益寿先生与曹旭先生都是诗人，我对诗人型的学者情有独钟，如闻一多、顾随、林庚与叶维廉等，他们的唐诗研究，与一般学者就是不同。齐益寿先生曾任台大中文系主任，与叶嘉莹先生私交甚好。我曾与齐先生同游天柱山，高攀而交好。他认为陶渊明《饮酒》（其五）诗的"意境高妙，无与伦比。这是一种得道的意境。人、庐舍、南山、夕阳、归鸟、山岚，都在一片本色所交映的闲和之中，真意盎然，随处充满。而这种意境的朗现，则得力于'心远'的修养功夫"。齐先生很推崇"心远"，认为"心远"是一种"修养功夫"，认为此诗之所以妙不可言，全得力于陶渊明"心远"的思想。

陶渊明的"心远地自偏"句，极富哲理，可谓千古妙谛。真正的好诗，也是哲学的，或者是具有很浓的哲味禅意的。所谓的"心远地自偏"，亦即"行止由心"的另一种说法，相由心生，境也由心生。心远，即一无杂念，心静如水，远离尘俗，超凡脱俗。心远了尘俗，即便是身居闹市，其静也胜过穴居深山。只要心远，无论处于何地也都能心寂意静。只要心念无染，居地何处都不要紧。王维的"随意春芳歇，王孙自可留"，也是这个意思。心里有桃源，何处不芬芳？重要的是心，如果心之不远，即便是你远隐于深山老林，也未必能够平静安稳。因此，我们以为，"心远"是一种精神定力。"心远"也是一种修炼功夫。陶渊明能够"心远"，王维也能够"心远"。陶渊明有精神定力，王维也是个有精神定力的人。王维与陶渊明都具有"'心远'的修养功夫"。

"心远"，其实也真不是件容易做到的事。人生如舞台，你方唱罢我登台。熙熙攘攘，推推搡搡，各色人等你来我往。陶渊明归隐后，其结庐隐居处，仍然在喧嚷的尘世中，人仍然是社会的人，因此，要能够真正地、完全地静下来，便要作"心远"的修炼了。因此，他也便有了"心远地自偏"的思想方法与精神定力，也有了"地自偏"的静谧感觉。

世界是喧嚣的，也是空寂的。人事是繁杂的，也是简单的。人的生性，一般多喜欢热闹，趋炎附势。陶渊明"心远"，不仅身隐，而且是心隐，主要的也就是要心隐。王维天生好静，关键是因为他是个竭力想要让自己静下来的人。他的这种强烈的静欲，在其他诗人的诗中是极少见的。他在诗中反反复复地表述，我是如何想要静，我是如何让自己静下来的。

王维的"闭门成隐居"，亦即"心远地自偏"的思想与举措，也是"心远"的一种修炼方法。这种欲静的渴望，既是王维的天性，也是他闭门自修的自觉。既然无法从喧闹的尘世中跳脱出来，不妨闭关自隔，趋静守拙，这是一种自甘寂寞、享受孤独的精神定力，也表现出他摆脱尘世而亲近大自然的自觉与能力。他不只是避开车马喧嚣，而且要心修东篱心筑桃源。

王维的这种"闭关"自修，曾经被视为"深刻的避世主义"。肖驰引述了十余例王维涉"关"的诗句，然后批评说："自信一门一户就足以将自己和喧闹纷逐的人世隔绝，这是一种更为深刻的避世主义。"他认为，"它是从开元末年开始在世俗地主知识分子心灵中弥漫的深刻悲观主义思潮的反映。所谓'少年不足言，识道年已丧'，应当不只是他作为个体步入中年后的醒悟，且也包含着地主知识分子一旦成熟后的颓废吧"①。这种说法，发生在 20 世纪八九十年代，不足为怪，可以理解。

王维的这种"闭关"，如果说有"避世"的成分，应该也主要是自修，是致虚守静的一种坚守，似乎不能定义为"深刻的避世主义"。

---

① 肖驰：《中国诗歌美学》，北京大学出版社 1986 年版，第 152—153 页。

如果说是"避"，那么准确地说王维是避俗，避尘俗，避喧嚣，甚至可以说是避名利。他以"闭门"的方式守拙处世，闹中取静，远心趋静，回归到生命本真，而为浮躁的心灵争取到一方净土，而将孤独与寂寞作为一种美来享受。因此，王维将他的独居与独往的静居生活，写得很静，写得很美，写得很享受，他在孤独寂寞中歌咏自然的静美与他的静得。王维诗中反反复复出现的那个"门"，是"心门"的一种象征。他通过闭、关、掩、返等动作，而竭尽避隔之力，远避尘世而隔离喧嚣，拒绝外界侵扰，而进入物我两忘的境界，这是他闭关自修的一种形象说法，是他守拙守静的一种人性自觉与人生态度。他也因此而获得了真正"心远"的身心俱安的感受，而进入了空灵悠逸的诗性境界。

　　所谓"心远地自偏"，是一种唯心主义的心理学，于王维来说，是一种宗教体验，也是一种审美体验。王维深受禅宗文化的超脱觉悟与涅槃精神的影响，深谙"真空妙有，无异无碍"的禅家三昧。他说："一兴微尘念，横有朝露身。"（《与胡居士皆病寄此诗兼示学人二首》其一）意思是，一旦稍有微小的杂念，便感到人生短暂如朝露。也就是说，不能有杂念，不能有尘想。这与老庄的思想也有相同处。老庄认为，人只有摒除了内心的欲念，才能使主体空明虚静。老庄的"虚静"观，认为人心原本是清纯的、安静的、空明的。《庄子·天道》曰："夫虚静、恬淡、寂漠、无为者，万物之本也。"因此，虚静也成为天地的准则和道德的实质。人心多从动处失真。"万物无足以挠心者，故静也。"（《庄子·天道》）如果心被"微念"所"挠"，那便失真了，便浮躁了，便有闭塞而蒙晦了。如何才能不为万物挠心呢？也就是如何才能保持或恢复内心光明,达到心灵澄澈呢？《老子》第十六章曰"致虚极,守静笃",《庄子》曰"心斋",曰"坐忘",就是要"虚"其心,就是要"斋"其心,一无杂念坐定入空,去知忘我,万物与我合一,而神清志静,而空明广大。因此,《庄子·天道》曰:"圣人之心静乎,天地之鉴也,万物之镜也。"意思是,人唯能静,方能心如明镜,照鉴万物。

像王维这样的好静而趋静之人,血管里"必多少含有庄学的血液"。徐复观说:"能'忘'故能'游',这是庄子人生实际受用之所在。而'忘'与'游'的人生,正是艺术精神全体呈露的人生。"王维入静的修炼,这种"闭关"亦即庄子所谓的"丧我""坐忘"的修炼,企图以消失自我来顺合自然。除了闭关自守,其诗中还不断出现扫洒、候倚、静坐等动作,通过宗教体验和审美体验来实现"心远"的目的。门外是纷扰喧嚣的俗尘世界,门内是孤寂宁静的心灵世界。心隐即身隐,居尘即出尘,因此,仕即隐,隐亦如仕,仕隐可以抵消偏执一方的困窘与烦恼,而接通了庄禅理义。

诚然,王维还主动走向山林,山中习静以观朝槿,松下清斋而摘露葵,于幽寂净静的山林自然境界之中,通过对大自然物象的观照,来实现"致虚""守静"的修炼与体验,独自遨游于心灵世界之中。"以虚静的功夫,呈现出以虚静为体的心,此心是'官天地、府万物'的;所以说'弘大而辟,深闳而肆'。因为心的虚静,是有生命力的虚静,生命力由虚静而得到解放。"也就是说:"'辟'是开辟,生命力是在扩充中继续;即生命力自身常是不断地开辟。"因此,"心的虚静之体,是无限大的,所以说是'弘大';是无限深的,所以说是'深闷'。同时，虚静之自身是理性的"。[①]老子提出了"虚静"观，以虚静为体的心，可"官天地"也可"府万物"，因此，虚静功夫的修炼，也非易事也。

所谓的"心远"，亦即心隐也，亦即大隐于市朝的大隐也。王维好静，他以闭、关、掩、返、扫、洒、倚等方式，以及独往、习静或坐看云起等方式，而进行"心远"的修炼，而追求无论处于何种熙熙攘攘的名利场也有"地自偏"的平静，而有"地自宽"的自在，不一定硬性去找个"瓦尔登湖"。他内修精神，效法自然，超越各种限制，使心灵得到自由，以"心斋""坐忘"的功力，形成"致虚""守静"的定力，而远离尘世与喧嚣，以虚静为怀，超越功利，领悟物我一体、天人合一的道理，达到物我两忘而物我无际的忘我境界。王维之"心远"，以林泉之心而游庙堂而逛朝市也。

三、如何动息自遗身

王维诗里有"动息自遗身"的提法，读王维诗，我们也有这种感觉。诗人非常追求这种动息遗身的忘我乃至无我的境界，他在竭力混同天地万物而成为一株树或一片云，甚至否定自我存在而没有了自我。

王维《戏赠张五弟諲三首》（其一）曰：

---

① 徐复观：《中国艺术精神》，春风文艺出版社1987年版，第89页。

青苔石上净，细草松下软。窗外鸟声闲，阶前虎心善。

王维《戏赠张五弟諲三首》（其三）亦曰：

我家南山下，动息自遗身。入鸟不相乱，见兽皆相亲。

所谓的"动息自遗身"，动可遗身，息亦遗身，无论在什么境况下皆能够遗身，应该说这已到"坐忘"的境界了。王维也自诩为这种"坐忘"境界里的静者。诗人居身南山下，我已非我，而成为与鸟兽林泉同类的"吾"，成为与天地万物相通的"吾"，而在物我同一的境界里实现了"遗身"的自然转化，因为他也找到了自然本真状态的自我。《庄子·至乐》曰："天无为以之清，地无为以之宁，故两无为相合，万物皆化生。"因为"无为"，故而"遗身"，进而"无我"，而融入乃至化入自然界的天地万物中，置于自然和谐统一中，也因此而体现出真正的人的意义，表现出与天地万物同在的价值。老庄认为，人只有按照自然本性生活，不为名利所诱，不为物欲所困，万物无足以挠心，保持心灵的恬淡虚静，才能镜鉴万物，到达与天合而为一、与道同为一体的境界。王维的"山林吾丧我"说的也是这个意思，王维的《山中示弟》诗曰：

山林吾丧我，冠带尔成人。莫学嵇康懒，且安原宪贫。山阴多北户，泉水在东邻。缘合妄相有,性空无所亲。安知广成子,不是老夫身？

　　这是一首勉励类的诗，勉励其弟积极进取，不要像嵇康那样懒于进取而丧失了上进心，刚行成人之礼，更应该如原宪（子思）那样乐道安贫，刻苦自修。然而，诗里却多写自我，写自我已到无我之境，已十分超脱。这用意似是在勉励其弟，勉励他要以出世精神而做入世事业。诗里合儒（原宪）释（性空）道（广成子）三教一体，三教交通，都说的一个"自忘"的思想。诗的第一句"山林吾丧我"很有意味，意思是我在山林时的状态，就像没有了自我。换言之，我如果不在山林呢？人在山林，无欲无求，如广成子一样山水悠哉。

　　"山林吾丧我"的这种"丧我"的认识论，源自庄子。《庄子·齐物论》"今者吾丧我"，是庄子人生观中的一个重要理论，形容一种忘我乃至无我的境界。所谓"吾丧我"，就是我忘记了自己，我已感觉不到自己的存在了。其"吾"，不是"形态的我"，也不是"情态的我"，而是在任何极端情景下都不为所动的"真我"与"大我"，是体悟大道了的"我"，是超越了人世间一切世俗之欲的"我"，亦即《逍遥游》中"无己无功无名"的"至人神人圣人"的"我"。王维用庄子典而说"山林吾丧我"，就是说山林让自己忘记了自己，进入山林就感觉不到自己的存在，进入丧我、忘我与无我的精神状态。山林对于我来说，具有"丧我"的基本功能。一旦走入山林，我就没有了，我就丧失了，我已无我，我已非我，或者说我已成为新我，而非沉溺于滚滚红尘中为欲望和物质所束缚、所纠缠、所困惑的我，实现了"齐物我，齐是非"的至高境界。

　　道家的"丧我"与佛家的"对境无心"，使王维进入了"无我之境"。物我一体，人为的秩序变成自然的秩序，人也由原先对自然的崇拜而变为与自然的高度和谐。这种"自遗身""吾丧我"，不仅是静的天性、静的自觉，也是静的能力，是不管在什么情况下都能够使自己静下来的境界。新加坡国立大学教授王国璎在其《中国山水诗研究》里说："李白的道家色彩固然比较深厚，但其情绪澎湃，往往静不下心来，所以像这类表现个人恬淡自适之趣的诗歌创作，亦远步于王维的后尘。"李白的心静不下来，故而，他写不好"恬淡自适之趣的诗歌"。杜甫呢？更是静不下心来。譬如《登高》，开篇写景，"风急天高猿啸哀"不是静景，或者说不是写静，诗人由于心不静而不取静景，景也难静，前四句景象描写，给人以一种不安定的躁动感。下半部分的四句，更是写心不静，百感交集，悲慨万端，写半世人生之悲怆，写当下困境之不堪。读这样的诗，心也跟着诗人动，为诗人的命运而唏嘘不已，感慨莫名。我们前面已经说过，杜甫也有不少"恬淡自适之趣的诗歌"，而且写得很好，这肯定与他趋静入静而心也比较安静的缘故有关。著名美学家别林斯基曾说过："无论在哪一种情况下，美都是从灵魂深处发出的。因为大自然的景象是不可能绝对的美，这美隐藏在创造或者观察它们的那个人的灵魂里。"[1]王维天性易静，虚静直觉，澄怀观照，顺其自然本真而取景造境，其"恬淡自适之趣"的诗就多，也就好了。

---

[1] 别林斯基：《别林斯基选集》第一卷，上海译文出版社 1979 年版，第 241 页。

〔宋〕秦观　秦观书摩诘辋川图跋

　　瑞士思想家阿米尔说："一片自然风景是一个心灵的境界。"王维诗里的风景，是诗人心灵的艺术凝冻，像王维"那充满着情感又似乎没有任何情感本体的诗"，李泽厚认为那是"凝冻的永恒"。"那不朽、那永恒似乎就在这自然风景之中，然而似乎又在这自然风景之外。它既凝冻在这变动不居的外在景象中，又超越了这外在景物，而成为某种奇妙感受、某种愉悦心情、某种人生境界。""而这种凝冻，即所谓'凝神于景'，'心入于境'，心灵与自然合为一体，在自然中得到了停歇，心似乎消失了，只有大自然的纷烂美丽，景色如画。"①也就是说，你的诗是静还是不静，主要取决于你的灵魂，因为这主

---

① 李泽厚：《李泽厚十年集》第一卷，安徽文艺出版社1994年版，第364页。

要"隐藏在创造或者观察它们的那个人的灵魂里"。王维笔下的不少山水田园诗，静心静景，静趣横生，常常表现出湛然空明的"色空如一"的思想。

秋山敛余照，飞鸟逐前侣。
彩翠时分明，夕岚无处所。
　　　　　　　　（《木兰柴》）

北垞湖水北，杂树映朱栏。
迤逦南川水，明灭青林端。
　　　　　　　　（《北垞》）

飒飒秋雨中，浅浅石溜泻。
跳波自相溅，白鹭惊复下。
　　　　　　　　（《栾家濑》）

古人说，这些诗中之景，"惟幽识得"。诗人以心灵映照万象，代山川而立言，成就了一个鸢飞鱼跃、渊深淡泊的灵境。诗之静到无人，完全不涉及人的活动，然却是诗人以自我的无为与山水的无为默而契之，而深得天籁静寂之神谛，深体飞鸟水禽之性，随任物各自然的兴作呈现。诗中一派天道自然的灵气，一派无形、无声、无臭、无色的静意，具现出神遇物化而空灵清妙的意境。王维对大自然作深层禅意的观照，在自然万籁中，听得到自己所需要的声音，听得见自己的心跳，听得到自己灵魂的呼吸；而在对自然万象的超越中获得回复本真的宁静和福慧；而"以宇宙人生的具体为对象，赏玩它的色相、秩序、节奏、和谐，借以窥见自我的最深心灵的反映：化实景而为虚境，创形象以为象征，使人类最高的心灵具体化、肉身化"（宗白华《美学散步》）。诗中兴象深微，湛然空明，水自流而云自起，秋山彩翠亦自明灭，自身就是一切，一切皆无目的的合目的性，超神得逸，进而复归于宁静。

王维诗最杰出的贡献就是，写其独静其身的情态，以及何以能够独静其身的原因。刘勰《文心雕龙·神思》里谈创作构思，说是"陶钧文思，贵在虚静，疏瀹五藏，澡雪精神"。他认为创作构思，虚静是最重要的。这也就是个洗去浮躁、雪除鄙俗的过程。唯虚能纳，唯静能照，守静去躁，摒除杂念，澄怀凝神，驰骋思想。刘勰特别强调"秉心养术"。也就是说，如果这一点做得很好了，就"无务苦虑"，亦"不必劳情也"。构思，神之思也，指思维的精妙活动，亦"用志不分"的凝神活动。王维以庄、禅的"虚静""虚空"观，在处理人与自然的关系时，以自然的目的为目的，以自然本身的尺度为尺度，维持着大自然的生态平衡，因而也便最容易进入一个体现价值存在的审美境界，使文化的、哲学的理念转化为审美的范畴，加速了中国美学以虚空美取代证实美的嬗变。王维以物静而显示心静，而这种由山水外物建构起来的"物自在"的静，如同空无禅境，呈现出空寂而幽静的弥漫性境相，以实有形象反衬了隐藏在背后的空无之相，于空灵之境得超然之美。

王维的"动息自遗身"与"山林吾丧我"，深受中国农耕文化的

"天人合一"的哲学思想影响，是儒释道三教合力而生成的一种修炼及修炼成的功夫，也是他身处于喧嚣嘈杂而能自静守拙的精神定力。王维致力于"致虚极，守静笃"的修炼中，致虚守静，保卫心灵的那一片净土。世道纷繁，熙熙攘攘，充满了各种各样的诱惑，也充满了各种各样的烦恼。人心往往于动处失真。世界是永恒，也是当下；是深邃的，也是生机无限的。从积极的意义看，人在息机静虑的情境下，心地愈加光明而心生美好，超脱尘俗而不为物累，从而真正实现逍遥自在的闲适。"动息自遗身"，王维为我们展现了一个忘我无我的静默风神，也为我们提供了将人心灵引向宁静的一种修炼启示。

四、静是一把万能钥匙

王维太喜欢写静了，他的诗也太静了，比静还要静。胡应麟说王维《辋川》诗"名言两忘，色相俱泯"。而这类诗，静到无诗，是王维的绝活儿，无人可及也。

读王维的诗，读这种比静还要静的诗，静澈骨髓，静化灵魂。陆侃如、冯沅君在《中国诗史》里指出："我们读王维的诗，读到这几句（"寂寞天地暮，心与广川闲。""我心素已闲，清川澹如此。"）便好似找到了开发王维诗的钥匙了。这钥匙便是个'静'字。我们细翻全集，知道我们的诗人最爱用'静'字。唯其他能静，故他能够领略到一切的自然的美。"静，是我们打开王维诗的钥匙；静，也是王维打开世界的钥匙。静，是一把万能钥匙。

读王维的诗，我们真实地感到，他是在处心积虑地写静，以诗来寓托禅宗的空寂观与老庄的虚静思想。王维把庄禅理念应用于他的山水诗，更重要的是他静化了自然，让其笔下的环境与人，皆充满了静气与清气，超脱尘俗而无为物累。

王维不仅善于闹中取静，也喜欢往静处走。于王维看来，万物皆静。他眼中的几乎所有的自然外物都是静的，不仅能够把动物看成静物，也擅于把动写成静，还擅于把静写成动而让静变得更静。

王维笔下的山水田园，安恬之极，闲适之极，静谧之极。山水田园，性本曰静，也容易往静里写，这个是不需要再多费口舌的了。非常难的是，王维把社会生活、人事活动，也写得那么静。王维笔下的最高权力机构里，也安静得让人发颤。"禁里疏钟官舍晚，省中啼鸟吏人稀。"（《酬郭给事》）门下省，相当于中央办公厅，与中书省同属中央政府的两大最高机构，设在宫禁（帝后所居之处）左右两侧，负责审查诏令，签署章奏，有封驳之权。宫禁之中，政务清闲，环境幽寂，门可罗雀。他的《左掖梨花》也是写他在门下省工作的：

> 闲洒阶边草，轻随箔外风。
> 黄莺弄不足，衔入未央宫。

"左掖"，即大明宫宣政殿的左侧庭院。公事之余，王维闲洒坐观，空无人事，闲得无聊，唯有静观黄莺戏梨花，黄莺衔着梨花忽左忽右地飞。

王维笔下的豪宴，如《从岐王过杨氏别业应教》，写他跟岐王去赴宴。诗共八句，首句是交代，"杨子谈经所，淮王载酒过"。接下来写赴宴活动："兴阑啼鸟换，坐久落花多。"没有吹拉弹唱，也不写觥筹交错，而写鸟啼久而换声，写花开久而凋落，来写夜深人静，来写宾主兴尽，也暗写宴席的周边幽静环境，极富诗意，写景入神，让我们领略到"不著一字，尽得风流"的真谛。因为"坐久"而"兴阑"，于是引出了后四句，写夜归的情景。从者纷纭，绕过曲径，穿过树林，犹显夜静也。

王维写天子临朝，没有写文武百官分列的豪华排场，没有写山呼万岁的热烈场面，大殿里似有点过于严肃紧张的气氛，什么都无动于静。"日色才临仙掌动，香烟欲傍衮龙浮。"（《和贾舍人早朝大明宫之作》）只有日色在动，日色在仙掌上微微地移动；只有香烟在动，香烟在龙袍上袅袅浮游。静到了只有光与影的瞬间闪灭。

王维写天子出游，没有写万人空巷、欢呼雀跃的热闹场面，而单写天子，写天子赏花，天子车舆在禁内立交桥上行走，"回看"皇家园苑中的花木。"云里帝城双凤阙，雨中春树万人家"（《奉和圣制从蓬莱向兴庆阁道中留春雨中春望之作应制》）二句，天成秀发，其实写的也是"回看"，即照应题目上的"春望"。帝城唐宫之内高高翘起的凤阙，仿佛在云遮雾绕里凌空盘旋；攒聚万家的茂密之春树，都在茫茫的春雨中淋漓滋润。

王维笔下的战场，也是静穆的。《旧唐书·玄宗李隆基》载：开元二十五年"三月乙卯，河西节度使崔希逸自凉州南率众入吐蕃界二千余里。己亥，希逸至青海西郎佐素文子觜，与贼相遇，大破之，斩首二千余级”。王维《使至塞上》，写其奉旨前去凉州犒劳将士，这么大的胜仗，静悄悄地就上路了。斩首这么多外敌的战场，没有一点血雨腥风，除了随风飘卷的蓬草，除了偶尔可见的几行归雁，什么都没有，荒无人烟，更无行旅。猛然间但见，大漠孤烟，扶摇直上，告诉人们边疆平安无事；长河落日，给人以一点暖色，然让人感到更加孤寞与静穆。

王维笔下的猎场，也静。他的《观猎》前四句写出猎时的刀光剑影，后四句写猎归时的风定云平，瞬息千里之势，终归平静，“回看射雕处，千里暮云平”，静到只有云在翻卷，这是边疆安宁的平静。喧嚣归于静寂，最终回归静寂，清空一气，饶有深味。

王维最喜欢写独寂的境界。他很喜欢独往，很喜欢杳无人迹的穷山僻壤，很喜欢野山荒岭，而他写这种独寂之静，则往往喜欢通过光影声响来写，使静越发地静。王维《鹿柴》诗最为典型，诗云：

空山不见人，但闻人语响。
返景入深林，复照青苔上。

诗写的空山，人迹罕至，一片古木参天的树林，一个空寂幽深的境界。山空未必无人，人语响却不见人，林深青苔滋生，唯斜阳还能照入。一二句偏于叙述，是叙述性的交代。第二句写人声，以看不见人的人语响，这种局部性的、偶然性的“响”，反衬出整体性的、永恒性的空与寂；以喧响于幽静中，来写空山，形成强烈的反差，愈见空山之空，愈见空山之静。三四句偏于描写，由写空山传语而写深林返照。由声而色，以色写空寂。幽暗的深林，傍晚时分余晖返照，阴湿苔藓上也一时光亮，深林显得更加与幽深，"空山"更空寂更静谧。

人语响是虚无的，返影是虚渺的，都是若有若无的、不可捉摸的、稍纵即逝的。然而，又都是瞬间永恒的、真实而虚幻的，空山也因为这"语响"与这"返景"，而更加空寂，更加幽静，更加意味深长。钱锺书先生在《管锥编》中说："寂静之幽深者，每以得声音衬托而愈觉其深。"诗以声响与光影来反衬山之空静，摄人心魄的静。王籍的名句"蝉噪林逾静，鸟鸣山更幽"，中国诗史上时常被人提起，《梁书·王籍传》中还特别提到此二句诗，说是"当时文坛奉为绝唱"，也就是说其奇妙之处而他人不能及。

也许与王维精通绘事、精通音乐有关，他有着音乐的耳朵，又有绘画的眼睛，特别喜欢写光与影，特别擅长对景物的光与色彩的捕捉，以稍纵即逝的光影声响来写静，渲染静的神秘性。

> 秋山敛余照，飞鸟逐前侣。
> 彩翠时分明，夕岚无处所。
>
> （《木兰柴》）

> 飞鸟去不穷，连山复秋色。
> 上下华子冈，惆怅情何极。
>
> （《华子冈》）

人闲桂花落，夜静春山空。

月出惊山鸟，时鸣春涧中。

（《鸟鸣涧》）

　　三首诗中都写鸟，都写人的眺望，都是通过鸟之飞动来反衬环境之幽静的。一二两首诗写夕照中的飞鸟，飞鸟活跃于明灭闪烁的山岚彩翠中，画面越发瞬息变幻，呈现出种种变幻不定的奇妙色相。第三首诗则是通过月色来写，在这个连桂花落地都能够听到声响的夜晚，月光的移动，也竟让栖息之鸟惊起，月既惊鸟，鸟亦惊涧。静中之动，愈见其静。静中之响，愈见其空。以动反衬静，将月夜写得静上加静。《竹里馆》也是此写法，以琴音与啸响以显静，以明月相照以显静。

　　王维写静很懂辩证法，不是一味的静，不是单调的静，不是死寂的静，不是令人窒息的静，其静也都与人的活动有关，通过人之闲来反衬，画面中包含着"色空""无常"的禅理意蕴，给人以哲学的思考，或者说可以作为哲学来读。因此，哲学家李泽厚说："返景入深林""秋山敛余照""月出惊山鸟"等等，"一切都是动的。非常平凡，非常写实，非常自然，但它传达出来的意味，却永恒的静，本体的静。在这里，动亦静，实却虚，色即空。而且，也无所谓动静、虚实、色空，本体是超越它们的"。他认为："这便是在'动'中得到的'静'，在实景中得到的虚境，在纷繁现象中获得的本体，在瞬间的直感领域中获得的永恒。自然是多么美啊，它似乎与人世毫不相干，花开花落，鸟鸣春涧，然而就在这对自然的片刻顿悟中，你却感到了那不朽者的存在。"[1] 诗人于"动"中获得的"静"或表现出来的"静"，广大无垠，而成为异乎寻常的"静"。

王维还常常将静的写成动的，让人觉得比静还要静。《书事》诗曰："坐看苍苔色，欲上人衣来。"以写幻觉来写静，禅趣充盈。因为心境特别虚静，诗人竟然能够感受到阶下院中那青苔绿幽幽的颜色，正在静悄悄地向自己衣襟上爬来。如此奇妙得不可思议的幻觉通感，只有环境与心境皆极其静寂，才可能体验出来。王维简直就有能够"捉得虚空"的神奇了。《五灯会元》里的一段对话：石巩会藏禅师有一次问西堂说："汝还解捉得虚空么？"堂曰："捉得。"师曰："作么生捉？"堂以手撮虚空。铃木大拙引述以说明，禅在生活中最平凡的事里，是非常朴素的生活经验，他认为"禅家以日常生活的简单事实来回答深奥的问题"（《铃木大拙禅学入门》）。

王维十分注重"观有悟空"，这许是他以有写空的艺术空寂观吧。诗人以禅宗理义来看取外物，以自然为法，捕捉住那些契洽生命意识的平凡物象，表现出"妙有万类"的意境。"空山新雨后，天气晚来秋。"王维《山居秋暝》诗倒置语序，将"空山"提前，突出"空山"，以"空"字笼罩全篇，总起而带动所有，中间两联的所有描写，皆由此"空"所出，亦皆为此"空"作注。此"空山"显然不能简单解释为空旷、空寂的荒山野岭，不能说成是人迹罕至的山空。"空山"之空，乃"色空"之空。空，虚也，虚室生白，乱想不起，邪妄不侵。空者，

---

[1] 李泽厚：《李泽厚十年集》第一卷，安徽文艺出版社 1994 年版，第 363 页。

眼界无染，心空不迷。境由心生，境由心造，凭"空"造境。"空山"不是实在性的空无，而是由众缘和合所组成的物质界，是诗人对生活、人生、自然和社会的诗意解读。

佛禅把一切有形的物质称为"色"（包括欲望），一切物质皆虚幻不实，"凡所有相，皆是虚妄，若见诸相非相，即见如来"。所有相皆因缘而生，故而本质为空。因此，王维诗里的"空山"不"空"："明月松间照，清泉石上流。竹喧归浣女，莲动下渔舟。"空山秋野，暮色苍茫，雨过天晴，万物清馨。但见那：月白如水，松青亭亭如盖；石静如洗，泉流潺潺如歌；幽篁喧哗，浣女踏芳归来；荷叶纷披，渔舟顺水而下。诗中的"空山"，妙有万象之"空"，空中见色，亦色中见空，新雨后之空山，非视觉上空无的空，乃胸中脱去尘浊而对自然静观后的认知之"空"，空的是心，心空则万物皆空。心空不是放弃所有，而是放弃执着，生成悟道体道的观照和思辨方式，而成为一个真正的审美的人。空者，无也，无垢，无常，无欲，无我，空到我也没有了，即"山林吾丧我"也。世界是空寂深邃的，而又是生机无限的。"空山"，是一种意境，是诗人生命与自然和谐一体后而生成自由与欢欣的艺术情境，蕴涵了诗人对生活、人生、自然和社会特殊理解的深意。王维静照忘求而澄怀观道，把色相提炼到最精简的程度，亦即将意象提炼到具有最高概括力的程度，意象与意象间的和谐浑融则生成了清空简远的意境，形成了富有韵外之致、象外之趣的境象，提供给读者最大的想象余地。而诗中的物象，"物各自然"（郭象），自然呈现，明月、清泉、翠竹、莲花，空山里的世界非常静谧圣洁。这种天籁之静，不人为破坏而自生自发，这是诗人如花心灵的自然外化，也是乐土桃源在人间的再现。这种庄禅空寂观的真髓与宇宙中心主义具有同一性质。

空是静极致空，静到让人觉得空，或者说他是以空来表现比静还要静的静。他的诗中多次出现"空"字，王维存诗四百余首，诗中出现"空"字八十余次，平均每五首有一个，好像还没有谁诗里用"空"的频率有这么高的。而他尤喜作空山、空林、空谷的描写与"空"境创设。慧能《坛经》说："心量广大，犹如虚空。……虚空能含日月星辰、大地山河，一切草木，恶人善人，恶法善法，天空地狱，尽在空中，世人性空，亦复如是。"又说："性含万法是大，万法尽是自性。"由于心性虚空，所以广大无边，因此一切世间万物皆可包容于内，而世间万物在其本性上也只是虚空。诗人刘禹锡曰："能离欲，则方寸地虚，虚而万景入。"（《秋日过鸿举法师寺院便送归江陵诗并引》）诗人苏轼亦曰："欲令诗语妙，无厌空且静。静故了群动，空故纳万境。"（《送参寥师》）拒受世事纷扰，离欲虚静，而可容纳万种境界，能成为一个真正的审美的人，就有好诗诞生。诗人以对"空"的体验为最高的艺术境界，从"空"的理性出发，寻找契合审美主体感觉和印象的物象，寻找一种与自然和谐的生态，形成第二自然。

王维的空观，既是禅宗的，又是审美的。王维的禅是美学的禅，其诗是禅意隽永的美学。王维《与魏居士书》中说："苟身心相离，理事俱如，则何往而不适？"理即事，事即理，理事俱如，理事皆如，人与物，事与理，超越了世俗认知，而不会被"得""失"所影响，也没有了"隐""显"的执着，在什么情况下都能够心静如水而"心善渊"。

　　静，是王维的一种行举风度，一种思维方式，一种人生智慧。他涤除玄鉴，致虚守静，我已无我。人静心自远，人静心自闲，人也静去了尘埃，静去了贪欲。总之，静，是王维与世无争、淡泊宁静之心境的形象显现。"行到水穷处，坐看云起时"，乃心静如水才有的生命状态，也成为王维与自然和谐而皆静美的象征写照。人世间纷乱喧闹，人心浮躁难静，人也不可能真正置身世外。唯其王维能静，能我已无我的真静，故而写出了比静还要静的诗来。而人只有在静的时候，或趋静欲静的时候，才能够对王维诗特别感兴趣，特别能够读出渊泊恬淡的天籁静意来。

　　真可谓：

　　　　秋花春树闭闲门，守静诗皆清且敦。

　　　　性癖林泉吾丧我，空山新雨自销魂。

明月松间照　清泉石上流

尤无曲

结　语

　　王维"三十二相"，将王维比喻成佛，比喻成神。说其"诗佛"，应该也是有神通广大的意思。

　　王维是人不是神，虽然我宁可将他视作神。他做人也做到了人所难及的高度。或者说他做人要做到极致。在"做人"方面，唐代诗人中很少有人如他自觉，更不要说达到他的高度了。

　　王维追求人格的完美，禅与儒、道同修，而融儒释道三教的道德原理和人伦规范，孔子"乐水乐山"的和乐精神，老庄"归真无我"的自然道法，禅宗"空诸所有"的空观无念，成为其个体生命秩序的建立依据，而糅合了文化理念与文化精神，在享受生活的同时达到自省内悟的修行目的，非常专注于自觉人性和心理本体的建设，注重在道德修为中的道德救赎。

"行到水穷处，坐看云起时"，是王维诗的核心内容与中心意旨，最能体现王维的自由意志与生命精神，也是他行事风格的艺术写照。王维走向自然，坐看云起，淡泊宁静，万虑全消，随缘任运，在与自然万物同春的体验中抚爱万物，向往一种没有矛盾、完全自由、无限和谐的境界，在情与景的具象中使作者的形神高度和谐，达到了澄静淡泊而和光同尘的境界，达到了水穷云起的无可无不可的精神自足与自在。

我们深感，愈是走近，愈是心意相通，似乎愈有一种"摸象"的感觉，愈是怀疑说清楚王维的能力，借此"结语"，在王维是个什么人的问题上，再作几点重申：

其一，王维是个超人而非完人。王维天生丽质，气质高贵，行举优雅，是个发展很全面的人。杜甫说王维是"高人"，日本学者小林博士也说"王维是高人，但也是凡人，可以说他是凡人中的高人"①。王维是"凡人中的高人"，他最为可贵的是他不以为自己是个超人；他最为可敬的是他深知自己不是个完人。因此，他特重修身，特重做人，一辈子都在做人，而做向善的自我救赎，想要成为个完人。

其二，王维是个"干净人"，也是个很爱干净的人。王维字摩诘，维摩诘，无垢无染称。他生性爱洁净，简直是个"洁癖"者。盛唐诗人中，多行为放荡，任诞不羁，或"尚气弋博"，或"不护细行"，或"志不拘检"，或"褊躁傲诞"云云。王维雍容儒雅，知书达理，

---

① 转引自日本学者丸山茂《唐代文化与诗人之心》，张剑译，中华书局 2014 年版，第 258 页。

自励独洁，安详平静而从不张扬，很是循规蹈矩，似乎始终处于战战兢兢中，唯恐违犯了清规戒律的哪一条而对不起祖宗，对不起世人，也更对不起自己。而王维的人生仿佛就是想告诉人们，人活着的意义就是身心修养与灵魂救赎。

其三，王维性格偏于内向，他温良恭俭，谨言慎行，行事低调，隐忍不争，不温不火，不紧不慢，不显山不露水，给人以与世无争的印象。然其情感世界丰富细腻，心灵似乎也敏感脆弱，心灵里受到的创伤应该也可能比别人更大，却无牢骚，也不愤青，内心常持敦柔润泽的中和之气，即便遭受外界攻击，也逆来顺受地隐忍与回避，淡然沉静，谈不上什么激烈反抗，因此其诗很容易让人误读为消极软弱，甚至悲观厌世。

其四，王维一生节俭，崇尚至简。虽然他出生贵族，一生为官，身居高位，又活在富庶繁荣的盛唐，但却极其简朴，简朴到不可思议。其室内无长物，衣不文彩，食不荤血，衣食住行无不从简，物质上标准极低。然其重精神享受，文化关怀超过了生命关怀，这也反映了他的人性自觉与人格高度，反映了他的人生境界与审美趣尚，甚至决定了他的诗美形态。

其五，王维很善良，慈悲为怀，仁人爱物，至孝友悌，与人为善，遂己达人，有非常好的人际关系。他心地光明，目无垢氛，诗之选题取材也多阳光，而尽将山水田园"桃源"化，形成了中国诗史上最合格的"温柔敦厚"的诗标本。其诗不直言、不大言、不狂言，也少怨言酸语，非常遗憾的是看不到社会阴暗面的纪实，也听不到体念苍生、关注民瘼的悯叹，很容易给人以"对于民生漠不关心"

的错觉，给人以冷漠而没有血性的错觉。

信然！"诗乃人之行略，人高则诗亦高，人俗则诗亦俗，一字不可掩饰，见其诗如见其人。"（徐增《而庵诗话》）王维其诗，可与其人互证也。

钱穆先生论文学也很重诗人的人文修养，提倡"性情与道德合一，文学与人格合一"，主张作诗与做人同步。其所著《中国文学论丛》便认为："若心里龌龊，怎能作出干净的诗，心里卑鄙，怎能作出光明的诗。所以学诗便会使人走上人生另一境界去。正因为文学是最亲切的东西，而中国文学又是最真实人生的写照，所以学诗就成为学做人的一条径直的大道了。"王维诗的最精妙而让人难以企及处，就是他的性情与诗得到了很完美的契合，而其做人与作诗也都追求做到极致。

王维有这么好吗？我把王维说过头了吗？写罢此书，我似也愈加怀疑自己。我可以肯定地说，王维是个中华传统美德陶冶与创塑出来的在世高人。我也敢断言，王维是盛唐不可无一，而不能有二的诗书画乐的超人。真不是说过了头，而是限于学养、才力与思想水平，还没有说到位。著名作家郁达夫在纪念鲁迅的大会上有一段话说得好极：一个没有英雄的民族是不幸的民族，一个有英雄却不知敬重爱戴的民族，是没有希望的奴隶之邦。王维，或许算不上伟大，甚至算不上英雄，虽然他早在他的那个时代就被认作"英灵"，被呼作"高人"。而在中华民族的历史长河中，像王维发展得这么全面也这么优秀的文化精英，也是不多见的。因此，对于王维，我们真应该懂得敬重与爱护，应该珍视他给后人留下的精神遗产，而不该无端放大他的缺点、弱点，更不该不明就里地偏听偏信，而挑剔他，曲解他，污名化他，边缘化他。而一旦我们对王维没有了偏见，更不抱有陈见，而去亲近他，那么，你就肯定能够亲切地感受到他的平易、他的善良、他的悲悯、他的睿智、他的博大，他的雍容儒雅，而深受其人其诗的静气、清气与灵气的濡染与涵养，也许还会生成"一种我们在伟大的艺术作品面前体验到的骤然成长的感觉"（《庞德诗选——比萨诗章》）。

　　既然是"结语"，说几点概括性的话就该打住了，然还是意犹未尽也。

　　真可谓：

　　　　不是完人不是神，画师词客应前身。
　　　　名高希代本天妙，何待善夸寻季真。

后记

　　我撰《坐看云起》，纯属偶然，却非意外。

　　2022 年原本没有新做王维书的计划，商务印书馆的《论王维》稿，才过一校。年初便自整理拙诗，争取出版。三月底，接到一个陌生电话，手机里传过来陌生而热情的声音，是个很阳光的女士声音。

　　给我电话的是河南人民出版社的杨总，要我做一本王维。

　　我自结缘王维，三十年间读一人，自 1993 年《人文杂志》发表第一篇论文起，至今已发表单篇论文 60 余篇，出版相关书五六本，也真想有个对此前研究的总结与概括的机会。

　　真是缘分，简直就是天意。意外的电话，投我所好，亦消解了我的审美焦虑。

很快，我们就在通话中商量好了新著的题目及规模。很快，我就收到了合同。真佩服杨总的办事效率。

我也急事急办。自四月初启动，即进入"高考状态"，每天八小时伏案，百日埋首，心无旁骛。这是我写得最投入、最亢奋、也最享受的一部书。这分明是一次自我极限挑战。

我是站在三十年研究的基础之上，站到自己的肩膀上了。

七月初三日稿杀青，给自己的生日献了个礼。

交卷前，承蒙博士后张丽锋教授主动校读，提出了不少建设性的意见。

交卷后，满以为今年大伏天里要有一校的。然而，一个月过去了，没有动静；两个月过去了，还是没有动静，连责编都没有落实。

我心里正犯嘀咕时，九月十六日，接到出版社的电话，对方告诉我说："我是张岩，是您这本书的责编。"

原来，出版社走三审流程，一点也没耽搁。

两天后，我便收到了纸本校样。根据"中华文脉"系列丛书的要求，按照读者的定位，责编已对原稿进行了技术处理，略去了不少引文的出处。

这样的处理，我也非常乐意接受，或者说叫作"正中下怀"。早有学者指出："当今古典文学研究主要存在三个问题：即考据遮蔽了思想；技术伪装成学问；八股替代了文章。"我们爷爷叔叔辈们的文学研究根本就不是现在的这个写法。

只是，书稿中有些"出处"的处理也过略了点。我做这本书虽说有点赶，却因为写得很顺，且已三稿。因此，校对的主要任务，就是适当添补了几个"出处"。

　　说不意外，还是有点意外的，"中华文脉"丛书让我来做王维。在特殊的"现实主义语境"中，王维曾被污名化，妖魔化，也被边缘化了。其实，诗是作用于性灵的，诗的第一功能就是陶冶性灵。李杜诗欲治世，王维诗堪治心。闻一多先生说王维诗最适合修身静养。虽然王维距离我们已很遥远，然王维诗中的盛世气象与盛世情怀，似也很适合盛世读者的审美接受。王维诗温柔敦厚，静穆平和，以和谐美取胜，将意境做到极致，诗里充满了静气、清气、和气与灵气，特别适合诊治我们的浮躁与无趣。"坐看云起"是王维诗的内核，也是其人生大智慧。古人讲究"知人论世"，读其诗而知其人，我们于其诗里读出了其人，其人的贵族精神、家国情怀、懿美心性、生存智慧，以及他的兼修自觉，他的高人风度等，都是很需要我们特别珍重的精神遗产。

　　真可谓"仰之弥高，钻之弥坚"，愈仰望愈觉其人崇高，越钻研越觉其诗幽深，古人以"三十二相"誉评，信然。

　　我与王维朝夕相处，其影响是深入骨髓的。因此，没有偏爱是不可能的，撰写中一点没有预设立场也是很难做到的。法国象征派诗歌先驱波特莱尔在奠定他艺术批评家声誉的《一八四六年的沙龙》书中指出："公正的批评，有其存在理由的批评，应该是有所偏袒的，富于激情的，带有政治性的，也就是说，这种批评是根据一种排他性的观点作出的，而这种观点又能打开最广阔的视野。"文学研究虽然当下也叫作"科研"，但是这种研究真不大可能成为一门精准的科学。而文学研究，唯独在其也具有了创造性时，这种"偏袒"才是"公正"的。此著还在三校中的时候，出版社杨总就热情洋溢地写成了书评，对我的"偏袒"还颇为欣赏。杨总他们还将拙著作为精品在做，责编美编通力合作，精心打造，连封面设计都六易其稿，让我很是感动。拙著中配以尤无曲两幅精品山水，尤老乃我乡贤，当代水墨大师，深得王维神韵，被画家范曾誉为南宗画派的最后守护人。谢谢敝友尤灿馆长无偿贡献，拿他爷爷的画来壮我行色。

研究王维，我还在路上。虽然老婆早就反对我再做书了，然而每到做书时她总全力相助，这让我有一种莫名愧对。老婆却说，你是愧对了你自己。说的也是，我也早该对自己好点，不再做"爬格子"的苦差事了。事实上，我也婉拒了不少文字活儿。不过，如果还做王维，我也一定还是义无反顾的。

真可谓：

> 熟参不啻逆行舟，辋水随波自逐流。
> 三十年兮越千载，原来隔代可同游。

ISBN 978-7-215-13307-5

定价：68.00元